INDICS 工业互联网平台系列培训教程

# 云端业务工作室应用教程

马冬梅　编著

王建广　张牧　苍磊　郭强 等　参编

科学出版社

北　京

## 内 容 简 介

本书服务于工业互联网的生产制造企业从事采购、销售、财务、物流等经营交易类的相关业务人员，本书主要介绍了云端业务工作室的产生背景、产品定位、功能价值、技术架构，以及实际应用案例。其中详细介绍了云端业务工作室的核心业务，如供应链、营销中心、云端营销、云端应标群、物流服务、线上电子发票服务、合同电子签章、财税服务等多项业务模块的特点、业务流程，以及具体应用环境。以贵州航天电器、湖南天麓检测、航天智慧三家企业的实际应用作为案例介绍了云端业务工作室的应用环境。

本书可作为指导工业企业用户熟练使用 INDICS 平台的各种产品、为工业企业赋能、推动工业互联网生态建设的培训教材，也可作为从事工业互联网行业人员的参考书。

**图书在版编目（CIP）数据**

云端业务工作室应用教程 / 马冬梅编著. —北京：科学出版社，2020.11
（INDICS 工业互联网平台系列培训教程）
ISBN 978-7-03-064252-3

Ⅰ. ①云… Ⅱ. ①马… Ⅲ. ①互联网络－应用－制造工业－应用软件－技术培训－教材 Ⅳ. ①F407.4-39

中国版本图书馆 CIP 数据核字（2020）第 017829 号

责任编辑：刘 博 霍明亮 / 责任校对：何艳萍
责任印制：张 伟 / 封面设计：迷底书装

**科学出版社** 出版
北京东黄城根北街 16 号
邮政编码：100717
http://www.sciencep.com

**北京虎彩文化传播有限公司** 印刷

科学出版社发行 各地新华书店经销

*

2020 年 11 月第 一 版 开本：720×1000 1/16
2020 年 11 月第一次印刷 印张：12 1/4
字数：280 000

**定价：78.00 元**

（如有印装质量问题，我社负责调换）

# “INDICS 工业互联网平台系列培训教程”

## 编委会

# 赋能工业企业　智享云端资源

## ——“INDICS 工业互联网平台系列培训教程”序

习近平总书记在党的十九大报告中指出，要“加快建设制造强国，加快发展先进制造业，推动互联网、大数据、人工智能和实体经济深度融合。”①

2019 年的政府工作报告中明确提出，要“打造工业互联网平台，拓展‘智能+’，为制造业转型升级赋能”。

工业互联网理念于 2012 年由美国 GE 公司提出后，其内涵持续不断发展，目前我们对其解读为：基于泛在互联网，借助制造科学技术、人工智能技术、信息通信科学技术及制造应用领域专业技术 4 类技术深度融合，将制造全系统及其全生命周期活动中的人、产品、资源、数据、能力、智能认知/分析/决策/执行系统等智能地连接在一起，构成人、信息空间与物理空间集成、融合的智能互联制造系统，促进制造全生命周期活动中制造模式、手段、业态的创新，从而大大提高制造业的创新制造能力和服务能力，进而实现制造业的再革命。

近年来的实践表明，工业互联网作为新一代互联网、大数据、人工智能技术与制造业深度融合的产物，已日益成为新工业革命的关键支撑，对未来工业发展正产生着全方位、深层次、革命性影响。当前，工业互联网的实践正从其局部突破的初级阶段发展到垂直深耕、跨行业、跨领域体系/全局实践的阶段，随着发展日益深化，工业互联网赋能工业未来的蓝图正在徐徐展开。

2015 年以来，中国航天科工集团航天云网公司积极响应国家制造强国发展战略，并结合航天科工集团数字化转型升级发展的内生需求，整合了航天科工集团在智能制造与仿真、网络安全与自主可控、军民产业链融通等方面的优势，基于先进云制造理论与技术体系，打造了世界首批、我国首个工业互联网平台——INDICS（industrial internet cloud space）平台，并坚持以“信息互通、资源共享、能力协同、开放合作、互利共赢”为核心发展理念，按照“重战略、双驱动，重研发、强核心，重特色、创口碑，重扎根、接地气，重协同、不烧钱”的总体原则，致力于在工业互联网领域为客户提供有竞争力的、安全可信赖的产品、解决方案与服务，先后面向全球发布了实现工业互联网的 INDICS 平台及云制造支持系统（cloud manufacturing support system，CMSS）——“一脑一舱两室两站一淘金”（企业大脑、

① 《人民日报》，2017 年 10 月 19 日。

企业驾驶舱、云端业务工作室、云端应用工作室、企业上云服务站、中小企业服务站、数据淘金）系统级工业应用产品，进而构建了可支持跨行业、跨领域，可连接制造企业全要素、全价值链和全产业链，具有智能协同云制造新模式、新手段和新业态的工业互联网系统——“航天云网”，创新地实践了中国特色工业互联网道路，为我国制造强国发展战略目标的实施做出了积极的贡献。值得指出的是，基于持续发展的 INDICS 平台和首创的“一脑一舱两室两站一淘金”系统级工业应用软件，正在为全球工业企业提供云端/边缘层的产品、能力、资源服务，进而实现智能化制造、网络化/云化协同制造、个性化/柔性化制造。

“企业大脑”可解决企业决策层关注的核心问题，为企业决策层制定战略、科学决策提供重要数据支撑，提高决策效率。“企业驾驶舱”可为企业经营层提供大数据可视化服务，并可实时提取生产、销售、产品、运营等环节数据，及时掌握管理动态，打造数据驱动型企业。“云端业务工作室”面向工业企业从业者，提供以交易为核心的一站式全流程业务服务；通过与企业自有信息系统的数据互通，实现客户到供应商业务流程的集成贯通。“云端应用工作室”通过设计研发、生产制造和运营管理的有效集成，最终形成跨单位、跨专业的数字化协同设计、协同试验和协同制造能力。“企业上云服务站”可为企业上云提供引导和路径，帮助企业设备、产线及业务快速上云，实现生产管理数据与业务数据的采集和应用，实现网络化协同制造。“中小企业服务站”汇聚线上线下优质资源，提供一站式企业服务，降低企业运营成本，激活创新潜力。“数据淘金”可为用户提供基于特定场景下的知识服务，通过人机交互，快速获取工业知识，唤醒“休眠”数据，形成知识图谱，实现数据价值最大化。

目前，“一脑一舱两室两站一淘金”系统级工业应用已经覆盖航空航天、电子信息、通用设备等十余个行业，在全国不同区域、不同企业间成功部署。

该系列培训教程对 INDICS 平台和企业大脑、企业驾驶舱、云端业务工作室、云端应用工作室、企业上云服务站、中小企业服务站、数据淘金等进行系统阐述，并对其相关工具进行介绍，具有良好的可操作性，可指导具体工作的开展。同时，培训教程中还包含广义的 INDICS 平台应用、APP 应用及开发环境介绍等内容，使读者快速入门，快速掌握工业互联网平台理论以及实践方法。

不忘初心，方得始终。期望中国航天科工集团航天云网公司将持续为研发中国工业互联网发展模式与技术手段开展创造性实践，始终聚焦客户需求，扎根企业应用，持续深化工业互联网生态体系建设，持续完善国家级工业互联网主平台，推动工业互联网建设“破壳羽化”，为中国制造业转型升级贡献“中国方案”。

李伯虎

2020 年 3 月 16 日

# 前　言

全球新一轮科技革命和产业变革蓬勃兴起，制造业重新成为全球经济竞争的焦点。世界主要发达国家采取了一系列重大举措推动制造业转型升级，德国依托雄厚的自动化基础，推进工业 4.0。新型信息技术重塑制造业数字化基础。INDICS 平台“一脑一舱两室两站一淘金”主要面向大型集团企业、中小微企业内的决策层、经营层与业务层，提供三大层面上的服务。云端业务工作室是“一脑一舱两室两站一淘金”系统的重要组成部分，为企业打通“对接、商签、履约、结算”全业务流程，优化供应链管理、营销中心、云集采、电子签章、电子合同、电子发票、在线物流、供应链金融、审批管理等核心功能。

本书介绍了云端业务工作室的背景、产品定位与价值、供应链相关的技术理论以及系统技术框架，并详细介绍了业务工作室的核心业务功能与服务、产品的应用环境，以及客户企业的实际应用案例。

本书由马冬梅统稿，第 1 章由编委会统筹编写，第 2 章由周力力、马冬梅、彭秋玲编写，第 3 章由刘明编写，第 4、5 章由马冬梅、王建广、苍磊、吴迪、郭强编写，第 6 章由马冬梅、张牧编写。

由于作者水平有限，以及所做研究工作的局限性，书中难免存在疏漏之处，恳请广大读者批评指正。

作　者

2020 年 5 月

# 目　录

# 第 1 章　INDICS 工业互联网平台

工业互联网是人与机器、机器与机器连接的新一轮技术革命。工业互联网平台作为工业互联网的核心，是工业全要素连接的枢纽。本章主要介绍工业互联网的起源与现状，并介绍世界首批、我国首个工业互联网平台——INDICS 工业互联网平台(以下简称 INDICS 平台)，以及 INDICS 平台的核心系统级工业应用——“一脑一舱两室两站一淘金”(企业大脑、企业驾驶舱、云端业务工作室、云端应用工作室、企业上云服务站、中小企业服务站、数据淘金)。

## 1.1　工业互联网简介

工业互联网深刻影响着研发、生产和服务各个环节，当今工业互联网技术与应用日渐丰富，传感器互联、网关通信转换、工业应用综合集成、虚拟化技术、大规模海量数据挖掘预测等信息技术的应用呈现出更为多样的工业系统智能化特征；此外，工业互联网还影响着工业物联网的商业与管理创新进程，潜移默化地改变着产品的技术品质和生产效率。

### 1.1.1　工业进化史

工业发展的变革始于 18 世纪的英国，也被称为第一次工业革命。这次工业革命标志着人类社会发展史上一个全新时代的开始，拉开了整个人类社会向工业化社会转变的帷幕，工业进化史如图 1-1 所示。

#### 1. 工业 1.0——机械化

瓦特改良了蒸汽机，开启了工业革命，实现工厂机械化。

第一次工业革命是指 18 世纪从英国发起针对生产领域的技术革命，它开创了以机器代替手工劳动的时代。此次革命以工作机的诞生开始，以蒸汽机作为动力机被广泛使用为标志。蒸汽机的改良推动了机器的普及以及大工厂制的建立，从而推动了交通运输领域的革新。这次技术革命和与之相关的社会关系的变革，称为第一次工业革命或者产业革命。

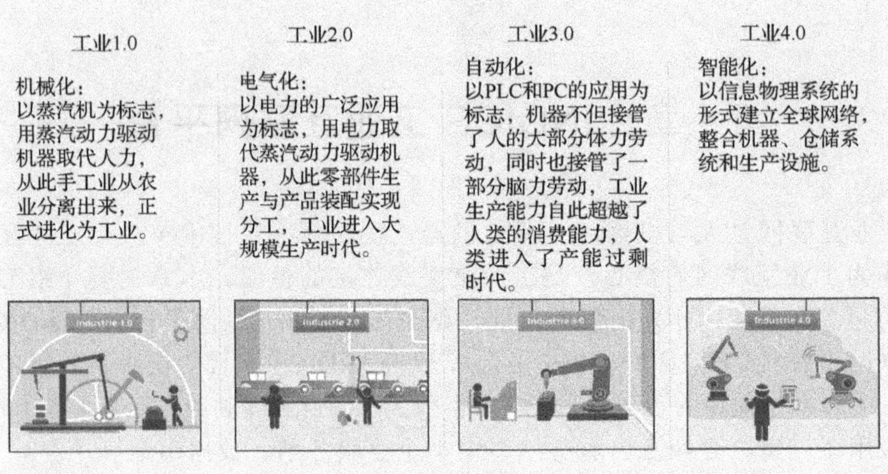


图 1-1 工业进化史

2. 工业 2.0——电气化

发电机的发明，使得电器被广泛使用，人类进入了电气自动化设备的年代。

第二次工业革命是指 19 世纪中期，欧洲的一些国家和美国、日本的资产阶级革命。此次革命促进了经济的发展，出现的新兴工业，如电力工业、化学工业、石油工业和汽车工业等，都要求实行大规模的集中生产，垄断组织在这些部门中应运而生，企业的规模进一步扩大，劳动生产率进一步提高。此次革命强调电力驱动产品的大规模生产，并开创了产品批量生产的新模式，人类进入了电气时代。

3. 工业 3.0——自动化

网络资讯的发展连接全球各地，各种精密机器的发明大幅提升了生产的效率与品质。

第三次工业革命始于 20 世纪四五十年代，电子与信息技术的广泛应用，使得制造过程不断实现自动化，是人类文明史上继蒸汽技术革命和电力技术革命之后科技领域里的又一次重大飞跃。第三次工业革命以原子能、电子计算机、空间技术和生物工程的发明与应用为主要标志，是涉及信息技术、新能源技术、新材料技术、生物技术、空间技术和海洋技术等诸多技术的一场信息控制技术革命，不仅极大地推动了人类社会经济、政治、文化领域的变革，而且影响了人类的生活方式和思维方式。随着科技的不断进步，人类的衣食住行用等日常生活的各个方面也发生了重大的变革。电子计算机的广泛应用促进了生产自动化、管理现代化、科技手段现代化和国防技术现代化，也推动了情报信息的自动化。以全球互联网络为标志的信息高速公路正在缩短人类交往的距离。

4. 工业 4.0——智能化

工业 4.0 起源于德国，核心概念是利用虚实整合系统，将制造业甚至整个产业供应链互联网化。

第四次工业革命的工业 4.0 战略于 2011 年诞生于德国，是德国联邦教研部与联邦经济技术部在 2013 年德国汉诺威工业博览会上提出的概念，其内容是将互联网、大数据、云计算、物联网等新技术与工业生产相结合，最终实现工厂智能化生产，让工厂直接与消费需求对接。工业 4.0 描绘了制造业的未来愿景，提出继蒸汽机的应用、规模化生产和电子信息技术三次工业革命后，人类将迎来以信息物理系统(cyber physical systems，CPS)为基础，以生产高度数字化、网络化、机器自组织为标志的第四次工业革命。随着物联网及服务的引入，制造业正迎来第四次工业革命，企业能以 CPS 的形式建立全球网络，整合其机器、仓储系统和生产设施。

### 1.1.2 工业互联网

工业互联网是通过人、机、物的全面互联，全要素、全产业链、全价值链的全面连接，对各类数据进行采集、传输、分析并形成智能反馈，推动形成全新的生产制造和服务体系，提升资源要素配置效率，充分挖掘制造装备、工艺和材料的潜能，提高企业生产效率，创造差异化的产品并提供增值服务。

工业互联网是新一代信息通信技术与工业经济深度融合的全新工业生态、关键基础设施和新型应用模式，它通过新一代信息通信技术建设连接工业全要素、全产业链的网络，以实现海量工业数据的实时采集、自由流转、精准分析，从而支撑业务的科学决策，实现资源的高效配置，推动制造业融合发展。工业互联网的技术与实践是全球范围内正在进行的人与机器、机器与机器连接的新一轮技术革命，并在美国、德国、中国三个制造业大国依据各自产业技术优势沿着不同的演进路径迅速扩散。工业互联网的实践是以全面互(物)联网与定制化为共性特点形成制造范式，深刻影响着研发、生产和服务等各个环节。工业互联网的内涵日渐丰富，传感器互(物)联网与综合集成、虚拟化技术、大规模海量数据挖掘预测等信息技术应用呈现出更为多样化的工业系统智能化特征。基于工业互联网的商业与管理创新所集聚形成的产业生态将构建新型的生产组织方式，也将改变产品的技术品质和生产效率，进而从根本上颠覆制造业的发展模式和进程。

### 1.1.3 工业互联网平台

从技术角度来看，网络、平台及安全是构成工业互联网的三大体系，其中网络是基础，平台是核心，安全是保障。

工业互联网平台作为工业互联网的核心，是面向制造业数字化、网络化、智能化需求，构建基于海量数据采集、汇聚、分析的服务体系，支撑制造资源泛在连接、弹性供给、高效配置的载体，是工业全要素连接的枢纽。

美国和德国等国家的先进企业正在以工业互联网平台为竞争点，在全球范围内扩张，工业互联网平台成为国内外先进企业抢占全球制造业主导权的必争之地。

基于各国工业体系与基础环境不同，全球工业互联网建设形成了三种范式。德国采取自下而上的模式，以完善的信息物理系统为基础，从设备的智能化开始，逐步向上延伸到生产线智能化、车间智能化、工厂智能化，最终通过打造智能制造平台逐步实现工业 4.0 的目标。美国采取由中间向两端全产业链延伸的模式，在基本实现智能制造的垂直配套体系之中，以线下全球协同制造分工布局为基础，打造全球化线上协同制造与协同售后服务平台，继续保持全球制造业垂直分工体系的主导地位。中国采取自上而下逐步深化的模式，在绝大部分企业不具备智能制造能力，企业的运营流程尚未完成信息化改造，且短时间内不可能完成智能化改造和信息化改造的前提下，从云制造生产方式变革入手，在渐进开展制造能力智能化改造和企业运营流程信息化改造过程中，同步开展企业制度的调整与变革，最终实现从云制造到协同制造、从协同制造到智能制造的逆袭。

中国航天科工集团有限公司的 INDICS 平台选择的就是第三种范式，即首先搭建工业领域公共云平台，从打造云制造产业集群生态起步，先把分散在全国各个角落市场主体的资源配置与业务流程优化工作放在中心地位，配合中国制造业的群体转型，重点服务中小微企业生产方式转变，以及企业组织结构和企业制度变革的需求，从云端企业“省钱、赚钱、生钱”三个层次逐步递进，着力打造云制造产业集群生态。INDICS 平台上线 4 年后交出的答卷，初步验证了具有中国特色、自上而下逐步深化工业互联网发展路径的现实合理性。INDICS 平台模式，既是通过“智能+”为中国制造业高质量发展和转型升级“赋能”的“航天方案”，也是为国际工业互联网建设贡献的“中国方案”。

我国政府高度重视工业互联网平台的发展，倡导工业企业云上发展，国务院印发的《关于深化“互联网+先进制造业”发展工业互联网的指导意见》也提出了到 2020 年，推动 30 万家企业应用工业互联网平台，到 2025 年，实现百万家企业上云的具体任务目标。工业企业认识到未来云化发展趋势及带来的好处，纷纷将生产数据、信息系统等迁移到云上，逐步形成平台化发展。

目前，国内外主流的工业互联网平台见表 1-1。

**表 1-1　国内外主流的工业互联网平台**

| 序号 | 平台名称 | 企业 | 主要描述 |
|---|---|---|---|
| 1 | Predix 平台 | GE | Predix 平台的四大核心功能是链接资产的安全监控、工业数据管理、工业数据分析、云技术应用和移动性；<br>平台架构共分为三层，分别为边缘连接层、基础设施层和应用服务层 |
| 2 | MindSphere 平台 | 西门子 | 基于云的开放式物联网操作系统；<br>对于工业设备的数据采集，西门子提供了一个 MindConnect 的工具盒子，可以让设备轻松入网 |
| 3 | Ability 平台 | ABB | “边缘计算+云”架构；<br>边缘设备负责工业设备的接入，对关键设备的参数、值和属性进行数据采集，由边缘计算服务进行数据的处理和展现，最上层的云平台对工业性能进行高级优化和分析 |
| 4 | INDICS 平台 | 航天云网 | INDICS 平台通过高效整合和共享国内外高、中、低端产业要素与优质资源，以资源虚拟化、能力服务化的云制造为核心业务模式，以提供覆盖产业链全过程和要素的生产性服务为主线，构建“线上与线下相结合、制造与服务相结合、创新与创业相结合”，适应互联网新业态的云端生态 |
| 5 | 根云平台 | 树根互联 | 根云平台主要基于三一重工股份有限公司在装备制造及远程运维领域的经验，由 OT 层向 IT 层延伸构建平台，重点面向设备健康管理，提供端到端工业互联网解决方案和服务；主要具备智能物联、大数据和云计算、SaaS 应用和解决方案三方面功能 |
| 6 | COSMOPlat 平台 | 海尔 | COSMOPlat 平台共分为资源层、平台层、应用层和模式层；<br>COSMOPlat 平台已打通交互定制、开放研发、数字营销、模块采购、智能生产、智慧物流、智慧服务等业务环节，通过智能化系统使用户持续、深度参与到产品设计研发、生产制造、物流配送、迭代升级等环节，满足用户个性化定制需求 |

## 1.2　INDICS 平台简介

中国航天科工集团有限公司依托多年来在先进制造业和信息技术产业的雄厚实力，倾力打造世界首批、中国首个工业互联网平台——INDICS 平台。2015 年 5 月，中国航天科工集团有限公司成立航天云网科技发展有限责任公司；2017 年 6 月，航天云网科技发展有限责任公司打造的 INDICS 平台面向全球正式发布。

### 1.2.1　概述

1. 云制造的内涵

云制造是一种基于泛在网络，借助新兴制造技术、新兴信息技术、智能科学技术及制造应用领域技术4类技术深度融合的数字化、网络化、智能化技术手段。制造云构成了以用户为中心的制造资源与能力的服务云(网)，使用户通过智能终端及制造云服务平台能随时随地按需获取制造资源与能力，对制造全系统、全生命周期活动(产业链)中的人—机—物—环境—信息进行自主智能的感知、互联、协同、学习、分析、认知、决策、控制与执行，促使制造全系统及全生命周期活动中的人/组织、经营管理、技术/设备(三要素)及信息流、物流、资金流、知识流、服务流(五流)集成优化；构成一种基于泛在网络，以用户为中心，人机物融合，互联化、服务化、协同化、个性化(定制化)、柔性化、社会化的智能制造新模式(云制造范式)，进而高效、优质、节省、绿色、柔性地制造产品和服务用户，提高企业(集团)的市场竞争能力的新型制造模式。

2. INDICS平台与云制造

INDICS 平台以云制造为核心，以生产性服务为主的综合服务为依托，采用开放的技术体系、开放的商业模式与低成本高效的管控体系，形成可复制、可移植的顶级现代服务业运行体制与机制，优化整合国内外资源，形成产业发展的社会化大平台，以实现“企业有组织、资源无边界”“不求所有、但求所用”的目标。

3. INDICS平台内涵

INDICS 是以区块链、边缘计算、大数据智能、新一代人工智能技术等为核心的工业互联网开放空间，面向全球开发者、设备制造商和集成商以及合作伙伴提供全生命周期工业应用的开发、部署和运行环境。INDICS 平台作为一种提供跨行业、跨领域、跨地域的产品全生命周期、全产业链的工业操作系统，可实现对工业设备、工业服务和工业产品的感知与物联、共享与协同、学习与决策、控制与调度，全面支撑智能制造、协同制造、云制造等新型制造模型和生态。

### 1.2.2 INDICS平台功能

INDICS 平台基础架构及功能模块采用五层结构，分别是应用层(SaaS 层)、平台服务层(PaaS 层)、数据服务层(DaaS 层)、基础设施服务层(IaaS 层)和工业物联网层(IIOT 层)，如图1-2所示。

(1)应用层(SaaS 层)：提供工业应用服务，包括精益制造、智能研发、智慧控制和以远程监控、智能诊断、售后服务、资产管理为核心的智慧服务等制造全产业链的工业应用服务功能。

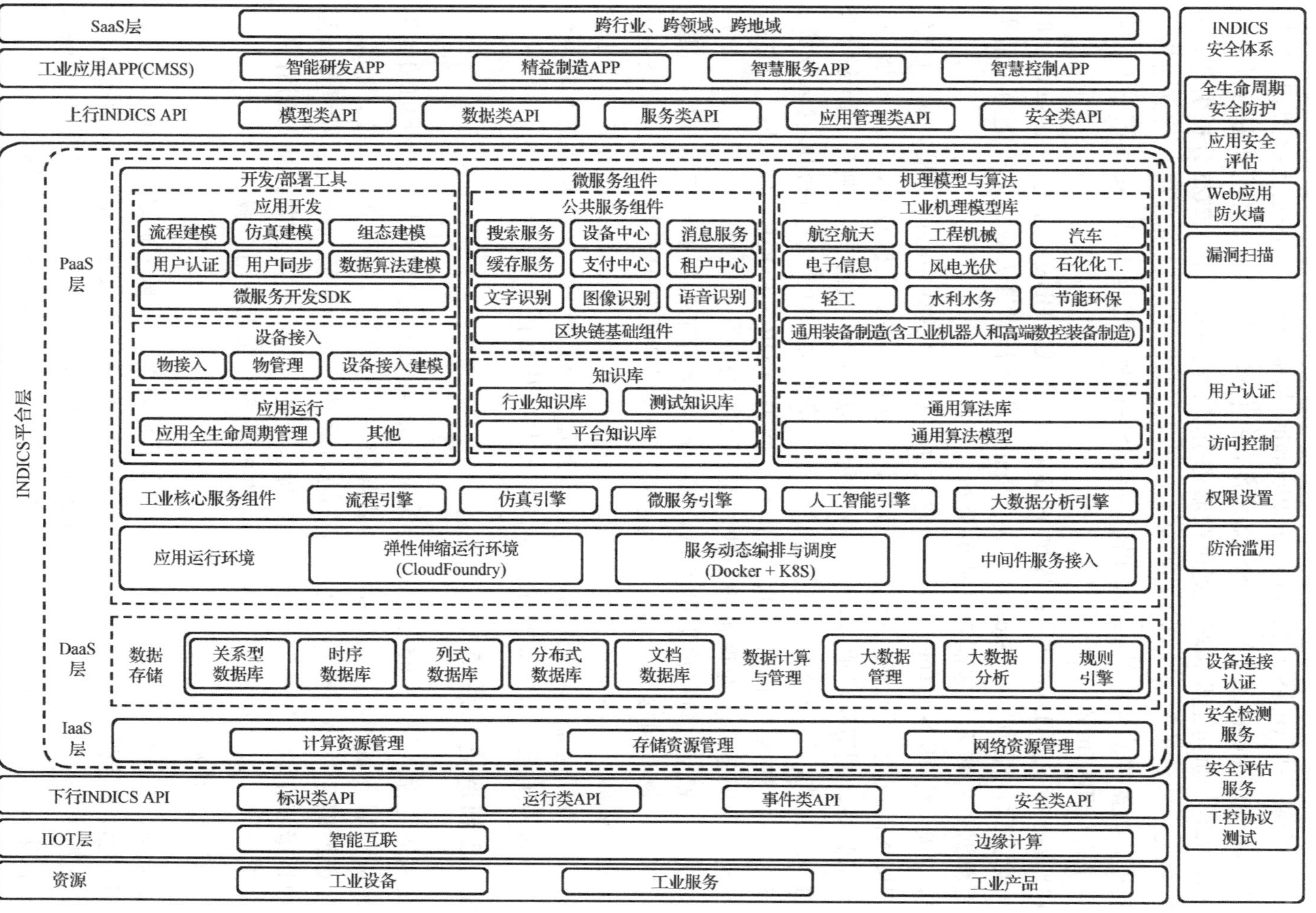


图 1-2 INDICS 平台总体架构

(2)平台服务层(PaaS 层)：以 CloudFoundry 基础架构作为底层支撑架构，扩展基于 Docker 和 Kubernetes 的混合容器技术，提供弹性伸缩运行环境和服务动态编排与调度功能；面向工业领域，提供微服务引擎、流程引擎、大数据分析引擎、仿真引擎和人工智能引擎等工业 PaaS 服务；面向开发者提供流程建模、仿真建模、组态建模、数据算法建模等工具，提供应用全生命周期管理工具，提供第三方工业互联网平台应用环境产品。

(3)数据服务层(DaaS 层)：提供 Hadoop 分布式、HBase 列式、Cassandra 时序等大数据存储能力以及 Storm 流式、Spark 内存计算等大数据分析能力，助力工业大数据分析和人工智能算法业务分析。

(4)基础设施服务层(IaaS 层)：自建数据中心，将数据中心内的服务器、存储、网络和接入的制造资源进行虚拟化和服务化，从而提供云主机服务、云存储服务、云数据库服务、制造资源服务，对外提供程序应用接口(API)、控制台、命令行等形式的调用方式，为平台上的应用提供运行环境支撑、数据支撑和物联接入支撑。

(5)工业物联网层(IIOT 层)：提供智能网关 INDICS EDGE、虚拟网关 SDK，支持各类工业服务、工业设备和工业产品接入平台。

INDICS 平台面向用户提供了包含云端应用运行工具、云端应用开发工具、云平台服务、物联网接入工具、工业互联网网关等平台工具，提供了包含企业大脑、企业驾驶舱、云端业务工作室、云端应用工作室、企业上云服务站、中小企业服务站、数据淘金等用户产品服务的云制造支撑系统体系，构建适应互联网经济业态与新型工业体系的完整生态系统，产品架构如图 1-3 所示。

### 1.2.3　云制造支撑系统

云制造支撑系统(cloud manufacture support system，CMSS)是智能化的端到端应用集成与服务系统，主要包括工业品营销与采购全流程服务支持系统、制造能力与生产性服务外协与协外全流程服务支持系统、企业间协同制造全流程支持系统、项目级和企业级智能制造全流程支持系统等四个方面，全面支持云制造产业生态。采用“一脑一舱两室两站一淘金”的业务界面提供用户服务。

1. CMSS 发展背景

全球制造业正进入平台竞争时代，工业互联网平台正成为促进产业价值链中高端升级，建设制造强国的关键，基于平台的应用 APP 生态成为关键。《关于深化“互联网+先进制造业”发展工业互联网的指导意见》指出，加快工业互联网平台建设，突破数据集成、平台管理、开发工具、微服务框架、建模分析等关键技术瓶颈，形成有效支撑工业互联网平台发展的技术体系和产业体系。工业和信息化部积极推动工业互联网平台建设，大力推进工业技术软件化和百万 APP 工程。

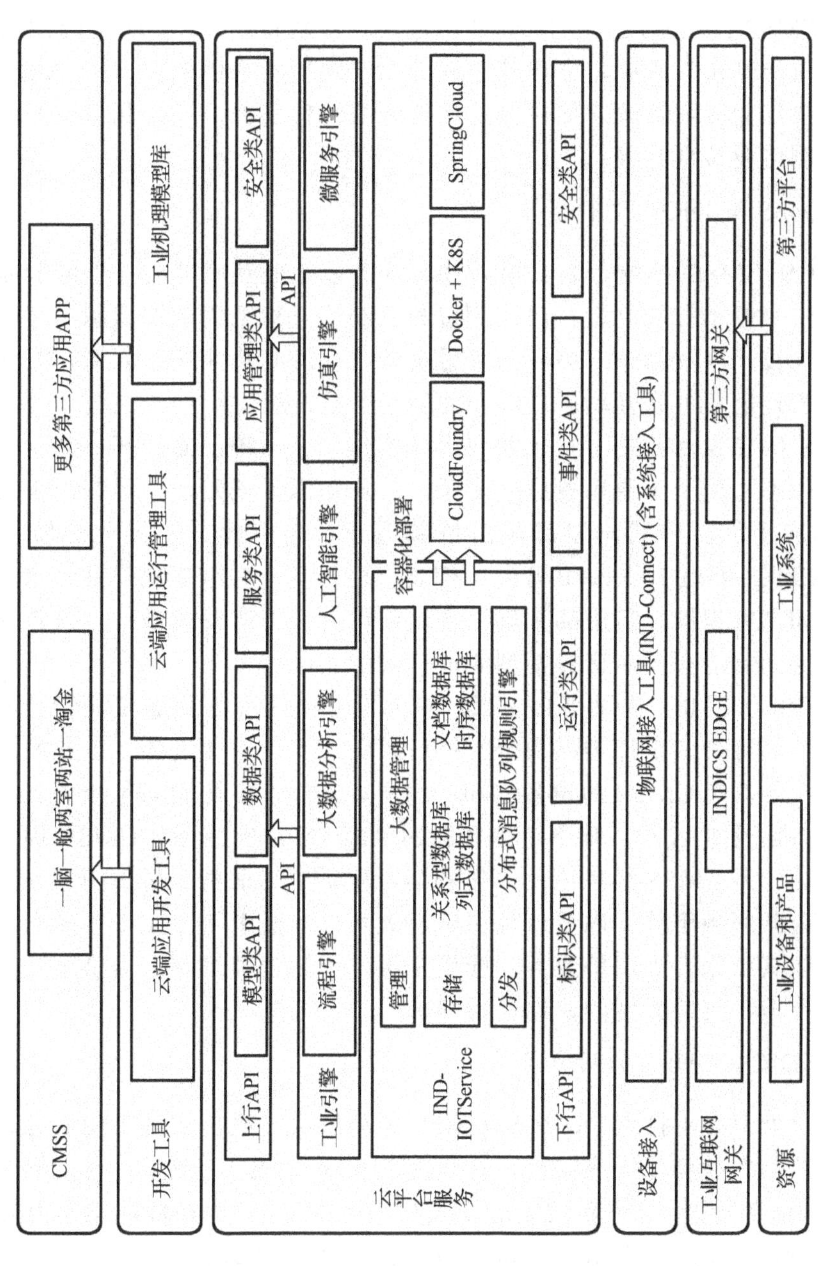


图 1-3　INDICS 平台产品架构

为深入贯彻落实以上重大举措，促进产业转型及未来企业生产经营模式升级，中国航天科工集团有限公司提出 INDICS+CMSS 发展战略，着力开展 INDICS+CMSS 体系研发，并于 2018 年正式对外发布，实现智能制造、协同制造、云制造“三类制造”发展，支撑基于软件定义的新业态体系建设。CMSS 可整合积淀的优势工业应用资源，促进制造业资源的优化配置，带动制造业产业链的重构，实现制造业转型升级。

### 2. CMSS 与 INDICS 平台

INDICS+CMSS 搭配，目标是构建和涵养以工业互联网为基础的云制造产业集群生态，服务于智能制造、协同制造和云制造三种现代制造形态，运用大数据和人工智能技术以及第三方商业与金融资源，促进制造业技术创新、商业模式创新与企业管理创新关联互动，推动企业转型产业升级。

CMSS 的建设目的是丰富工业应用，构建一个系统全面、开放共享、使用便捷的创新生态。由于工业场景高度复杂，行业知识千差万别，传统由少数大型企业驱动的应用创新模式难以满足海量制造企业精细化、差异化的转型需求。INDICS+CMSS 创造工业 APP 开发、部署、运行等一系列新的产业环节和价值，在工业知识高度积累、复用的基础上实现应用创新的爆发式增长，有效支撑智能化改造、协同制造和云制造等新型制造模式的实现。

INDICS 为 CMSS 提供平台支撑：对下为 CMSS 赋予设备资源管理能力，提供标识类、运行类、事件类、安全类接口服务，支持工业设备、工业产品和智能产品资源接入，在 CMSS 的设备层和产线层，支持设备控制与监控类 APP，数据驱动的设备运营类 APP，基于边缘智能的 APP 应用；对上为 CMSS 提供平台应用服务能力，为 CMSS 提供应用开发和运行所需的微服务、机理模型、建模和开发工具、公共服务组件，以及流程引擎、大数据分析引擎、人工智能引擎、微服务引擎、仿真引擎五大引擎服务和应用全生命周期管理工具，提供第三方工业互联网平台环境，支持应用的快速迁移和部署。

### 3. INDICS+CMSS 的用户价值

以用户为中心，打造 INDICS+CMSS 整体解决方案，实现工业服务、工业设备和工业产品的社会化集成共享、优化配置和业务协同，重塑行业边界及产业结构，实现价值链转型，构建新的制造模式和制造生态。其内在商业驱动力为 3M（省钱（to save money）、赚钱（to get money）、生钱（to make money））。

利用 INDICS+CMSS 整体解决方案，帮助企业实现快速上云，实现资源的社会化集成、配置和协同，建立体系化运作结构，形成新竞争格局和新商业盈利模式，助力制造企业进行战略转型；打破传统面向单一产品和环节的技术壁垒，重塑价值链中的研发、制造、客户服务等活动，推动价值链转型；通过对技术体系、标准体系、产业体系的重塑，构建智能制造新模式和新生态。

# 1.3 “脑舱室站金”简介

## 1.3.1 概述

INDICS 平台“一脑一舱两室两站一淘金”系统是将企业发展战略转化落地的基本模式，通过对业务场景、用户需求、分工界面、组织结构等方面的内容实现规范化、标准化处理，形成统一的可复制推广的总体架构模式，进一步延伸至平台其他产品，形成统一架构的工业应用集成环境，指导平台产品建设，拓展第三方工业应用资源合作。

INDICS 平台“一脑一舱两室两站一淘金”系统面向大型集团企业、中小微企业内的决策层、经营层与业务层提供三大层面上的服务。决策层主要指企业领导班子成员，负责公司战略制定、开拓与规划新业务；经营层指各部门管理中层，负责公司研发、生产、采购与销售等日常业务的日常运行；业务层由研发部门、生产部门、销售部门、采购部门、财务部门、仓库管理等其他综合支撑部门组成，负责公司具体业务执行。

“企业大脑”是指企业决策支持系统，主要服务于公司决策层，通过数据和专家系统、规则库、知识库、模型库、算法库、数据库等资源支撑企业战略管控与战略决策。

“企业驾驶舱”是指企业运行支持系统，主要服务于公司经营层，支撑企业经营管控活动，可为企业经营层提供大数据可视化服务，并可实时提取生产、销售、产品、运营等环节数据，及时掌握管理动态，打造数据驱动型企业。

“两室”主要服务于业务层，实现企业经营业务流程全覆盖。其中“云端业务工作室”是指企业交易流程支持系统，围绕企业在线采购与销售业务，打通线上合同的“对接、商签、履约、结算”业务流程和电子签章服务；打通财务、税务、物流等业务流程，可通过与企业自有信息系统的数据互通，实现客户到供应商业务流程的集成贯通，提供以交易为核心的一站式全流程业务服务。“云端应用工作室”是指企业制造过程支持系统，支撑工程类业务开展，可通过设计研发、生产制造和运营管理的有效集成，最终形成跨单位、跨专业的数字化协同设计、协同试验和协同制造能力。

“两站”主要实现企业的上云接入和服务支撑。其中“企业上云服务站”是指企业设备/业务上云服务系统，为企业上云提供引导和路径，帮助企业设备、产线及业务快速上云，帮助企业上云及智能化改造服务，实现生产管理数据与业务数据的采集和应用，实现网络化协同制造。“中小企业服务站”是指企业管理外包服务系统，给企业提供生产性、综合性服务支撑，可汇聚线上线下优质资源，提供一站式企业服务，降低企业运营成本，激活创新潜力。

“数据淘金”是指基于数据价值挖掘的知识服务系统，服务于所有企业内部角色，基于平台数据，面向企业和生态伙伴(数据增值服务商)提供增值服务。

航天云网“一脑一舱两室两站一淘金”系统架构图如图 1-4 所示。

### 1.3.2 “脑舱室站金”的应用价值

“一脑一舱两室两站一淘金”系统级工业应用作为 INDICS 平台的业务界面，是云端应用的集成环境，支持满足不同行业、不同领域企业的数字化、网络化、智能化、云化需求，无须企业单独部署，利用云端应用场景集成工业 APP 功能体系，具备一站式、多租户的特性，同时支撑工程类业务人员、协作配套类业务人员、企业经营管理者、企业决策者等类型用户不受区域限制开展云端业务。

因此，“一脑一舱两室两站一淘金”总体架构应采用“分层-微服务”的架构方式。分层架构即满足底层数据资源到顶层应用价值实现。微服务架构以面对不同种类客户、不同行业领域业务工作的较大差异，应具备良好的功能延展性、部署的便利性和高可定制性，实现渐进式开发或引入，以适应用户在不同阶段、不同时期的需求。

1. 平台层

基于 INDICS 平台提供 PaaS、IaaS 云架构服务，以 API 形式为“一脑一舱两室两站一淘金”的第三方工业应用的系统集成及业务开展提供接口。INDICS 平台具有 5 个重要功能：①提供多源异构数据接入与管理能力，帮助企业实现数据的汇聚，为实现数据分析、建模提供支撑；②构建可靠的工业应用部署运行环境，实现海量工业应用接入；③依托大数据、人工智能等新一代技术，实现核心工业引擎，提升平台服务能力；④通过对工业大数据、工业知识、技术、经验的融合，形成机理模型、算法及微服务，供开发者调用；⑤构建开放式的环境，借助机理模型、微服务组件、应用开发工具等，帮助用户快速实现工业应用开发。随着“一脑一舱两室两站一淘金”业务活动开展的不断深化、业务流程的不断丰富，大量的业务模块按照微服务的形式下沉至平台，形成可以反复调用的微服务组件，通过业务中台的构建进一步强化平台的业务开展能力和“一脑一舱两室两站一淘金”系统级应用的可剪裁、可拓展能力。

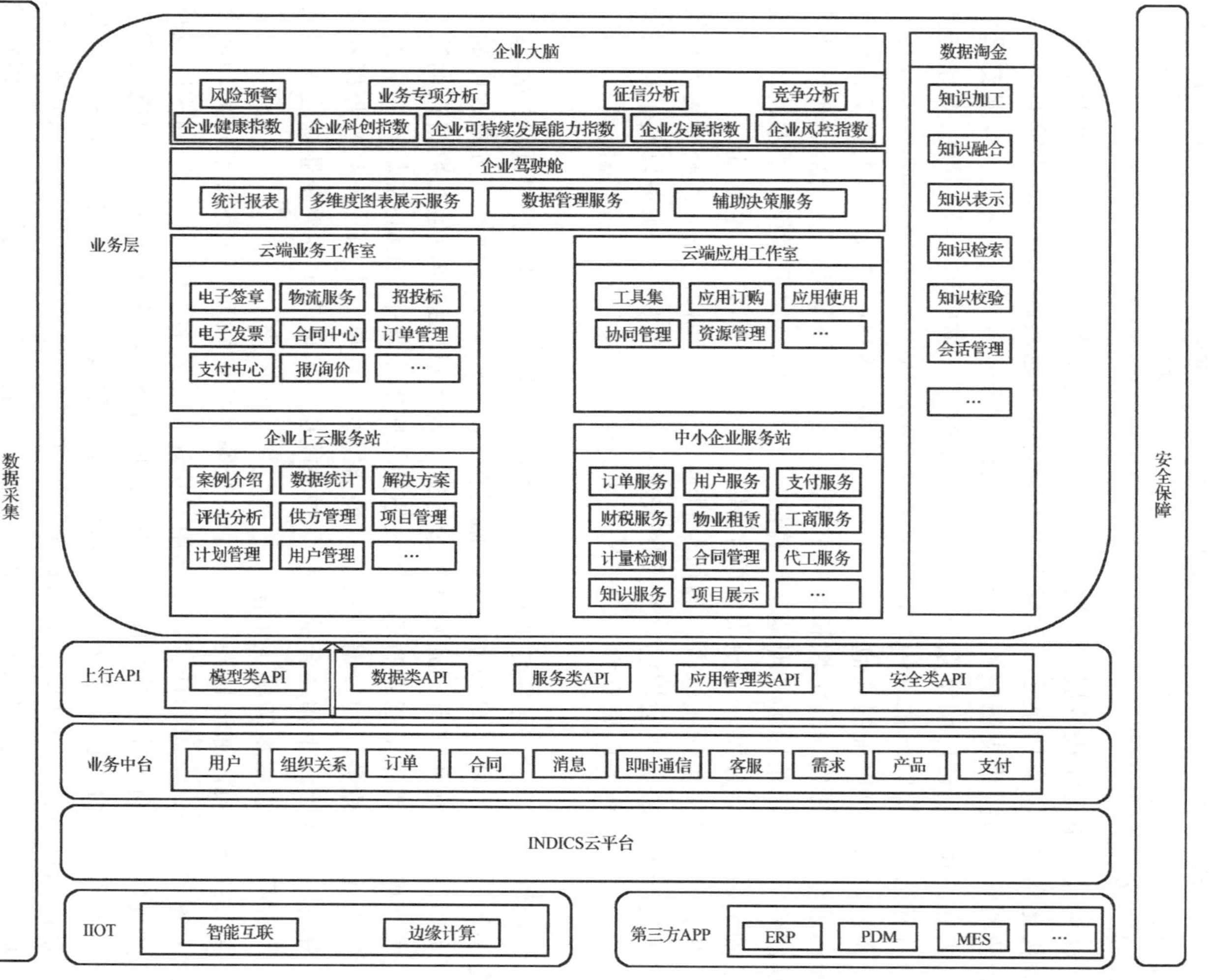


图 1-4　“一脑一舱两室两站一淘金”系统架构图

2. 业务层

业务层囊括了“一脑一舱两室两站一淘金”系统级应用的功能模块，面向不同行业、不同领域、不同地域的工业企业，为企业提供全方位、全周期、全流程的云端业务服务。

针对大中型企业决策层，通过企业大脑的功能实现了企业在经营管理中进行资源优化和整合，支持企业高层管理人员及时准确地把握和调整企业发展方向，为企业科学决策提供支撑服务。企业大脑功能主要分为五大子系统：数据支撑系统、大脑工作台、四库引擎系统、三池资源系统、大脑应用系统。数据支撑支持跨平台异构数据实时或批量传输，兼容主流的 RDBMS、NoSQL 数据库、分布式文件系统，同时可以根据其他合作厂商提供的 API 接口爬取数据。大脑工作台重点应用于企业多维度横向定性和纵向定量展示。四库引擎为企业大脑运转提供核心功能库，企业决策层可直观地认识算法库、语料库、知识库和模型库具体搭建的基础平台和基础模型，方便决策层了解企业数据库推演的理论基础。三池资源为企业大脑运转提供知识池库，包括专利池、专家池和标准池。大脑应用为决策层提供统计报表服务、数据的多维度图表展示服务、数据管理服务以及辅助决策服务等，涉及的功能场景有客户、市场、计划供应、生产质量、能源能耗、财务、人力等。

面向管理经营层，能够实现内部系统之间的数据交换，目的是实现财务系统、业务系统、办公自动化(OA)系统等数据对接。业务层与企业外第三方系统产品之间可实现数据交互和应用集成两种对接方式，前者对包括物流运输数据查询等功能提供支撑，后者将第三方的功能和服务接入应用市场中。CMSS 基础业务系统以接口形式调用业务层的数据与功能，包括需求、订单、合同、产品等数据和功能。业务层是线上线下相结合的特殊服务功能层，可以满足各类企业深度参与云制造产业集群生态建设的现实需求。

面对业务人员，通过协同空间、个人空间、资源管理、任务管理四大功能暨平台上各类 APP、资源和任务，帮助用户快速构建云端工作环境。协同空间包括工作圈管理、协同工作台等功能，与任务管理功能一起实现 IPD 协同研制模式中的核心要素，即协同团队定义、任务和目标的分解/集成，以及团队协同；个人空间包括应用订阅、应用使用、应用订单三大功能，旨在为用户提供一站式集成应用环境；资源管理包括组织人员管理、工具服务管理和应用支撑环境、工程资源库，实现人员、工具系统、知识的统一管理，以及云端和本地的协同；任务管理包括任务规划、任务看板、任务统计等功能，实现产品研制全生命周期的任务规划、任务执行、可视化管理，为任务管理提供预警提醒、决策支持。基于云端应用工作室的任务管理版块获取待办任务、消息通知等信息，通过 API 调用协同类 APP 进行企业内协同计划、协同设计、协同生产、协同仿真、协同试验等工作；调用专业类 APP 实现智慧管控、智慧研发、智能制造、智能服务；通过应用工作室的资源共享管理、工具服务管理支撑企业的云制造模式落地实施。

各企业在研发过程中，从协同制造层获取研发需求，开展设计、仿真和试验等，基于云平台通用资源版块，在云端或线下使用 CAX 工具软件，从知识库获取相关知识和标准件、元器件模型，以及开展跨企业的协同研发应用。在生产过程中，向云平台传递工艺、主计划、设备状态、生产能力等信息，开展跨企业排产和工艺仿真等应用，生成的外协、外购计划发布至协同供应链版块进行供需对接，企业针对自制计划利用云平台进行工艺仿真和产线仿真等，形成优化、合理的生产计划和节拍，基于制造执行系统(MES)下发到工业现场，利用虚拟工厂监控生产运行过程，并在生产过程及时向云平台智慧管控版块更新交货期信息，反馈质量情况。另外，针对工业现场的设备、产线和高价值装备的运行、维护需求，可利用云平台的智能服务版块，获取装备在线保障、智能资产管控、故障诊断预测等应用。

面对上云企业，通过企业上云服务站为企业提供一站式上云服务，成为企业上云工程实施抓手，支持基于云平台的智能化改造服务。通过中小企业服务站为中小微企业提供融合物业空间、政务、创业辅导、技术咨询、营销推广、科技、金融等一站式科技创新服务。

面对数据价值挖掘，数据淘金具有知识图谱、知识检索、语义识别、人机交互等功能。数据淘金接入 INDICS 平台的 DaaS 层、平台及第三方应用、专家经验等数据，通过知识抽取、知识融合、知识存储等处理过程，形成知识图谱，支持第三方合作伙伴知识库的插入，同时通过建立人工智能(AI)自学习算法，系统可以根据用户的提问、现有的数据或者知识推导出新的知识，扩充系统的知识图谱。数据淘金系统架构的重点是知识图谱模块、问题分析/语义理解模块和知识检索模块。其主要功能有 2 个：①基于工业基础词库的分词和命名实体识别；②对用户问题进行意图识别和实体抽取。意图识别是要弄清楚用户到底要问什么，如是查询故障发生次数还是查询故障原因；实体抽取是这个意图下的具体槽位值，如问句是“上个月发电机故障次数是多少”，意图就是“查询故障次数”，故障名称的槽位值是“发电机故障”，时间的槽位值是“上个月”。通过 AI 自学习模块和关系抽取实现知识图谱的抽取。知识检索模块实现路径是首先对问题进行分类，按照用户输入的问题可分为事实型和列举型问题、定义型问题、交互式问题三类。

# 第 2 章　云端业务工作室概述

本章首先介绍云端业务工作室的产生背景及产品定位。随后，介绍云端业务工作室所涉及的供应链相关理论，并对业务工作室的主要核心业务版块进行阐述。最后，介绍业务工作室为目标用户带来的作用与价值。

## 2.1　业务工作室介绍

### 2.1.1　背景介绍

全球制造业正进入平台竞争时代，工业互联网平台正成为促进产业价值链向中高端升级，建设制造强国的关键，基于平台的工业互联网 APP(以下简称工业 APP)生态成为关键中的关键。《国务院关于深化“互联网+先进制造业”发展工业互联网的指导意见》明确要求，加快工业互联网平台建设，培育百万工业 APP，实现百万家企业上云，形成建平台和用平台双向迭代、互促共进的制造业新生态。工业和信息化部印发《关于完善制造业创新体系，推进制造业创新中心建设的指导意见》指出，亟须在发挥已有各类创新载体作用的基础上，打造高水平有特色的国家制造业创新平台和网络，推动我国制造业向价值链中高端跃升，为制造强国建设提供有力支撑。为落实《国务院关于深化“互联网+先进制造业”发展工业互联网的指导意见》，加快培育工业 APP，进一步发展工业互联网平台应用生态，充分发挥软件赋能、赋值、赋智作用，推动工业提质增效和转型升级。工业和信息化部编制《工业互联网 APP 培育工程方案(2018—2020 年)》，提出 2018—2020 年工业 APP 培育的总体要求、重点方向、主要任务和保障措施。为深入贯彻落实以上重大举措，促进产业转型及未来企业生产经营模式升级，航天云网公司统筹推进工业互联网平台建设与运营工作，实现智能制造、协同制造、云制造“三类制造”发展，支撑基于软件定义的新业态体系建设。通过建设云制造支持系统，可整合积淀的优势工业应用资源，促进制造业资源的优化配置，带动制造业产业链的重构，实现制造业转型升级。

1. 建设背景

目前，INDICS 工业互联网平台初步形成了以 INDICS+CMSS 平台级解决方案为基础，“一脑一舱两室两站一淘金”系统级应用为核心，云化软件应用为生态，云资源及安全服务为保障，门户运营服务为支撑的平台产品与服务体系。

“一脑一舱两室两站一淘金”系统级工业应用作为 INDICS 平台的业务界面，通过调用相应的功能模块和其他应用产品，能够为用户提供集成化的解决方案。该系列应用可以帮助企业实现快速上云，实现资源的社会化集成、配置和协同；建立体系化运作结构，形成新竞争格局和新商业盈利模式，助力制造企业进行战略转型；打破传统面向单一产品和环节的技术壁垒，重塑价值链中的研发、制造、客户服务等活动，推动价值链转型；通过对技术体系、标准体系、产业体系的重塑，构建智能制造新模式和新生态。

云端业务工作室与“一脑一舱两室两站一淘金”其他应用是兼容联动的，用户使用云端业务工作室产生的业务数据是企业驾驶舱的计划/供应、客户/市场模块的数据来源，驾驶舱提供的图表展示又给云端业务工作室带来附加价值；云端业务工作室上的购销业务产生的销售订单也可以输入给云端应用工作室，转化为生产订单，进而开展排产任务，用户在生产准备过程中发现有物料缺失问题时可回到云端业务工作室发起采购。

云端业务工作室作为“一脑一舱两室一淘金”系统级工业应用最早上线的产品之一，从 2018 年初提出产品概念到初版产品上线仅仅用了不到三个月的时间。一方面作为航天科工集团推广的核心产品，云端业务工作室在原型产品阶段就基于大量的用户基础进行设计；另一方面云端业务工作室是航天云网首次尝试使用互联网思维开发的 SaaS 应用产品，先上线基础功能后再不断迭代完善。在经过云端业务工作室第一阶段(2018 年 3 月 31 日上线)产品上线后的客服与运营反馈中，研发团队认识到云端业务工作室对于支撑企业上云业务、落实“云制造”进而塑造“工业互联网主平台”的重要意义，但是产品现状与目标还存在较大差距，主要聚焦在解决“功能为中心的界面与场景化角色化的体验不匹配”“单体系统架构与复杂多样的业务需求不匹配”“重论证长周期的研发过程与快速多变的业务不匹配”“重交付轻运营的项目模式与产品模块化迭代不匹配”等问题。因此，云端业务工作室的升级迭代之路还有很长。本书作为第一本系统介绍云端业务工作室详细应用的教程，力图展现云端业务工作室的全貌。云端业务工作室也将在应用过程中不断总结问题、提炼经验，通过应用推动升级迭代。

### 2. 建设目标

云端业务工作室的建设目标如下。

(1) 打通企业业务上云服务及产品的关键环节。云端业务工作室围绕企业在线采购与销售业务，梳理关键流程，逐一打通关键环节，实现云端业务工作室作为平台产品的核心场景全贯通；打通线上合同的“对接、商签、履约、结算”业务流程和电子签章服务；打通财务、税务、物流等业务流程，为购销的云端业务开展提供支撑。

(2)打造可用好用的线上产品。针对用户反馈提出的操作烦琐、功能不可用不好用等问题，云端业务工作室结合细分的业务角色、场景和需求的梳理，优化产品整体交互设计，重构产品的页面交互，显著提升用户体验，降低用户使用门槛。

(3)帮助企业进行业务流程的梳理优化，提供信息化业务系统相关适应性改造服务，支撑企业顺利实施业务上云工作。

### 2.1.2 产品定位

“一脑一舱两室两站一淘金”系统级应用是将企业发展战略转化落地的基本模式，通过对业务场景、用户需求、分工界面、组织结构等方面的内容实现规范化、标准化处理，形成统一的可复制推广的总体架构模式，进一步延伸至平台其他产品，形成统一架构的工业应用集成环境，指导平台产品建设，拓展第三方工业应用资源合作。

云端业务工作室为企业购销提供服务，以交易撮合为核心，包括工业品营销与采购、全流程服务支持系统、制造能力与生产性服务外协与协外、全流程服务支持系统等，提高企业业务运行效率，实现交易双方无缝衔接和过程可追溯。通过云端业务工作室系统级应用，着力建设并运营云端营销及云集采系统，为集团公司营销方式与供应链优化提升提供实践基础。打通“对接、商签、履约、结算”全业务流程，优化供应链管理、营销中心、云集采、电子签章、电子合同、电子发票、在线物流、供应链金融、审批管理等核心功能。重点是做好全流程业务试点案例建设，面向社会进行公开发布。

## 2.2 基础理论

在工业经济条件下，供应业务及营销业务通常都具有线性的结构，由于信息量小、选择少，因此供应业务和营销业务的结构化程度高且相对固化，很容易形成“供应链”和“营销渠道”概念。“供应链”和“营销渠道”概念基本上属于静态概念，而在信息经济条件下，海量的个性化需求产生海量的个性化订单，从而生成海量的供求数据，这种海量数据具有非结构化、非线性，传统的“供应链”和“营销渠道”难以消化吸收。于是，基于网络的大数据分析与人工智能处理服务平台应运而生，将在传统的“供应链”和“营销渠道”难以下咽的数据转化为易于消化的“熟食”，再由传统的“供应链”和“营销渠道”予以分解。云端业务工作室的开发正是基于企业在数字化转型过程中对于供应链及营销方式转变的新模式而展开的。

### 2.2.1 现代供应链理论模型

成功的供应链管理需要实现从管理一个单独的职能部门到将活动整合到供应链流程之间的转变。尽管人们一直都在讨论供应链上实施跨部门的商业流程管理，但是目前只有两种框架能够被用来判识哪些流程应包括进来，并提供必要的实施细节。SCOR 框架和 GSCF 框架均倡导商业流程的实施，以期实现供应链协同优化，使其价值最大化，但它们的各自目的却不同。

1. SCOR 框架

SCOR(Supply-Chain Operations Reference-model)由国际供应链协会(Supply-Chain Council)开发支持，适合于不同工业领域的供应链运作参考模型，如图 2-1 所示。

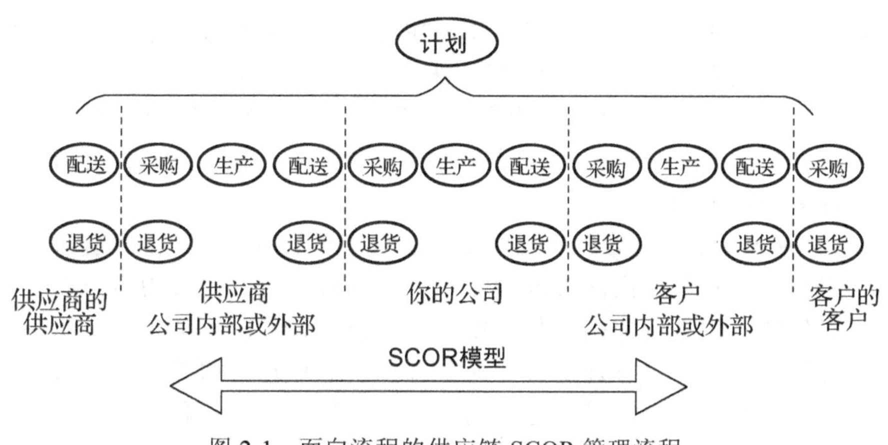


图 2-1 面向流程的供应链 SCOR 管理流程

SCOR 是第一个标准的供应链流程参考模型，是供应链的诊断工具，它涵盖了所有行业。SCOR 使企业间能够准确地交流供应链问题，客观地评测其性能，确定性能改进的目标，并影响今后供应链管理软件的开发。流程参考模型通常包括一整套流程定义、测量指标和比较基准，以帮助企业开发流程改进的策略。

SCOR 是第一个面向具体操作的供应链参考模型。SCOR 系统级应用模型主要由四部分组成：供应链管理流程的一般定义、对应于流程性能的指标基准、供应链“最佳实施”的描述以及选择供应链软件产品的信息。SCOR 模型把业务流程重组、标杆比较和流程评测等概念集成到一个跨功能的框架中。SCOR 是一个为供应链伙伴之间有效沟通而设计的流程参考模型，是一种帮助管理者聚焦管理问题的标准语言。SCOR 系统级应用有助于管理者关注企业内部供应链。SCOR 系统级应用用于描述、量度、评价供应链配置。规范的 SCOR 系统级应用流程允许任何供应链配置、量度；规范的 SCOR 尺度能使供应链绩效本衡量和标杆做比较；供应链配置可以评估并支持连续的改进和战略计划编制。

系统级应用 SCOR 框架由五个流程组成。

(1) 计划：通过对累计需求和供应能力之间的平衡，制定一系列的行动方案，以便更好地满足源货、制造及交货等需求。

(2) 源货：包括所有与满足计划需求和实际需求相关的采购货物及服务的活动。

(3) 制造：包括所有与将产品转变为成品来满足计划需求或实际需求相关的活动。

(4) 交货：提供成品与服务来满足计划或实际需求，通常包括订单管理、运输管理及配送管理。

(5) 退货：接受以任何缘由为依据的退货或将货物退还给原供应商，并将该流程扩展到交货后的客户服务。

2. GSCF 框架

面向商业流程的供应链管理模式（GSCF 框架）为俄亥俄州立大学兰博特首席教授领导“全球供应链论坛”（GSCF）开发。“全球供应链论坛”的前身是“卓越商业模式研究中心”，1994 年兰博特教授等首次将供应链定义为一个新的学科后，将其更名为“全球供应链论坛”。目前，GSCF 的供应链管理框架在制造业和服务业中已被许多公司采用。

“全球供应链论坛”成员们开发并使用的供应链管理定义：供应链管理是对贯穿从最终用户到原始供应商的关键商业流程的整合。这些流程为客户以及其他利益相关者提供能够创造价值的产品、服务和信息。GSCF 框架中，最重要的是客户关系管理与供应商关系管理，其他流程都围绕它们进行协调。八个流程都是跨部门、跨公司，并可被分解成一连串的战略级与运营级子流程。

供应链管理的实施工作通过三个基本组成部分来完成：供应链网络结构、商业流程和管理组元。在全球供应链论坛框架中包括八种供应链管理流程。

(1) 客户关系管理：提供一个与客户建立并保持关系的结构。

(2) 客户服务管理：提供与客户之间进行接触的重要界面来管理和监管产品及服务协议。

(3) 需求管理：提供一个用来平衡客户需求和供应链能力的结构。

(4) 订单履约：包括定义客户需求、设计物流网络以及履行客户订单等所有必要的活动。

(5) 制造过程管理：包括用来获得、实施并管理制造灵活性，以及使产品走出供应链中制造大门的所有必要的活动。

(6)供应商关系管理：提供一个与供应商建立并保持关系的结构。

(7)产品开发及商业化：提供一个客户及供应商一道进行产品开发并将产品推向市场的结构。

(8)退货管理：包括与退货、反向物流、退货检验及退货规避相关的一系列活动。

面向流程的供应链管理模式如图 2-2 所示。

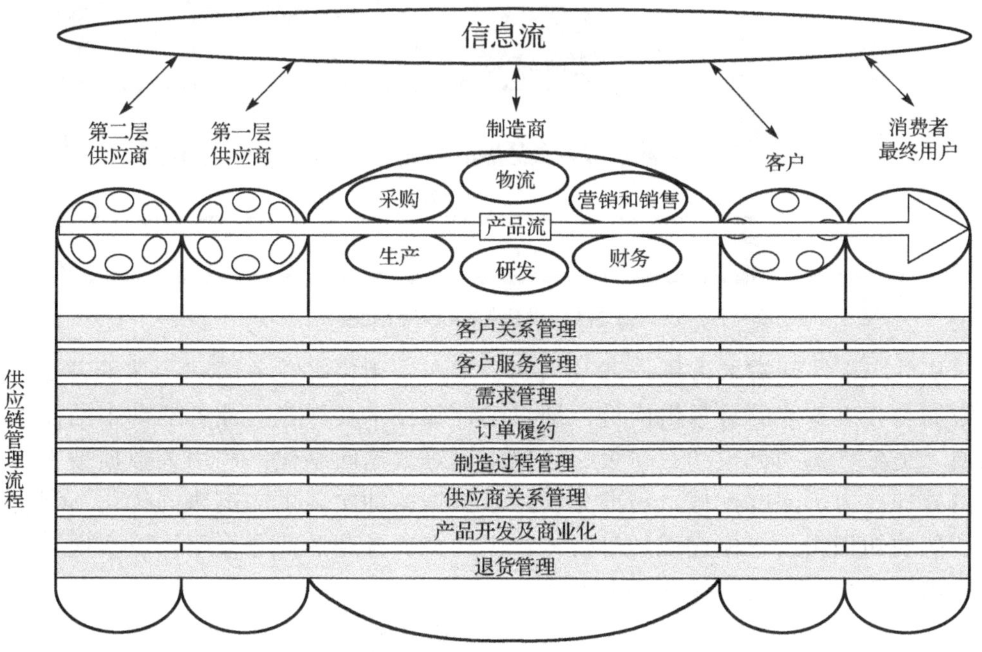


图 2-2　面向流程的供应链管理模式(GSCF 框架)

3. 基于两种模型的供应链优化对比

SCOR 框架是建立在运营层面的战略上，以计划和目标为驱动来协同优化计划、货源、制造、交货、退货等六大业务环节，通过降低成本、提高资产利用率来实现供应链的运营效率。

GSCF 框架是建立在公司战略上，着重关注关系管理，以客户关系管理和供应商关系管理为核心驱动来协同优化客户、客户服务、需求、订单履约、制造、供应商、产品开发、退货八大业务环节，通过增加收入、降低成本、提高资产利用率来实现供应链的运营效率。

## 2.2.2 基于云计算、大数据与人工智能的智慧供应链

依据 SCOR、GSCF 框架，供应链优化涵盖供应链上下游业务流程的采购协

同、生产协同、营销协同三大协同优化，以及金融、物流运输两大支持服务的协同优化，如图 2-3 所示。

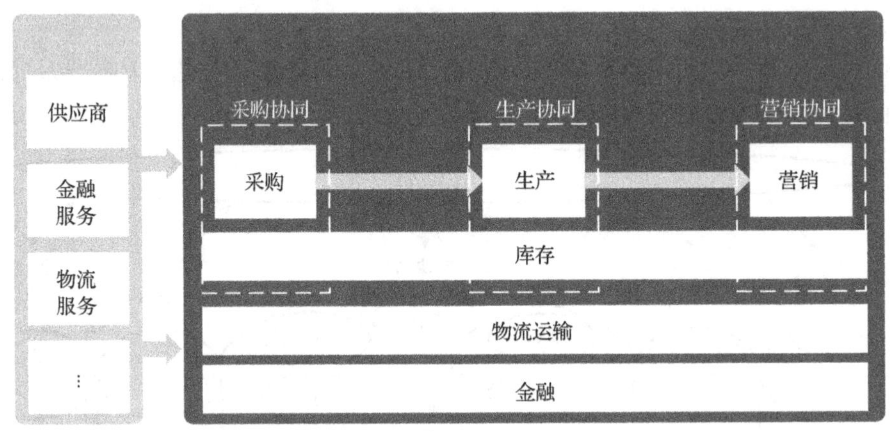


图 2-3　供应链业务流程图

从供应市场到需求市场，涉及采购、生产、销售等业务活动。基于云计算、大数据与人工智能的智慧供应链，通过云计算技术实现三大业务活动中的需求、沟通、交易、协同、生产、质量、仓储运输等数据网络化；利用大数据技术海量信息处理能力，深度挖掘、精准分析，以数据驱动实现供应链协同优化；利用人工智能的知识图谱、模式识别等技术，主动理解各企业业务模型，以实现智慧化驱动供应链协同优化，如图 2-4 所示。

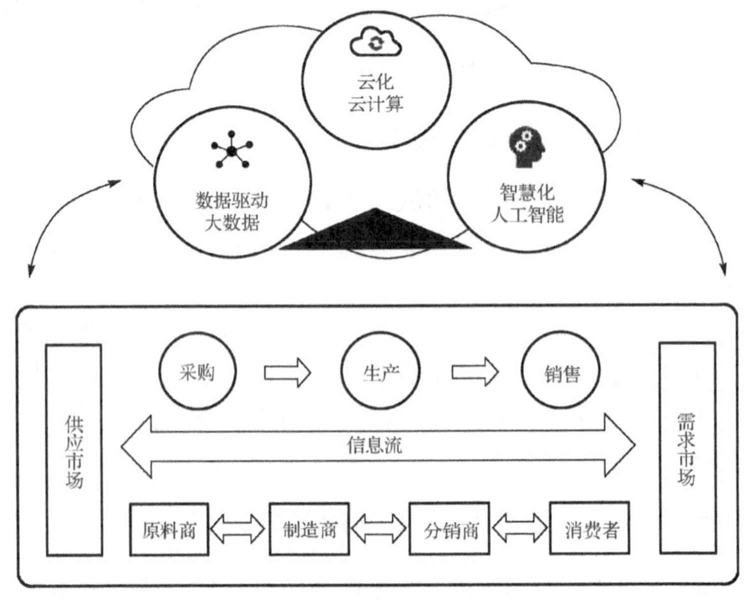


图 2-4　智慧供应链

# 2.3 产 品 功 能

云端业务工作室围绕企业在线采购与销售业务，梳理关键流程，逐一打通关键环节，实现云端业务工作室作为平台产品的核心场景全贯通：打通线上合同的“对接、商签、履约、结算”业务流程和电子签章服务；打通财务、税务、物流等业务流程，为购销的云端业务开展提供支撑。云端业务工作室主要提供供应链、营销中心、财务、税务、租赁易物、物流、用户角色与工作流、信息化系统对接中间件、微服务等功能模块。功能清单如表 2-1 所示。

**表 2-1　云端业务工作室功能清单**

| 序号 | 功能模块 | 功能需求 |
| --- | --- | --- |
| | | Web 端 |
| 1 | 供应链 | Web 端主要提供采购需求发布、比价优选、采购订单、采购合同、结算管理、配套圈等功能。采购人员可以进行发布需求、报价优选等外协需求管理，进行发布询价单、采购优选等采购管理，进行订单管理、合同管理、结算管理、租赁易物管理、供应商管理(配套圈)等一系列流程。 |
| 2 | 我要采购 | Web 端实时观看我的外协外购需求数据，并可查看相关需求详细信息，可以发布新需求、发布询价单、对外协外购进行优选监管、管理外购招标 |
| 3 | 采购订单 | 包括 Web 端所有的外协外购订单，订单列表显示主要的订单信息，如订单号、供应方、操作人、订单渠道、订单状态、数量、付款方式、金额，并支持根据订单状态做出筛选，对相关订单进行编辑操作，如退换货、确认收货等，在订单明细页面，显示全部订单信息 |
| 4 | 采购合同 | 包括 Web 端所有的外协外购合同，合同列表显示主要的合同信息，如合同编号、合同名称、合同价款、合同状态、创建日期，并支持根据合同状态做出筛选，对相关合同进行编辑操作，如支付合同等，在合同明细页面，显示全部合同信息 |
| 5 | 结算管理 | 包括 Web 端所有订单、合同的外协、外购结算信息，有单独的结算列表管理，支持根据结算状态做出筛选，并可进行批量操作，如支付合同等，在相应的订单/合同页面显示结算信息 |
| 6 | 配套圈 | 包括 Web 端商品配套圈和能力配套圈。采用可视化方式进行相关配套信息数据的展示，如折线图显示各月采购额趋势图、饼图显示各省采购额趋势图、利用地图 GPS 控件显示企业相关配套能力关系、企业概要信息、全部供应商订单列表、供应商推荐、能力推荐、APP 推荐等 |
| 7 | 营销中心 | 提供 Web 端商品与能力管理、报价与应标管理、销售订单、云素材库、客户圈、结算管理、销售合同等功能。销售人员可以发布能力、发布商品，可以进行方案报价管理、订单管理、合同管理、结算管理、租赁易物、招标管理、采购商管理(客户圈)、云素材管理等一系列流程 |

续表

| 序号 | 功能模块 | 功能需求 |
| --- | --- | --- |
| Web 端 | | |
| 8 | 商品与能力管理 | Web 端可查看并管理最新能力与商品的发布 |
| 9 | 报价与应标管理 | 包括 Web 端待报价定向需求、所有外协外购报价、应标管理、应标监管 |
| 10 | 销售订单 | 包括 Web 端所有的外协外购订单，订单列表显示主要的订单信息，如订单号、供应方、操作人、订单渠道、订单状态、数量、付款方式、金额，并支持根据订单状态做出筛选，对相关订单进行编辑操作，在订单明细页面，显示全部订单信息 |
| 11 | 销售合同 | 包括 Web 端所有的外协外购合同，合同列表显示主要的合同信息，如合同编号、合同名称、合同价款、合同状态、创建日期，并支持根据合同状态做出筛选，对相关合同进行编辑操作，如确认支付等，在合同明细页面，显示全部合同信息 |
| 12 | 结算管理 | 包括 Web 端所有订单、合同的外协、外购结算信息，有单独的结算列表管理，支持根据结算状态做出筛选，并可进行批量操作，如确认支付等，在相应的订单/合同页面，显示结算信息 |
| 13 | 客户圈 | 包括 Web 端商品配套圈和能力配套圈。采用可视化方式进行相关配套信息数据的展示，如折线图显示各月销售额趋势图、饼图显示各省销售额趋势图、利用地图 GPS 控件显示企业相关配套能力关系、企业概要信息、全部采购商订单列表、采购商推荐、商品需求推荐、APP 推荐等 |
| 14 | 云素材库管理 | 提供 Web 端素材服务列表，以及所有已下载的素材管理 |
| 15 | 租赁易物 | 提供 Web 端租赁物品发布及管理、易物物品发布及管理、租赁交易等功能 |
| 16 | 物流服务 | Web 端短期内主要提供基本物流信息对接能力，实现物流运输信息的接收与发送等功能<br>Web 端中期实现与物流平台接口对接，实现在线物流发件等功能。长期实现供应链物流需求业务闭环，实现自建或与第三方共建的物流增值服务 |
| 17 | 财税服务 | Web 端面向外部供应商和外部客户，提供中小微企业的基础财务功能，提供发票查询服务，线上和线下财务系统对接交换数据，实现线上和线下业务流程闭环 |
| 18 | 电子发票系统 | 提供 Web 端一体化的电子发票管理、进销项发票管理、非税票电子化等方面的解决方案，为社会公众提供统一的电子发票开具、查询、下载、交付等服务 |
| 19 | 合同电子签章 | 提供 Web 端线上签章功能，利用图像处理技术将签章操作转化为与纸质文件盖章操作相同的可视效果<br>保障电子合同所含交易等信息的真实性和完整性以及签名人的不可否认性<br>提供合同签章前对双方注册状态的判定，浏览合同文本、签章位置选择、进行签名等功能 |
| 20 | 智能客服 | 建设 Web 端基于客服信息流转平台的云端呼叫营销平台和一套云端客服信息流转运行机制，以平台为载体支持机制运行，实现线下、平台、云上客户服务的一体化 |

续表

| 序号 | 功能模块 | 功能需求 |
|---|---|---|
| | | Web 端 |
| 21 | 履约评价 | 开发并设计 Web 端履约评价环节，查看用户对云端企业的综合履约能力及质量评价结果<br>引入国家级第三方合作机构，采用区块链技术实施综合能力评价工作，提供线上与线下相结合的综合能力评价服务，并探索创新商业模式<br>综合运用区块链等先进技术，基本实现在线上完成综合能力评价的主要工作<br>对企业最终评价，将综合客户评价和工研院评价各占 50%权重，实现随时更新 |
| 22 | 质量评价 | Web 端质量认证后支持申请履约综合能力认证 |
| 23 | 移动端适配 | Web 端针对营销人员外勤多、跟进时效性强等特点，利用移动互联网技术开发实现 PC 版 Web 页面的移动端适配 |
| | | 移动端 APP |
| 1 | 前端基础框架 | 简化移动端 APP 前端的开发量，将云端业务工作室中常用的样式、组件等固化下来，开发人员只需引用即可，有助于代码复用提高开发效率，减少重复代码，支撑云端业务工作室的大量前端开发工作 |
| 2 | 供应链 | 提供移动端 APP 采购需求发布、比价优选、采购订单、采购合同、结算管理、配套圈等功能。采购人员可以进行发布需求、需求报价优选等外协需求管理，进行发布询价单、采购优选等采购管理，可以进行订单管理、合同管理、结算管理、租赁易物管理、供应商管理(配套圈)等一系列流程 |
| 3 | 我要采购 | 实时观看我的外协外购需求数据，并可查看相关需求详细信息，并可以发布新需求、发布询价单、对外协外购进行优选监管、管理外购招标 |
| 4 | 采购订单 | 包括所有移动端 APP 的外协外购订单，订单列表显示主要的订单信息，如订单号、供应方、操作人、订单渠道、订单状态、数量、付款方式、金额，并支持根据订单状态做出筛选，对相关订单进行编辑操作，如退换货、确认收货等，在订单明细页面，显示全部订单信息 |
| 5 | 采购合同 | 包括所有移动端 APP 的外协外购合同，合同列表显示主要的合同信息，如合同编号、合同名称、合同价款、合同状态、创建日期，并支持根据合同状态做出筛选，对相关合同进行编辑操作，如支付合同等，在合同明细页面，显示全部合同信息 |
| 6 | 结算管理 | 包括所有移动端 APP 订单、合同的外协、外购结算信息，有单独的结算列表管理，支持根据结算状态做出筛选，并可进行批量操作，如支付合同等，在相应的订单/合同页面，显示结算信息 |
| 7 | 配套圈 | 包括移动端 APP 商品配套圈和能力配套圈。采用可视化方式进行相关配套信息数据的展示，如折线图显示各月采购额趋势图、饼图显示各省采购额趋势图、利用地图 GPS 控件显示企业相关配套能力关系、企业概要信息、全部供应商订单列表、供应商推荐、能力推荐、APP 推荐等 |

续表

| 序号 | 功能模块 | 功能需求 |
|---|---|---|
| 移动端 APP | | |
| 8 | 营销中心 | 提供移动端 APP 商品与能力管理、报价与应标管理、销售订单、云素材库、客户圈、结算管理、销售合同等功能。销售人员可以进行发布能力、发布商品。可以进行方案报价管理、订单管理、合同管理、结算管理、租赁易物、招标管理、采购商管理(客户圈)、云素材管理等一系列流程 |
| 9 | 商品与能力管理 | 移动端 APP 可查看并管理最新能力与商品的发布 |
| 10 | 报价与应标管理 | 包括移动端 APP 待报价定向需求、所有外协外购报价、应标管理、应标监管 |
| 11 | 销售订单 | 包括移动端 APP 所有的外协外购订单，订单列表显示主要的订单信息，如订单号、供应方、操作人、订单渠道、订单状态、数量、付款方式、金额，并支持根据订单状态做出筛选，对相关订单进行编辑操作，在订单明细页面，显示全部订单信息 |
| 12 | 销售合同 | 包括所有的外协外购合同，合同列表显示主要的合同信息，如合同编号、合同名称、合同价款、合同状态、创建日期，并支持根据合同状态做出筛选，对相关合同进行编辑操作，如确认支付等，在合同明细页面，显示全部合同信息 |
| 13 | 结算管理 | 包括所有移动端 APP 订单、合同的外协、外购结算信息，有单独的结算列表管理，支持根据结算状态做出筛选，并可进行批量操作，如确认支付等，在相应的订单/合同页面，显示结算信息 |
| 14 | 客户圈 | 包括移动端 APP 商品配套圈和能力配套圈。采用可视化方式进行相关配套信息数据的展示，如折线图显示各月销售额趋势图、饼图显示各省销售额趋势图、利用地图 GPS 控件显示企业相关配套能力关系、企业概要信息、全部采购商订单列表、采购商推荐、商品需求推荐、APP 推荐等 |
| 15 | 云素材库管理 | 提供移动端 APP 素材服务列表，以及所有已下载的素材管理 |
| 16 | 租赁易物 | 提供移动端 APP 租赁物品发布及管理、易物物品发布及管理、租赁交易等功能 |
| 17 | 物流服务 | 短期内主要提供移动端 APP 基本物流信息对接能力，实现物流运输信息的接收与发送等功能<br>中期实现与物流平台接口对接，实现在线物流发件等功能。<br>长期实现供应链物流需求业务闭环，实现自建或与第三方共建的物流增值服务 |
| 18 | 财税服务 | 面向外部供应商和外部客户，提供中小微企业的基础财务功能，提供发票查询服务，线上和线下财务系统对接交换数据，实现线上和线下业务流程闭环 |
| 19 | 电子发票系统 | 提供移动端 APP 一体化的电子发票管理、进销项发票管理、非税票电子化等方面的解决方案，为社会公众提供统一的电子发票开具、查询、下载、交付等服务 |
| 20 | 合同电子签章 | 提供移动端 APP 线上签章功能，利用图像处理技术将签章操作转化为与纸质文件盖章操作相同的可视效果。<br>保障移动端 APP 电子合同所含交易等信息的真实性和完整性以及签名人的不可否认性。<br>提供移动端 APP 合同签章前对双方注册状态的判定，浏览合同文本、签章位置选择、进行签名等功能 |

续表

| 序号 | 功能模块 | 功能需求 |
|---|---|---|
| | | 移动端 APP |
| 21 | 智能客服 | 建设移动端 APP 基于客服信息流转平台的云端呼叫营销平台和一套云端客服信息流转运行机制，以平台为载体支持机制运行，实现线下、平台、云上客户服务的一体化 |
| 22 | 履约评价 | 开发并设计移动端 APP 履约评价环节，查看用户对云端企业的综合履约能力及质量评价结果<br>引入国家级第三方合作机构，采用区块链技术实施综合能力评价工作，提供线上与线下相结合的综合能力评价服务，并探索创新商业模式。<br>综合运用区块链等先进技术，基本实现在线上完成综合能力评价的主要工作<br>对企业最终评价，将综合客户评价和工研院评价各占 50%权重，实现随时更新 |
| 23 | 质量评价 | 移动端 APP 质量认证后支持申请履约综合能力认证 |
| 24 | 移动端适配 | 移动端 APP 针对营销人员外勤多、跟进时效性强等特点，利用移动互联网技术开发实现移动端 APP 的移动端适配 |
| | | 支撑系统 |
| 1 | 云端业务微服务 | 基于高可用性和高扩展性的计算和存储资源，为应用和服务提供灵活高效的发布更新托管服务 |
| 2 | 信息化系统对接中间件 | 信息化系统对接中间件包括业务流程、业务管理和业务交互等几个业务领域的中间件。提供组织的合作伙伴、员工和客户通过 Web 和移动设备等交互工具，实现基于角色、上下文、操作、位置、偏好和团队协作需求的个性化的用户体验 |
| 3 | 用户中心 | 新增一个注册账号可以加入多家企业、企业子账号可以切换不同企业；新增企业子账号允许退出企业；新增用户异地登录提醒；新增用户动态 |
| 4 | 用户中心业务日志 | 包括用户登录、登出、找回密码、重置密码、更换手机、更换邮箱、更换用户名等 |
| 5 | 合同操作日志 | 包括删除合同、审批、同意/不同意、使用签章、发给对方确认、不启用合同、终止合同、合同结束、审批通过/不通过等 |
| 6 | 订单业务日志 | 包括确认订单、取消订单、评价、删除订单、完成订单、确认收货、延时收货、退货、换货等 |
| 7 | 个人用户 | 使系统支持个人用户注册，为个人用户使用系统功能提供前提 |
| 8 | 结算中心 | 重新设计结算中心功能，结算功能实现独立功能，使合同和订单的结算统一化，实现结算单的支付与统计功能 |
| 9 | 订单中心 | 重新设计订单中心功能，使订单功能实现独立，能够支持不同订单需求 |
| 10 | 合同中心 | 重新设计合同中心，能够支持业务中不同的合同需求，在合同中心实现对于合同的任何管理功能 |
| 11 | 支付中心 | 丰富支付功能，对支付功能进行拓展，可以支持微信支付、支付宝支付、网银支付等，以适应业务中对不同支付类型支持的需求 |
| 12 | 物流服务 | 新增大件物流功能；小件快递服务申请及签订合同、运营审核、对账功能、保存地址 |

# 2.4　作用和价值

云端业务工作室旨在通过信息化手段提升企业交易流程效率，降低交易管理成本；其延伸内涵是支撑企业间交易撮合流程，提升企业组建、运营供应链的能力。云端业务工作室不仅服务企业，也服务于企业的客户和供应商。

(1) 采购方面。用户通过云端业务工作室能够获得国内最全的国企采购资源。云端业务工作室依托 INDICS 平台与国企融通战略，为企业提供免费的国内最全的国企公开采购信息；提供询盘、云集采等多种满足企业不同采购场景的服务，提升供应链效率；支持与主流 ERP、SRM、CRM 系统打通，供应商能够直接在云端业务工作室中与供应链核心企业协同作业，实现全过程可追溯。

(2) 营销方面。用户通过云端业务工作室可实现随时随地开展购销业务。云端业务工作室降低企业使用移动互联网技术开展在线采购与销售业务的门槛，提升企业与企业合作伙伴的业务开展体验，为企业优化业务流程提供洞察工具；通过在线沟通工具实现与客户零距离、零时差；通过丰富的在线沟通工具，快速获客、随时服务客户。

(3) 交易撮合方面。销售线索获取不再困难。云端业务工作室为企业定制与寻找销售线索，发现潜在商机，让终端客户对企业可见；提供强大的代运营服务，为企业提供包括拉新、激活、留存与转化的互联网全周期运营，用户通过订阅等模式就能轻松享受系统功能的迭代升级。

## 2.4.1　目标用户

产品愿景可以描述得很高远，但要落地还是需要进入市场看到真实市场环境下的企业是什么样子，寻找目标用户是个漫长且不断变化的过程，在双边困境里可以看到企业主对企业服务是有需求的，但是他们对服务的要求很高，而有能力自己研发的也只是个别企业，绝大多数企业主对于看不见价值的产品很谨慎，但又对第三方提供的服务表现出购买力不足。

(1) 在走访的企业中，大型企业往往都有相对成熟的信息化系统，他们不可能随意丢弃使用了多年的 SAP 或者用友 ERP 系统转向新系统，但是当问及他们对当前系统的是否满意时，各种抱怨从未断过。有一家企业表示，“这也是没有办法，已经用的是业界名声最响的系统了，没有更能拿出来说服领导购买的其他选项。”这一方面说明企业的信息化系统购买决策者不是产品使用者而是领导，另一方面也反映出企业对系统的依赖性很大。

(2) 对于中小型企业遇到的问题也不小。简单说就是小企业没有钱，哪怕 5

万元以内的精简版 ERP 都不肯购买，那么问题出在哪儿呢？有位企业主说，他们厂子年收入 600 万元，刨去杂七杂八的成本最后一年能赚二三十万就不错了，每天忙着应付员工的事就已经焦头烂额了，一年到头都在走马灯似地换人。有一位做机械加工行业的老板聘用一个员工用 Excel 管理工厂内大大小小的数据统计，包括设备运维数据、排班、劳务费，各种类型比比皆是，好不容易教会了，过了年就不来上班的是常态。在这样的环境下，没有钱导致招不到靠谱的员工，进一步导致业务很难有长进，企业赚不到钱，最后进入一个恶性循环，这才是中小企业的真实现状。

显然，以上两种用户都不是目标用户，更说不上是目标客户，面对这样真实的市场环境，曾经一度是绝望的，但很快云端业务工作室在某集团内开展的试点工作带来了一丝转机。在接触了集团内某大型上市企业后项目组发现，单独找小企业或者大企业只是道路之一，能不能通过大企业找到小企业，让已经成功结队的大小企业同时作为目标用户，对于这种已经形成常年配套关系的企业，他们之间的连接稳固，虽然大企业已经有了自己的信息化系统，但是这套系统有延伸到他的上下游的原动力，事实上这个大企业的下游厂商已经在让其用自己的信息化平台了，这个大企业也表达出想要让他的供应商能从信息化系统中受益，甚至开始着手开发自己的 SRM 系统。

云端业务工作室最初定义的目标用户是大型工业企业，并能够再进一步细化，云端业务工作室集团版继续为集团级购销业务提供服务，将来会推出面向市场的商用版，为中小型工业企业，特别是有利用互联网进行采购与销售意愿的企业。商用版与集团版目标用户不同，具体划分如表 2-2 所示。

**表 2-2　产品版本与目标用户**

| 典型用户 | 航天科工集团 | 航天电器公司、航天电器公司的供应商 |
|---|---|---|
| 版本名称 | ETPSS 大型企业版(集团版) | ETPSS 中小型企业版(商用版) |
| 目标用户 | 大型工业企业 | 中小型工业企业 |
| 服务侧重 | 可为客户提供定制化开发，接入企业信息系统 | 为用户提供单一模块或全部的标准功能 |

## 2.4.2　核心价值

(1) 深入企业自身购销业务流程。尊重企业软件市场发展现状，以试点单位工作为契机，细致地了解企业购销业务环节与流程，不仅能让没有信息化系统的小微企业直接使用云端业务工作室功能模块，而且也能让大型企业的合作伙伴(通常是小微企业)使用云端业务工作室配合其自有企业 MIS 系统实现购销业务闭环。

(2)提供定制化建站服务。与 1688 等电商平台不同，在云端业务工作室中应优先展示企业品牌，而不是平台品牌(INDICS)。云端业务工作室为企业提供定制化开发服务，帮助企业解决网站建设和网站运维难点，特别适用于 IT 技术投入精力和经费有限的工业企业；并为企业开通 INDICS 平台下的三级企业域名，支持企业独立域名，支持嵌入企业自有官方网站。

(3)提供代运营服务。云端业务工作室为企业提供包括拉新、激活、留存与转化的互联网全周期运营服务，企业通过可视化报表随时掌握运营情况。此外，企业还可以使用积分、优惠券、专题活动等在线营销工具在业务门户上开展促销、清库存。

(4)开放产品研发。为了满足市场用户丰富的业务场景，需要引入众多应用开发者为企业定制开发各种小应用，客户可根据自身业务特点选择性的使用云端业务工作室功能。因此，云端业务工作室在技术选型上要采用 SaaS+中台的架构，实现可开放、高复用、快速迭代更新与发布的功能。

(5)提供安全保障。云端业务工作室采用 SaaS 架构实现云化门户网站，无须企业在软硬件上投入成本。航天云网已建设数个 IDC 数据中心，数据存储在航天超级服务器，多租户隔离，企业数据自主可控，安全有保障。

# 第 3 章 技 术 框 架

本章从云端业务工作室的体系架构、Web 系统架构、系统及网络部署结构三方面介绍业务工作室所采用的技术框架。并从可视化展示技术、业务服务技术、数据服务技术、区块链技术等各种应用技术层面，对业务工作室的应用技术做了进一步的介绍。

## 3.1 技术框架简介

### 3.1.1 体系架构

云端业务工作室系统基于 INDICS 平台提供的基础设施，作为 CMSS 云制造支持系统的功能和业务界面之一进行建设。CMSS 基础业务系统以接口形式调用业务层的数据与功能，包括需求、订单、合同、产品、能力等数据和功能。业务层是线上线下相结合的特殊服务功能层，可以满足各类企业深度参与云制造产业集群生态建设的现实需求。INDICS 平台总体体系架构图如图 3-1 所示。

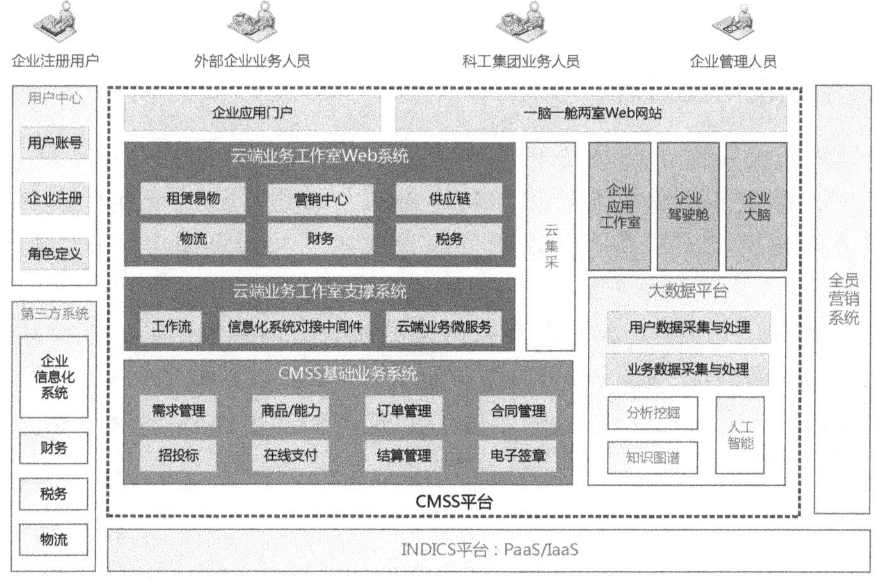


图 3-1 INDICS 平台总体体系架构图

### 3.1.2 云端业务工作室 Web 系统

云端业务工作室 Web 系统基于 INDICS 平台的 Web 前端框架，提供多端适配的 Web 页面集。

1. 云端业务工作室支撑系统

云端业务工作室支撑系统定位是对 Web 系统的后端服务提供微服务、中间件及工作流框架。通过微服务对云端业务所需功能进行封装，包括对基础业务系统的接口封装；通过中间件，对接第三方系统实现数据双向流转；通过工作流框架，实现企业业务数据流转的灵活定制。后续将支持对定制化需求的研发实现中所需的数据持久化等。

2. CMSS 基础业务系统

CMSS 基础业务系统的云端业务工作室相关部分，主要为上层的业务功能模块提供具体实现支持。

云端业务工作室系统将按照 INDICS 平台用户中心的规范要求，接入单点登录实现与 INDICS 平台的企业与用户账户的对接，并根据工作流定制要求，与用户中心的角色定义功能实现对接。

云端业务工作室系统与第三方系统间将通过接口、中间件、文件交换等多种方式实现数据对接。支持第三方系统以“企业应用”的方式整合进云端业务工作室。

### 3.1.3 系统及网络部署

根据集团公司网络现状及“统一规划、统一开发、统一选型、统一部署”的要求，云端业务工作室系统采用集中部署、多级应用、个性化配置、统一运维服务的建设及部署模式，以降低建设成本，并为集团集中管控提供有效支撑。

云端业务工作室系统部署在互联网上的航天云网数据中心；系统适应性改造在已部署的单位信息系统上完成，第三方系统通过互联网网关(统一身份认证、信息化系统中间件等)与云端业务工作室系统联通。云端业务工作室平台部署图如图 3-2 所示。

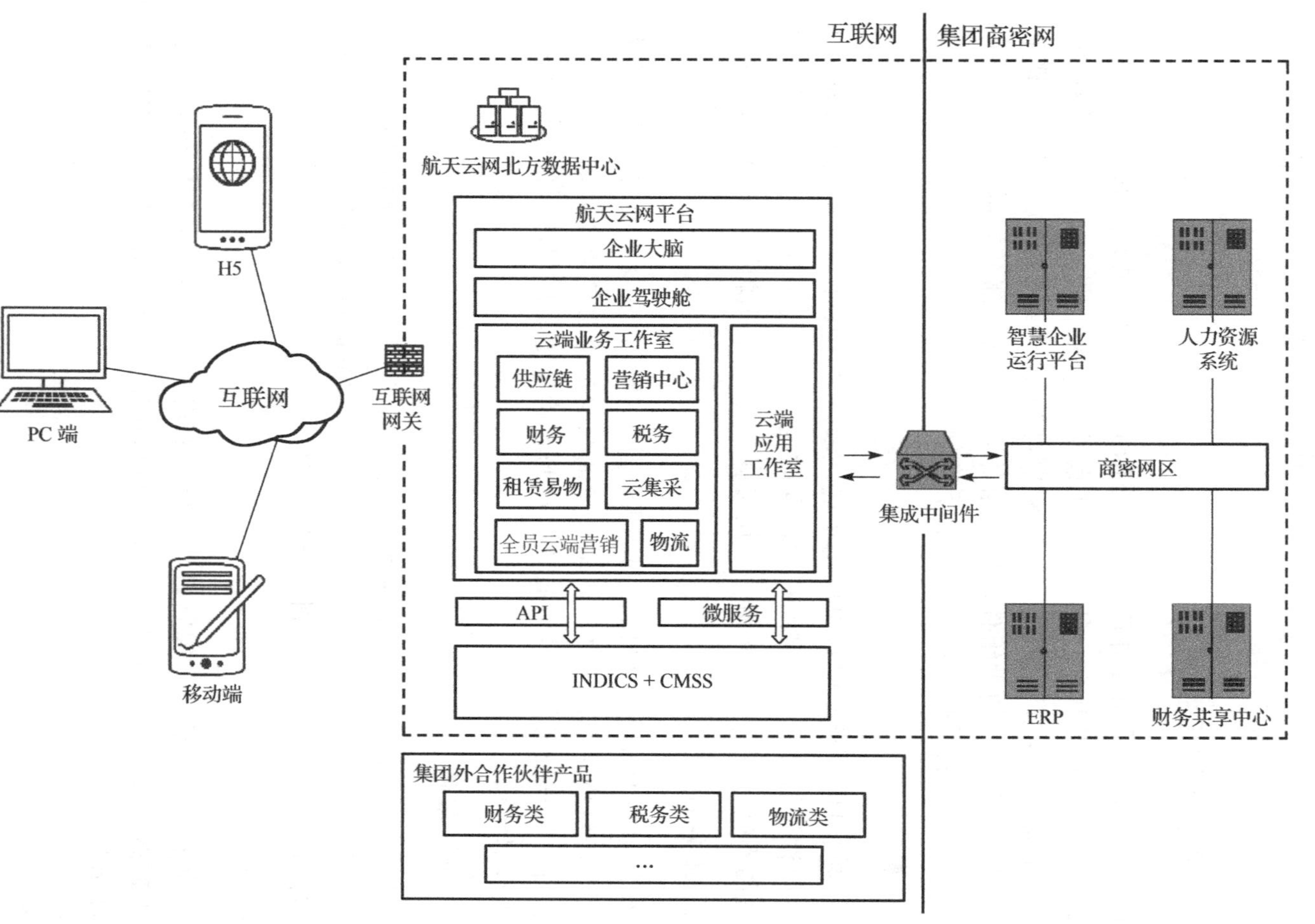


图 3-2 平台部署图

# 3.2 应用技术

## 3.2.1 可视化展示技术

前端展现系统采用业界广泛使用的 React 前端框架实现。React 前端框架可为系统提供灵活性和健壮性，使得系统中前端逻辑模块化，可以快速轻松地构建复杂业务。React 可以按照界面模块自然划分的方式来组织和编写代码，整个 UI 是一个通过小组件构成的大组件，每个组件只关心自己部分的逻辑，彼此独立。

整个可视化展示框架可以分成以下五部分。

### 1. 基础元组件

基础元组件基于面向对象原则实现，依据设计规律，并将其抽象成“对象”，增强界面设计的灵活性和可维护性，同时也减少“设计者”的主观干扰，从而降低系统的不确定性。基础元组件采用可视化与图表开源库：antD、eChart。

### 2. 业务 UI 组件

业务 UI 组件基于模块化原则实现，将复杂或者重复出现的局部封装成模块，提供有限接口与其他模块互动，最终全面减少系统的复杂度，进而增进可靠性及可维护性。根据业务特征基于 antD、eChart 构建更高层展示，包括标准容器组件和图表容器组件。

### 3. 基础组件

基础组件基于统一管理原则实现，提炼全局属性，保障 APP 稳定、强壮、标准化，提供统一数据、统一操作、统一展示。基础组件提供统一认证、安全、存储、状态管理等，为展示定制化提供支撑。

### 4. 自动化工具

作为定制化的基石，代码自动化可以实现快速反馈与定制化功能，达到每一种特色数据决策 BI 系统定制一套数据自动化模板。自动化工具包括数据自动化和业务展示(含流程)自动化。

### 5. 使用端

使用端提供用户可拖拽的数据决策业务定制方案，如指标的组合、图表组合等。使用端支持 APP/Web，采用 React 架构实现展示层、业务层、交互行为统一。

### 3.2.2 业务服务技术

业务服务系统整体架构是采用Spring Boot微服务架构实现的，在本系统中针对功能划分的微服务模块包括后台微服务、前台微服务以及业务中台各微服务。服务的接口统一采用Restful接口风格，使用Swagger接口框架，并以此定义接口规范。同时还有一些微服务基础组件，为所有微服务提供基础支撑。

1. Spring Boot微服务架构

微服务架构是一种架构概念，旨在通过将功能分解到各个离散的服务中以实现对解决方案的解耦。微服务概念是把一个大型的单个应用程序和服务拆分为数个甚至数十个的支持微服务，它可扩展单个组件而不是整个的应用程序堆栈，从而满足服务等级协议。其定义是围绕业务领域组件来创建应用，这些应用可独立地进行开发、管理和迭代。在分散的组件中使用云架构和平台式部署、管理和服务功能，使产品交付变得更加简单。它的本质是用一些功能比较明确、业务比较精练的服务去解决更大、更实际的问题。

在传统的Web开发模式中，所有的功能都打包成一个war压缩包里，基本没有什么外部依赖，部署在一个JEE容器里，包含了DO/DAO、Service、UI等所有逻辑。这种开发模式的优点是开发简单，集中式管理，基本不会重复开发，功能都在本地，没有分布式的管理和调用消耗；缺点是由于开发都在同一个项目修改代码，相互等待，冲突不断，使得效率低，代码功能耦合在一起，导致维护不是很容易，构建时间长，任何小修改都要重构整个项目，耗时长，另外，无法满足高并发下的业务需求。而微服务架构可以有效地拆分应用，实现敏捷开发和部署，并且系统是由独立的微服务共同组成的，每个微服务单独部署，分布式管理。

Spring Boot是微服务架构的一种实现方案，其研发融合了微服务架构的理念，实现了在Java领域内微服务架构落地的技术支撑。Spring Boot是一种Spring框架，其简化了Spring的开发；Spring Boot以约定大于配置的核心思想，默认了很多设置。使用Spring Boot框架的微服务架构，其优点如下。

(1) 使编码变简单，Spring Boot提供了丰富的解决方案，快速集成各种解决方案提升开发效率。

(2) 使配置变简单，Spring Boot提供了丰富的配置工具，集成主流开源产品往往只需要简单的配置即可。

(3) 使部署变简单，Spring Boot本身内嵌启动容器，仅仅需要一个命令即可启动项目，结合Jenkins、Docker自动化运维非常容易实现。

(4) 使监控变简单，Spring Boot 自带监控组件，使用 Actuator 轻松监控服务各项状态。

### 2. 系统微服务结构设计

前台微服务模块主要是提供 Web 服务，供用户在浏览器中进行操作，后台微服务模块主要是提供管理员的 Web 服务功能。应用微服务提供系统中应用的相关功能，如创建、编辑、上架、下架、删除应用等操作。订单微服务主要是处理订单的相关操作，如应用购买订单、环境申请资源订单、开发者申请订单、应用上架审核订单等操作。各个微服务之间通过 API 实现相互之间的调用。

### 3. Restful 接口规范

Restful 架构是目前最流行的互联网软件架构之一。它结构清晰、符合标准、易于理解、扩展方便，得到了越来越多网站的采用。

Rest (Representational State Transfer) 是 Roy Thomas Fielding 在他 2000 年的博士论文中提出的。他是 HTTP 协议 (1.0 版和 1.1 版) 的主要设计者、Apache 服务器软件的作者之一、Apache 基金会的第一任主席，对互联网开发产生了深远的影响。

互联网通信协议 (HTTP 协议) 是一个无状态协议。这意味着，所有的状态都保存在服务器端。如果客户端想要操作服务器，必须通过某种手段，让服务器端发生“状态转化”。而这种转化是建立在表现层之上的，即“表现层状态转化”。

客户端用到的手段只能是 HTTP/HTTPs 协议。具体来说，就是 HTTP 协议里面，四个表示操作方式的动词：GET、POST、PUT、DELETE。它们分别对应四种基本操作：GET 用来获取资源，POST 用来新建资源 (也可以用于更新资源)，PUT 用来更新资源，DELETE 用来删除资源。

在 Restful 架构下，微服务 API 遵循如下设计。

(1) 每一个 URI 代表一种资源。

(2) 客户端和服务器之间，传递这种资源的某种表现层。

(3) 客户端通过四个 HTTP 动词，对服务器端资源进行操作，实现“表现层状态转化”。

(4) 业务中台服务层 APIs 将遵循 Restful 框架的设计理念。

### 4. Swagger 框架

Swagger 是一个规范和完整的框架，用于生成、描述、调用和可视化 Restful 风格的 Web 服务，总体目标是使客户端和文件系统作为服务器以同样的速度来更新。文件的参数和模型紧密集成到服务器端的代码，保证 API 始终保持同步。Swagger 让部署管理和使用功能强大的 API 变得非常简单。

Swagger 作为 RestfulAPIs 文档生产工具，具有下面四个特点。

(1)可生成一个具有互动性的 API 控制台，开发者可以用来快速学习和试用 API。

(2)可生成客户端 SDK 代码用于各种不同的平台上实现。

(3)Swagger 文件可在许多不同的平台上从代码注释中自动生成。

(4)Swagger 社区活跃，Swagger 不断更新迭代。

云端业务工作室的 API 采用 RestfulAPIs 对外提供服务，采用 Swagger 框架工具生成 API 文档，大大降低了程序员文档维护成本，同时提高了接入端接入效率。

5. 微服务基础组件

微服务架构的基础组件为整个微服务系统提供支持，包括以下五部分。

(1)注册中心。微服务节点创建及数量变化时，通过“服务注册”组件来通知调用者。服务提供者将自己的服务地址等信息登记到“服务注册”组件中，调用者需要的时候，去“服务注册”组件查询即可，免去人工维护微服务节点的信息同步问题。

(2)监控中心。微服务运行之后，为了能够监控节点的健康情况，保障节点的高可靠性，需要对各个服务节点进行收集数据指标，然后对数据进行实时处理和分析，形成监控报表和预警。

(3)网关。网关是指提供给外部系统调用的统一网关，主要做安全和权限控制。

(4)配置中心。配置中心用来统一管理所有微服务节点的配置信息。因为同一个程序可能要适用于多个环境，所以在微服务实践中要尽量做到程序与配置分离，将配置进行集中管理，包括微服务节点信息、程序运行时配置、变量配置、数据源配置、日志配置、版本配置等。

(5)服务治理。服务治理是指需要通过准备一些策略和方案来保障整个微服务架构，在生产环境遇到极端情况下也能正常提供服务的措施，比如，熔断、限流、隔离等。

### 3.2.3 数据服务技术

云端业务工作室使用 MySQL 数据库做业务数据持久化存储；使用 Redis 做临时数据或缓存数据存储，提高业务数据响应速度；使用 ElasticSearch 作为数据搜索引擎，使得系统能够快速响应海量数据的搜索业务；使用 NFS 作为文件存储。

1. MySQL 数据库

MySQL 是一种开放源代码的关系型数据库管理系统，使用最常用的数据库管理语言“结构化查询语言(SQL)”进行数据库管理。云端业务工作室使用其存储产品、能力、需求、订单、合同等业务数据。

2. Redis

Redis 是一个 key-value 存储系统。它与 memcached(另一种 key-value 存储系统)类似，支持存储的 value 类型相对较多，包括 string(字符串)、list(链表)、set(集合)、zset(sorted set，一种有序集合)和 hash(哈希类型)。这些数据类型都支持 push/pop、add/remove 及取交集、并集和差集等更丰富的操作，而且这些操作都是原子性的。在此基础上，Redis 支持各种不同方式的排序。与 memcached 一样，为了保证效率，数据都是缓存在内存中，区别是 Redis 会周期性地把更新的数据写入磁盘或者把修改操作写入追加的记录文件。Redis 还支持主从同步，数据可以从主服务器向任意数量的从服务器上同步，从服务器可以关联其他从服务器的主服务器。

云端业务工作室利用 Redis 存储系统常用数据，以减小数据库读取压力，提高整个系统的读写性能。

3. ElasticSearch

ElasticSearch 是一个分布式、高扩展、高实时的搜索与数据分析引擎，能够很方便地搜索、分析和探索大量数据。ElasticSearch 可用于搜索各种文档，提供可扩展的搜索，接近实时搜索，并支持多租户。ElasticSearch 是分布式的，可以将索引分成多个分片，每个分片有 0 个或多个副本，每个节点托管一个或多个分片，并充当协调器将操作委托给正确的分片。

云端业务工作室将产品、能力、需求等大量数据存储于 ElasticSearch，保证了系统的快速检索能力。

4. NFS

NFS(Network File System，网络文件系统)是当前主流异构平台共享文件系统之一，主要应用在 UNIX 环境下。NFS 最早由 Sun Microsystems 开发，目前支持在不同类型的系统之间通过网络进行文件共享，广泛应用在 FreeBSD、SCO、Solaris 等异构操作系统平台，允许一个系统在网络上与他人共享目录和文件。通过使用 NFS，用户和程序可以像访问本地文件一样访问远端系统上的文件，使得每个计算机的节点能够像使用本地资源一样方便地使用网上资源。换言之，NFS 可用于不同类型计算机、操作系统、网络架构和传输协议运行环境中的网络文件远程访问和共享。

云端业务工作室中，用户上传的图片、文档等文件通过 NFS 方式进行存储及共享。

### 3.2.4 区块链技术

云端业务工作室中的云端营销创新性地应用区块链技术来建立可信环境及信用体系，减少中间环节，提升业务效率，与移动终端结合形成快捷方便的兑付手段，实现即时奖惩机制。云端营销通过建立各类节点，为集团公司总部、产品服务单位、运营单位、航天云网、营销用户和扩展节点提供对应的业务接口，便于集团公司对外业务的扩展。系统中的区块链数据信息公开透明，使得营销机制不可篡改，防止销售过程中出现徇私舞弊等行为，解决营销欺诈、提成金机制不透明、影响营销用户积极性等问题。云端营销中的营销员能够实时查询奖金、追踪平台交易情况与随时打款，提高营销员的参与感与积极性。

区块链是一个分布式的共享账本和数据库，具有去中心化、不可篡改、全程留痕、可以追溯、集体维护、公开透明等特点。这些特点保证了区块链的“诚实”与“透明”，为区块链创造信任奠定基础。区块链具有丰富的应用场景，基于区块链能够解决信息不对称问题，实现多个主体之间的协作信任与一致行动。

区块链是分布式数据存储、点对点传输、共识机制、加密算法等计算机技术的新型应用模式，其本质上是一个去中心化的数据库，使用密码学方法产生相关联数据块，每一个数据块中包含了一批次数据信息，用于验证数据的有效性和生成下一个区块。区块链具有以下核心技术。

1. 分布式账本

分布式账本指的是交易记账由分布在不同地方的多个节点共同完成，而且每一个节点记录的是完整的账目，因此它们都可以参与监督交易合法性，同时也可以共同为其作证。

跟传统的分布式存储有所不同，区块链的分布式存储的独特性主要体现在两个方面：一是区块链每个节点都按照块链式结构存储完整的数据，传统分布式存储一般是将数据按照一定的规则分成多份进行存储；二是区块链每个节点存储都是独立的、地位等同的，依靠共识机制保证存储的一致性，而传统分布式存储一般是通过中心节点往其他备份节点同步数据。没有任何一个节点可以单独记录账本数据，从而避免了单一记账人被控制或者被贿赂而记假账的可能性。同时，由于记账节点足够多，理论上讲除非所有的节点被破坏，否则账目就不会丢失，从而保证了账目数据的安全性。

2. 非对称加密

存储在区块链上的交易信息是公开的，但是账户身份信息是高度加密的，只有在数据拥有者授权的情况下才能访问，从而保证了数据的安全和个人的隐私。

3. 共识机制

共识机制就是所有记账节点之间怎么达成共识，去认定一个记录的有效性，这既是认定的手段，也是防止篡改的手段。区块链提出了四种共识机制，适用于不同的应用场景，在效率和安全性之间取得平衡。

区块链的共识机制具备“少数服从多数”和“人人平等”的特点，其中“少数服从多数”并不完全指节点个数，也可以是计算能力、股权数或者其他的计算机可以比较的特征量。“人人平等”是当节点满足条件时，所有节点都有权优先提出共识结果、直接被其他节点认同并有可能成为最终共识结果。以比特币为例，采用的是工作量证明，只有在控制了全网超过51%的记账节点的情况下，才有可能伪造出一条不存在的记录。当加入区块链的节点足够多的时候，这基本上不可能，从而杜绝了造假的可能。

4. 智能合约

智能合约是基于可信的不可篡改的数据，自动执行一些预先定义好的规则和条款。云端营销利用智能合约保证合同执行完毕时营销员的提成金得到兑现。

# 第4章　业务模型

本章首先介绍云端业务工作室的业务架构，再分别从业务工作室的12大核心业务模块，全方位地介绍云端业务工作室的产品特点、业务流程及应用效果。云端业务工作室的核心业务模块包括供应链、营销中心、云端营销、云端应标群、物流服务、线上开票系统、合同电子签章、财税服务、履约评价、质量评价、智能客服、易物租赁。

## 4.1　业务架构

云端业务工作室由云端业务工作室 Web 系统、云端业务工作室支撑系统、CMSS 基础业务系统等部分组成。系统功能架构图如图 4-1 所示。

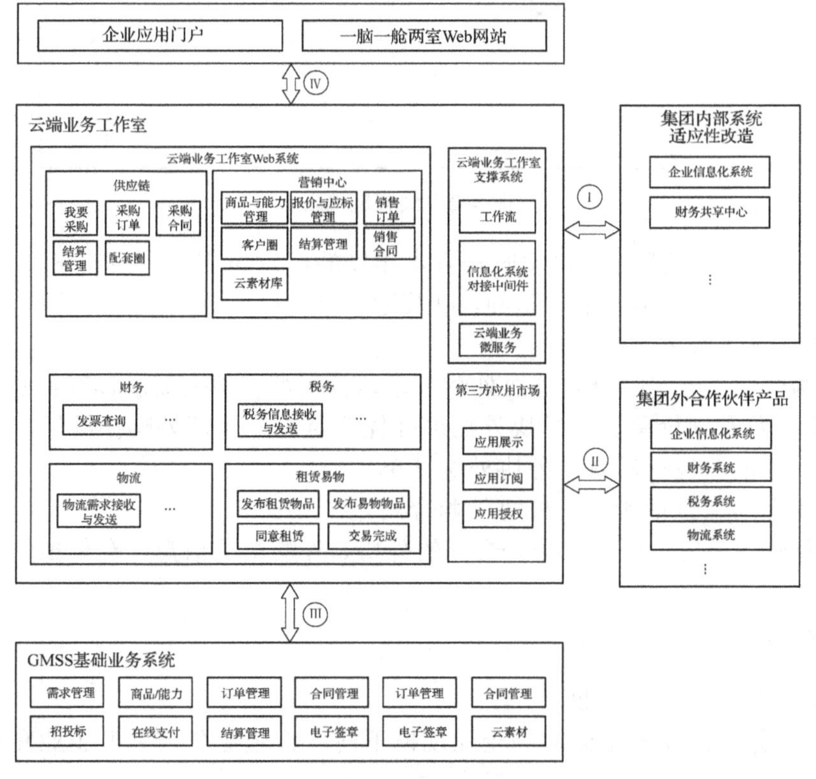


图 4-1　系统功能架构图

云端业务工作室与其他系统之间①的数据交换，目的是实现财务、业务、OA等数据对接；云端业务工作室与集团外第三方系统产品之间Ⅱ可实现数据交互和应用集成两种对接方式，前者对包括物流运输数据查询等功能提供支撑，后者将第三方的功能和服务接入应用市场中；CMSS基础业务系统Ⅲ以接口形式调用后者的数据与功能，包括需求、订单、合同、产品、能力等数据和功能；云端业务工作室系统与企业应用门户以及一脑一舱两室Web网站之间Ⅳ的关系是面向不同细分用户群体提供特定的用户交互界面和入口。

## 4.2 供　应　链

供应链模块包含“供应链概况”“我要采购”“采购订单”“采购合同”“结算管理等”模块，供应链概况如图4-2所示。

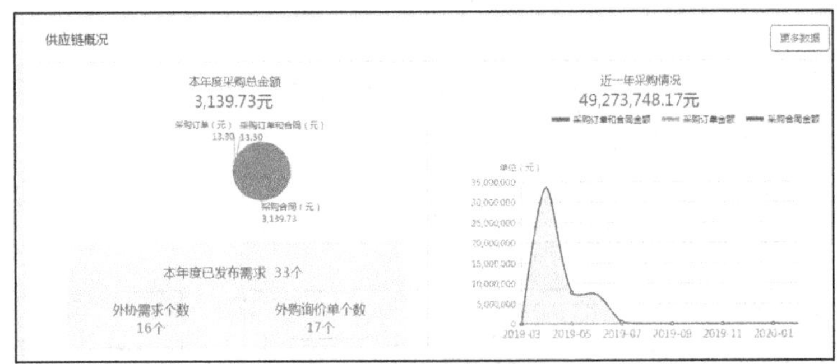


图4-2　供应链概况

在“供应链概况”界面可实时查看本年度的已发布需求个数、外协需求个数、外购询价单个数、本年度采购总额，以及近一年的采购订单金额、采购合同金额、总体采购情况等数据。

“采购模块”可实时查看外协外购需求数据，查看相关需求详细信息，可以发布新需求、发布询价单、对外协外购进行优选监管、管理外购招标等。

“采购订单”包括所有的外协外购订单。

“采购合同”包括所有的外协外购合同。

“结算管理”包括所有订单、合同的外协、外购结算信息，有单独的结算列表管理。

### 1. 特点

#### 1）面向多种规模的企业

云端业务工作室根据面向的企业规模不同，将企业分为大型企业和中小型企业两大类。

对于大型企业，一般都具备一定的信息化水平，采用将企业的信息化系统线下与供应链进行对接，云端再造企业购销流程，实现企业降本增效。

2) 覆盖采购流程关键业务

支持采购方的产品与服务在线展示，支持采购全流程(下单、支付、合同管理、结算、电子发票等)、在线 IM、大企业采购、企业信用服务(在线实名认证)，同时支持与专有云等其他云网采购平台的数据联动。

3) 支持与企业内部平台的无缝对接

为企业提供采购流程接口服务，帮助企业实现在线采购，完善企业的采购流程，依托供应链模块的发布需求、下单、支付、收货等产品能力，通过 SDK、API、H5 等方式进行输出，为企业提供一站式线上采购产品接入服务。

2. 业务流程

1) 采购交易流程(订单采购)

云端业务工作室采购交易流程——从发布需求到完成订单，如图 4-3 所示。

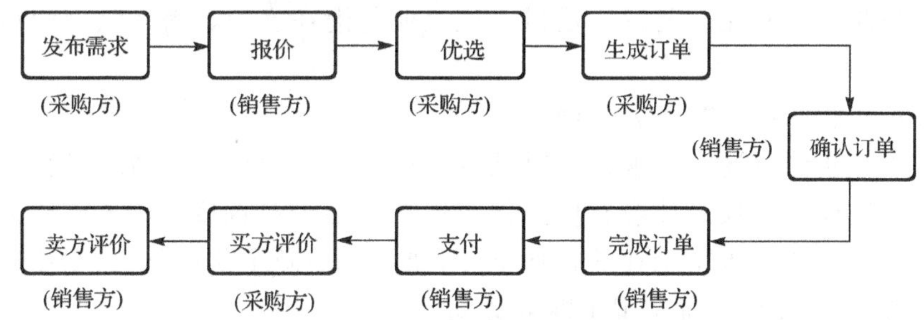


图 4-3　采购交易流程

采购人员在云端业务工作室发布需求后，销售人员可以对需求进行报价，通过对报价进行对比，采购人员优选出最终供应商进行下单操作，销售人员确认订单，并根据订单完成供货。双方交易完成后可以对本次交易进行评价。

2) 采购交易流程(合同采购)

云端业务工作室采购交易流程——从发布需求到完成合同，如图 4-4 所示。

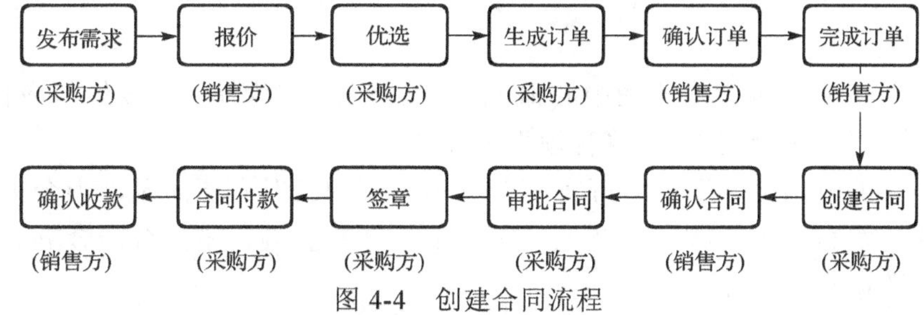


图 4-4　创建合同流程

采购人员在云端业务工作室发布需求后，销售人员可以对需求进行报价，通过对报价进行对比，采购人员优选出最终供应商进行下单操作，然后签订电子合同，并根据合同进行结算。双方交易完成后可以对本次交易进行评价。

3. 效果及意义

供应链模块面向企业内部的采购人员。云端业务工作室上线用户使用最多的需求发布与询报价功能都属于这个模块，这个模块的推出让供应商在 INDICS 平台上找到了商机，让 INDICS 平台上的企业发展了新的供应商。通过与试点单位的对接，完善了企业的采购流程，让企业的采购流程中没有上线的业务环节上线，同时提高企业现有流程的业务效率。

各大中小企业，使用供应链模块，提高了采购流程效率，体现了供应链模块的重要性以及建设的重要意义。

1) 提供定制化交易撮合平台

基于企业自身的采购业务场景与销售业务场景，云端业务工作室为企业打造独属于本企业的定制化交易撮合场景，让企业与潜在客户、潜在供应商精准开展购销业务。

2) 深入企业自身采购业务流程

尊重企业软件市场发展现状，以试点单位工作为契机，细致地了解企业采购业务环节与流程，不仅是让没有信息化系统的小微企业直接使用云端业务工作室功能模块，而且要让大型企业的合作伙伴(通常是小微企业)使用云端业务工作室配合其自有企业 MIS 系统实现采购业务闭环。

3) 提升效率节省成本

生产型企业作为采购方，从为企业提供采购供应链的协同出发，产品提供的功能要能同时服务与目标客户企业与其供应商，从而提升企业采购协同效率、降低采购成本，可以选 SRM、SCM 类产品作为主要产品形态，企业可以节省下来采购成本。

## 4.3　营 销 中 心

营销中心模块包含“营销中心概况”“商品与能力管理”“报价与应标管理”“销售订单”“销售合同”“结算管理”等模块。

在“营销中心概况”界面可实时查看本年度的已发布商品及能力个数、发布商品个数、发布能力个数，以及近一年的销售订单金额、销售合同金额、总体销售情况等数据，如图 4-5 所示。

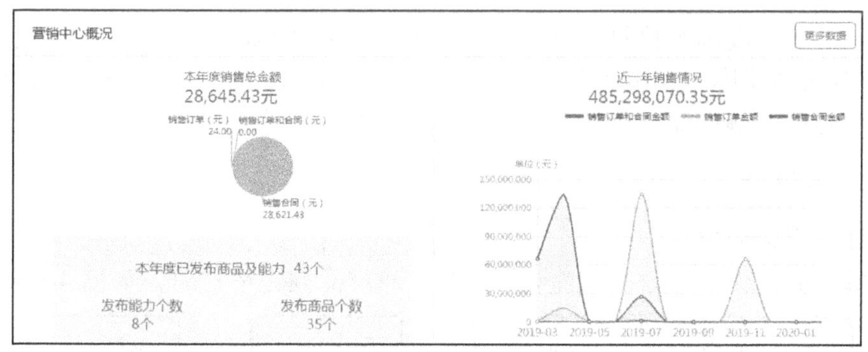


图 4-5　营销中心概况

在“商品与能力管理”界面可查看并管理最新能力及商品的发布。

“报价与应标管理”包括待报价定向需求、所有外协外购报价、应标管理、应标监管。

“销售订单”包括所有的外协外购订单。

“销售合同”包括所有的外协外购合同。

“结算管理”包括所有订单、合同的外协、外购结算信息，有单独的结算列表管理。

1. 特点

在销售方面，企业销售工作台面向企业的销售人员，提供产品管理、订单管理、客户关系管理、渠道管理等功能；企业网络商城面向企业的客户，提供企业产品和服务的发布门户，支持在线下单或询价等交易方式。平台通过聚合各类专业化服务，丰富的营销工具实现精准的供需对接。云端业务工作室为企业销售人员提供七个方面的价值。

(1) 移动办公，随时随地开展销售。市场上的商机转瞬即逝，使用云端业务工作室 APP 可以随时随地开展销售工作，让客户随时看到企业在线上发布的各种产品和服务，当场下单。

(2) 销售团队协同利器。云端业务工作室内置的消息系统能够让一线销售随时跟单，全团队协作起来共同赢大单。

(3) 销售过程全记录。云端业务工作室事无巨细地记录并跟踪与客户的交互全过程、客户的历史交易、浏览等行为，方便以后排查问题，改进销售流程。

(4) 智能大数据工具。云端业务工作室提供销售数据报表功能，从单击到达成交易，大数据分析，助企业全程追踪销售线索，随时查看商机转化率。

(5) 全渠道互动与营销。云端业务工作室具有强大的在线客服功能，让客户的反馈意见随时可见，精准把握产品售后动态，紧随客户需求进行产品迭代升级。

(6) 潜在客户的征信资质查询。云端业务工作室丰富的企业工商数据与企业用户画像，助企业准确定位目标客户群，提升商机转化成功率。

(7) 营销知识库。云端业务工作室收集各行业、公司、产品方方面面知识，让销售人员随时了解产品与行业趋势，在谈新客户时如虎添翼。

2. 业务流程

1) 订单销售流程

云端业务工作室销售交易流程——从发布产品到完成订单，如图 4-6 所示。

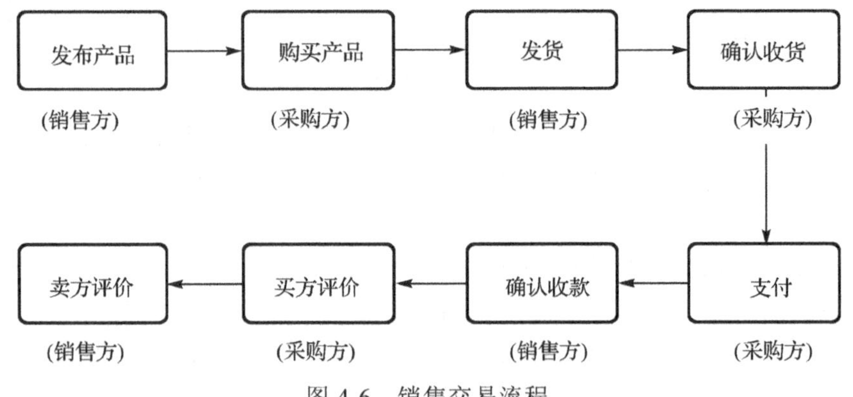


图 4-6　销售交易流程

销售人员在云端业务工作室发布产品后，采购人员可以直接进行下单操作，销售人员确认订单，并根据订单进行发货等操作。双方交易完成后可以对本次交易进行评价。

2) 合同销售流程

云端业务工作室销售合同流程——从发布产品到完成合同，如图 4-7 所示。

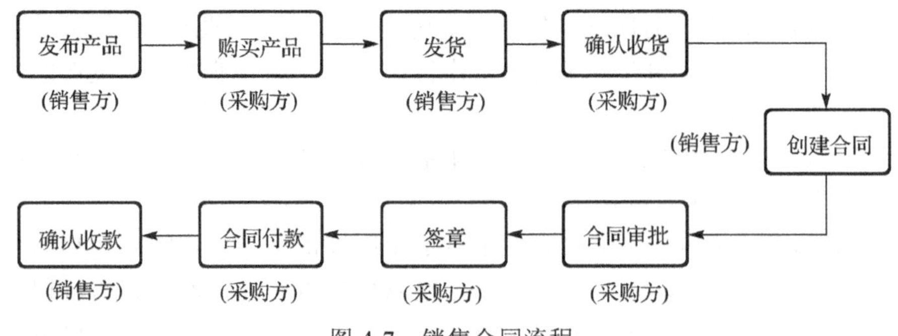


图 4-7　销售合同流程

销售人员在云端业务工作室发布产品后，采购人员可以直接购买商品，销售人员收到采购订单后进行发货等操作，然后签订合同，并根据合同进行结算。双方交易完成后可以对本次交易进行评价。

3. 效果及意义

营销中心有效支持企业在线开展销售、订单、合同、签章、结算等业务。目前，营销中心服务企业用户遍布全国 30 多个省市，其中，企业用户已超过 700 家；在交易方面，累计发布商品 50 万件，交易订单已超过 12 万笔，成交金额已超过 2000 亿元。

## 4.4 云端营销

云端营销是一种以市场为中心，以营销为龙头，以客户为导向，有机组合企业的产品(含服务，后面统称产品)、价格、渠道、促销、需求、成本、服务等营销手段和因素，使企业整体组织实现市场化的科学管理理念。云端营销是以移动终端等为工具，借助区块链技术的去中心化、去信任、防篡改等特性，使每名员工都有营销意识、服务意识，都能参与在线营销活动，推动营销业务云化，并能够公正精密量化绩效、智能化自动兑付、实时奖惩激励，激发员工营销热情，提升营销效率。

1. 特点

云端营销具有如下优势及特点。

1) 营销方式创新

制造企业的营销模式仍以传统的销售人员地推模式为主，营销关系信任建立慢，信用风险大，陌生拜访成功率低。云端营销借助企业员工/外部专业人士的人脉信任关系为产品背书，开展营销推广工作；同时，还支持多人组队分工协作，共同开展营销推广工作，提升营销成功率。

2) 销售渠道扩张

制造企业主要通过线下渠道开展营销工作，云端营销提供多种线上社交营销渠道，削弱物理距离对营销效果的影响，在传统直销渠道基础上，继续扩张生成新的分销/代销渠道，营销业务也从线下搬到线上、从链下转到链上、从网上转到云上，最终实现生产资源和市场资源的云化协同共享，助力集团公司实现营销战略转型。

3) 关系营销升级

营销关系不再仅限于供应商和顾客之间，还涉及销售过程中的各种利益方关系，如云端营销员、物流方、运营服务方等。云端营销的买家客户可以转化成云端营销员，将自己购买过的好评产品继续推荐给更多亲朋好友，获取提成金奖励，继而降低采购成本。

4）“共赢”盈利模式

企业普遍存在地推成本高、产品利润空间小、销售渠道窄等问题，通过云端营销可有效降低地推费用，提升产品利润空间，帮助营销员与买家形成信任关系。营销员通过推广卖货赚取提成奖励，增加个人收入。买家客户也能获得更多优质稳定的货源，降低采购风险。

5）技术与机制创新

云端营销采用区块链、移动互联网等先进技术构建可信任的营销环境和信用体系。利用区块链的分布式账本技术，建立交易信用体系，减少中间环节，提升业务效率，与移动终端结合形成快捷方便的兑付手段，实现即时奖惩机制。

2. 业务流程

云端营销的业务模式是营销员将平台上发布的商品推销给需要购买的人员或企业，通过营销员将交易撮合成功，营销员能够根据合同的完成情况获得相应的提成金。云端营销流程如图 4-8 所示。

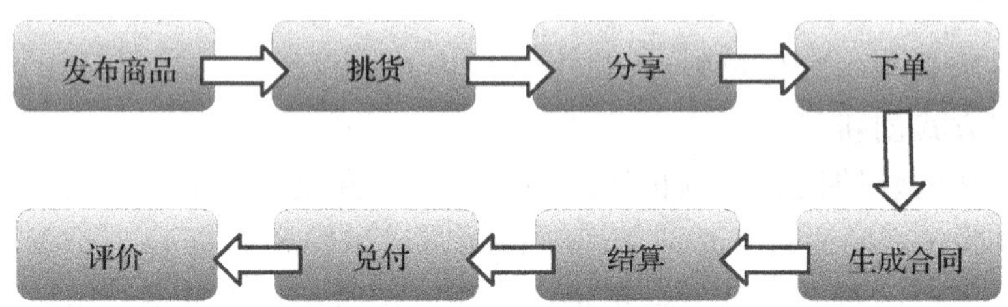


图 4-8　云端营销流程

3. 效果及意义

1）经济效益

截至 2019 年 12 月底，航天科工集团内云端营销员注册人数累计达到 11.8 万人，注册比例为 84%。集团内企业成功清理库存产品 4000 余件，销售收入累计 401.45 亿元。云端营销员获得提成金奖励约 5719.40 万元。

2）应用推广

云端营销将助力央企融通平台快速聚合中央和地方企业的能力和资源，加快央企数字化转型，最大化央企龙头牵引效应。云端营销首先在央企进行推广，再普及到地方国企，最后联合地方中小企业，共同探索新型商业合作模式，创造共赢价值。

3)社会效益

云端营销将商业机会从线下转移到线上、从链下转到链上、从网上转到云上，逐步形成云端商圈。云端营销有利于阳光销售、营销人才的汇聚、新技术的创新融合、云端市场的汇集、云制造协同等。

## 4.5 云端应标群

云端应标群是在INDICS平台“一脑一舱两室两站一淘金”系列工业软件中的一个重要部分，旨在聚焦外协服务领域，以解决企业寻找有效招标信息难、协作过程管控弱、管理成本高等痛点为出发点，重点解决非标领域的协同问题，云端应标群为应标方提供快速优质的服务，以“快闪”模式迅速组织联合体进行高效的网络化协作，推动“快闪组织”供应商体系的搭建，支持多任务工作流和社群运营，提供“搭团队(组群、确定规则)、做任务(完成任务)、群终止(群解散或者任务终止)”的全流程服务，最终以网络化协同的众包方式推动复杂协作任务的实现。

### 1. 特点

云端应标群具备如下四个特点。

(1)云端应标群通过信息推送，以快闪模式迅速组织联合体进行高效协作，进一步提高协作效率。

(2)云端应标群提供资源整合和协同分工的创新业务模式，也可以成为提供对外服务的独立应用。

(3)云端应标群适应了信息化时代的“定制化设计、单件小批量生产、个性化消费”模式的需求和信息经济时代制造业转型升级的需要，促进了云端企业智能制造、协同制造、云制造能力形成。

(4)云端应标群因业务随机生成，可服务于包括采购和制造业务在内的各类协同需求。群内通过利益分配机制和管理规则形成有序有益的协作模式。

### 2. 业务流程

应标群业务流程如图4-9所示。

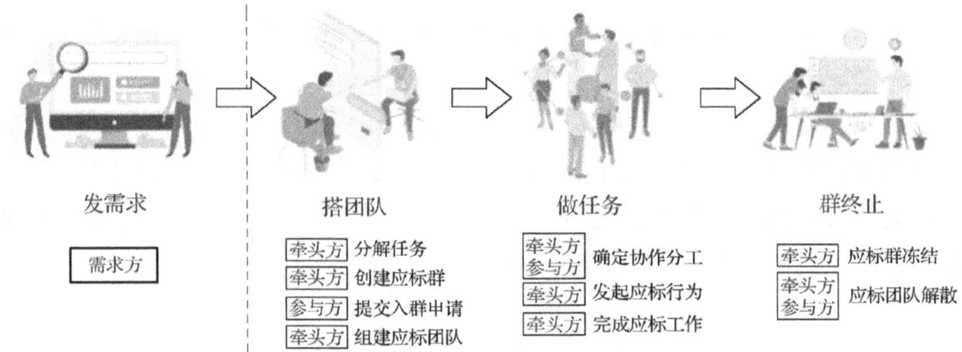


图 4-9　应标群业务流程

(1)项目负责方创建应标群。项目负责方将采购方公开发布的采购需求，转化为应标群招募需求。

(2)项目参与方申请入群。可采取自由组队、定向邀请方式提交入群申请。

(3)项目负责方优选群成员，组建团队。项目负责方审核参与方提交的入群申请，优选后确认群成员及其负责的任务。

(4)应标群应标报价。支持两种应标模式进行报价：总包-分包模式、联合应标模式。

(5)采购方评标。采购方在业务工作室查看应标群提交的报价，优选满足需求的供应商。

(6)采购方与项目负责方签订采购合同。

3. 效果及意义

云端应标群具有资源多、组队快、协作高效、服务专业等特点，可以有效提高应标成功率。企业可以运用云端应标群大大缩短应标时间、提高协作能力、提升管理水平、降低运作成本，最终实现供需精准匹配，提升需求成交率和应标效率；通过“快闪组织”的搭建，在线“组装”劳动力市场、企业资源市场的资源；推动组织结构调整和优化，在线协作效率大大提高。

## 4.6　物流服务

云网物流服务为企业、事业单位、党政机关和科研院所提供快递物流聚合服务，目前已支持顺丰、中通、德邦、EMS 等物流服务，可以承接云网客户的物流需求。云网物流通过与第三方物流平台进行技术、业务、运力等对接，提供在线下单、订单跟踪、在线对账、开票、客服等服务功能。云网物流提供月结外包运输服务，支撑大件物流发货，并通过技术手段对企业物流需求、物流费用进行有效监管，为制造企业降本增效，提升竞争力，从而解决企业物流需求不足、谈判力不强、员工垫付费用、财务对账烦琐、审核负担重等的实际问题。云网物流基础服务，如图 4-10 所示。

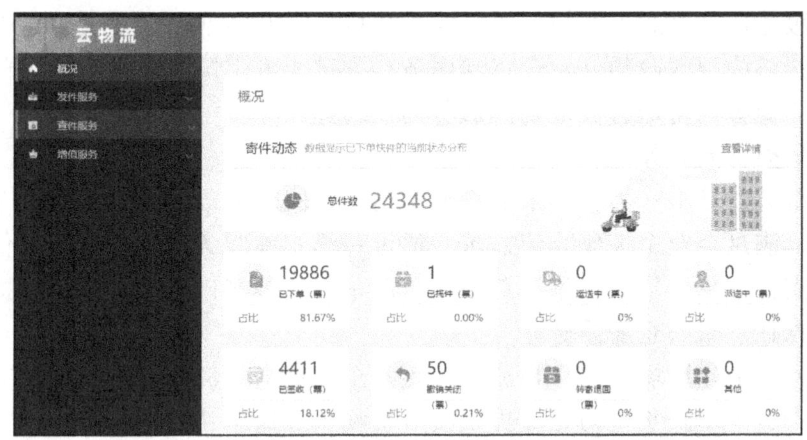


图 4-10 云网物流基础服务

1. 特点

云网物流服务工业互联网制造业领域中小微企业用户，为中小企业减负增效，切实从用户角度出发，为企业提供降本增效、阳光透明的快递物流集成服务。致力于为工业制造企业提供省时省钱、省心省力的一站式 B2B 快递物流服务，满足制造业领域企业采购、销售、生产、售后环节物流需求。云网物流具有寄付月结、可选物流服务商多、折扣力度大、支持终端多、灵活方便等特点。

2. 业务流程

物流服务专注为企业、事业单位、党政机关和科研院所提供服务。尤其适用于有统一管理、寄付月结需求的国有企业。支持多种应用场景发单。

1) 月结服务

平台与企业签约月结服务后，统一管理企业的物流需求，企业员工下单，无须付费，由企业支付月结费用。一张账单，统一对账、统一开票、统一结算，流程简单、高效、透明。

2) 用户自主选择

物流服务聚合了多家快递公司，各类物流业务，用户自主选择，企业无须与多家物流服务商对接，一个平台完成下单、对账、付款，操作便捷。

3）下单审批，按部门对账

物流服务满足企业内部管理需求，提供线上下单审批，提供按部门对账服务，企业可以下载对账单，内部确认，支付物流费。

4）管理类物流服务

物流服务针对企业管理类物流需求，如机关、职能部门，发文件、合同、法律文书，提供中国邮政的 EMS 寄递服务，安排专人上门，定时定点上门收派服务。对普通商务件寄送有其他物流服务商供选择。

5）生产类物流服务

物流服务针对生产类企业采购物流和销售物流需求，提供整车、拼车、零担物流业务，满足企业个性化物流需求。通过系统实施服务，实现与企业信息化系统对接，支持下单、物流轨迹追踪、电子面单打印等接口服务，为企业提供货物送达时间预估，帮助企业排产。

除以上几个应用场景外，物流服务还为企业提供供应商管理功能，支持企业供应商上平台下单发货，为企业提供实时货物轨迹追踪功能。针对销售物流，云网物流可以在货物到达后安排催收回款。

### 3. 效果及意义

云网物流服务具备以下优势。

（1）聚合主要的物流服务商，已支持顺丰、中通、德邦、EMS，未来会支持更多物流服务商。

（2）小件快递、大件物流。从小件快递到大件物流，满足办公、供应链物流到订单发货多种物流场景。

（3）服务更优质，价格更实惠。

（4）无须员工个人垫资，与企业按月对账结算。

（5）对账月结，省心省力。按月对账、结算、开票，流程简单、高效、透明。

（6）分部门对账，订单审批，满足企业内部管理需求。员工下单，部门负责人员审批申请，订单按部门汇集，每月对账轻松便捷。

## 4.7 电子发票系统

电子发票系统依托大数据、云计算、物联网、区块链等先进技术手段，为企业提供一体化的电子发票管理、进销项发票管理、非税票电子化等方面的解决方案，为社会公众提供统一的开具电子发票、查询、下载、交付等服务。

1. 特点

电子发票系统具有丰富的业务使用场景、极强的易操作性，数据传输全部采用加密方式，数据防泄漏、防篡改，确保安全稳定可靠；支持增值税全票种开具，纸质发票开具、电子发票开具；提供 H5 开票服务，实现订单信息对接开票；抄报税、票源下载等自动完成；开票设备可分散部署或集中托管部署；设备托管，统一实施、运维、管理，高效及时；机房托管服务，数据安全可靠。

2. 业务流程

本流程适用于使用金税盘开票软件的单位，在装有开票软件的机器上(下文简称开票机)进行开票。需要使用大额资金开票的用户可以登录大额资金系统单击“开票”功能；INDICS 平台用户可以登录 INDICS 平台进行开票，这两种方式不影响原有单机开票模式，但在使用某种开票方式时，其他开票方式必须退出，不能同时登录进行开票。在线开票系统流程如图 4-11 所示。

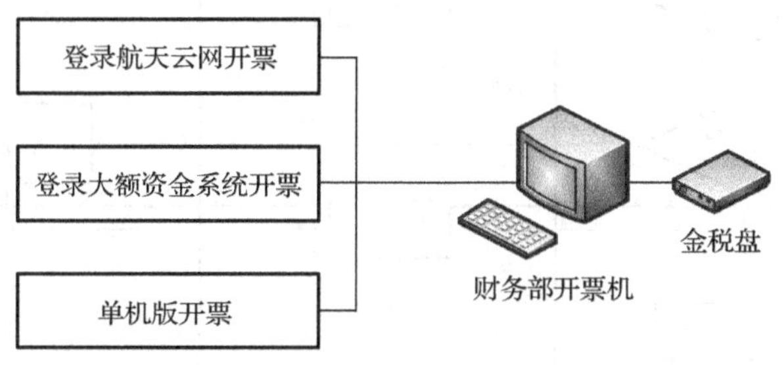


图 4-11 在线开票系统流程

## 4.8 合同电子签章

1. 特点

企业用户在通过 INDICS 平台签订合同后，可以进行线上签章。云端业务工作室利用图像处理技术将签章操作转化为与纸质文件盖章操作相同的可视效果，保障电子合同所含交易等信息的真实性和完整性以及签名人的不可否认性。

2. 业务流程

甲方、乙方均已注册电子签章并开通后，才能够对双方在 INDICS 平台签订的合同进行签章。由甲方发起签章流程，首先需要判断是否开通签章申请，未开通电子签章时则前往注册页面；双方均已开通后则直接进入签章页面。电子签章主要功能如表 4-1 所示；电子签章流程图如图 4-12 所示。

表 4-1　电子签章功能表

| 功能模块名称 | 子功能名称（菜单） | 功能点描述 |
|---|---|---|
| 电子签章入口 | 合同签章前对双方注册状态的判定 | 1.签章必须由甲方发起<br>2.甲方发起签章时，进行判定：<br>若甲方未注册，则引导甲进入注册页面；若甲方已注册，则判定乙方，若乙方未注册，则提示需乙方注册才可进行签章；两者均注册，才可进入签章页面 |
| 电子签章页面 | 浏览合同文本 | 浏览合同文本 |
| | 签章位置选择 | 选择进行签章的位置 |
| | 进行签名 | 签名 |

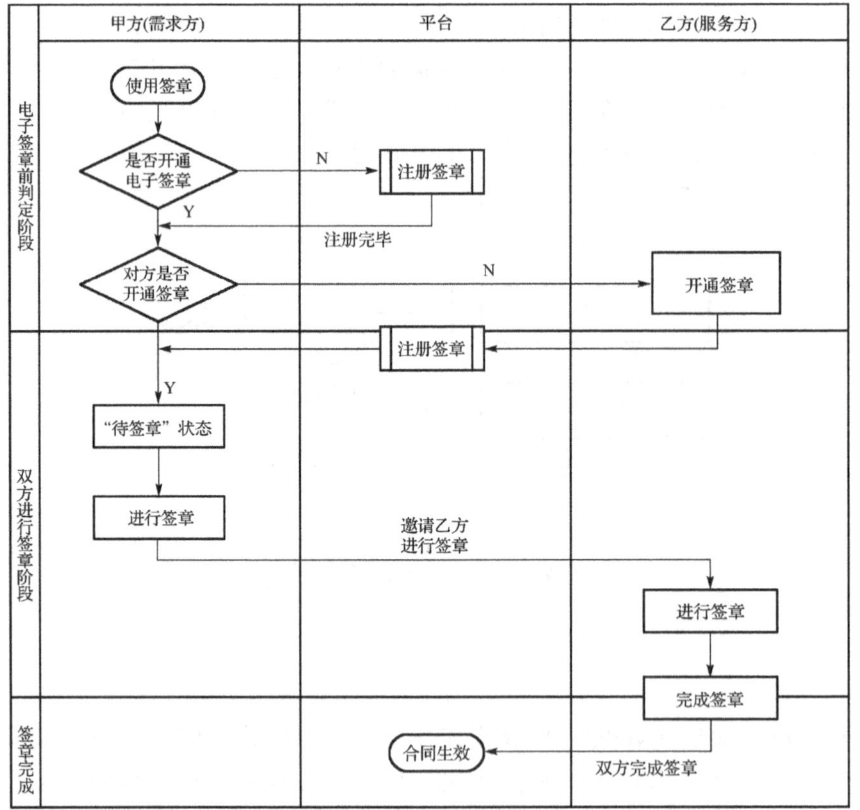


图 4-12　电子签章流程

3. 效果及意义

电子签章主要是为企业用户与客户的合同实现线上签章，保障电子合同所含交易等信息的真实性和完整性以及签名人的不可否认性，具有同样的法律效力。电子签章的价值如下。

(1) 为 INDICS 平台用户提供电子签章系统，解决平台用户在交易过程中合同的可靠性和有效性问题，实现双方签署签章的文件内容不可篡改、印章印文不可仿制等高强度安全指标，使签章文件具有唯一性，最大限度杜绝了伪造文件等违法行为。对签章过程的全程监管，精确查询每次印章签署过程在数据中心留下的详细操作记录，保证了签印过程的不可抵赖。

(2) 为企业等机构或部门实现无纸化办公，保证办公过程中电子文档的可靠性、准确性。

(3) 为航天云网各公司提供丰富的增值服务，为企业提供快捷便利的个性化服务。

# 4.9　财 务 系 统

1. 特点

云端业务工作室财务系统需要有对大量复杂数据进行即时分析处理和强大的数据储存能力，因此，财务报告可充分利用其独有优势，丰富其报告内容，涵盖更多有效信息，以财务信息披露作为主体，兼顾披露企业其他方面信息。财务报告动态反映企业资金流动状况，同时披露企业其他资产信息，不仅披露企业当前运营状况，还能分析企业历史经营状况，预测未来经营走向，实现财务报表、会计报账、审计等财务管理活动的异地同步化、实时化。

2. 业务流程

云端业务工作室财务系统短期内面向外部供应商和外部客户提供中小微企业的基础财务功能及发票查询服务。其特色功能包括财务核算、管理报表、税务管理、发票管理等，如图 4-13 所示。

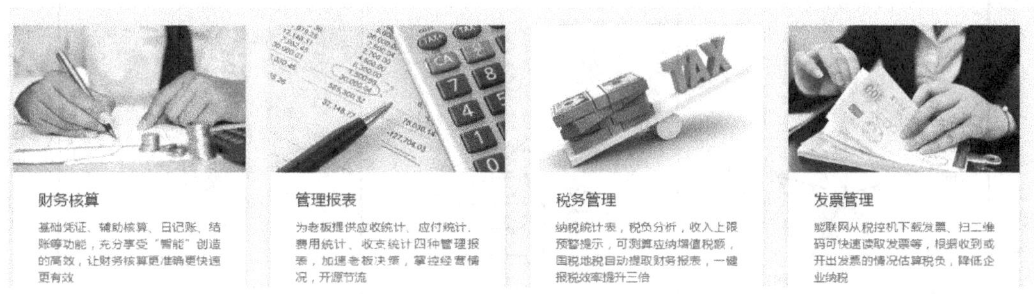


图 4-13　特色功能

3. 效果及意义

云端业务工作室财务系统是为小微企业量身打造的一款专业云财务 SaaS 应用，帮助财务人员通过 PC 端、手机端、微信端随时随地管理现金银行、发票、往来、报税、经营分析等，高效、智能地提升小微企业财务管理水平。

## 4.10 履约综合能力评价

履约综合能力评价以 INDICS 平台为载体，以工业互联网及大数据运用为抓手，建立“互联网+”模式下有效运行的企业综合能力分级认证机制和融入众智、众评、智选的良性互动机制。履约综合能力评价是对企业综合能力的评判，包括质量的要素。质量评价则专注于审核企业质量管控能力。

1. 特点

履约综合能力评价工作发展趋势是以线上评价为主，但目前更多依赖线下评价。为更好的服务云制造集群企业，履约综合能力评价不断优化评价指标，简化评价流程，将线下评价内容逐步转移线上实现，提高评价效率。履约综合能力评价可以查看深圳航天工业技术研究院和用户对云端企业的综合履约能力及质量评价结果。对企业的最终评价将综合客户评价和深圳航天工业技术研究院评价，各占 50%权重，随时更新。

2. 业务流程

1) 体系介绍

履约综合能力评价体系包含指标维度、认证等级、管理办法，如图 4-14 所示。

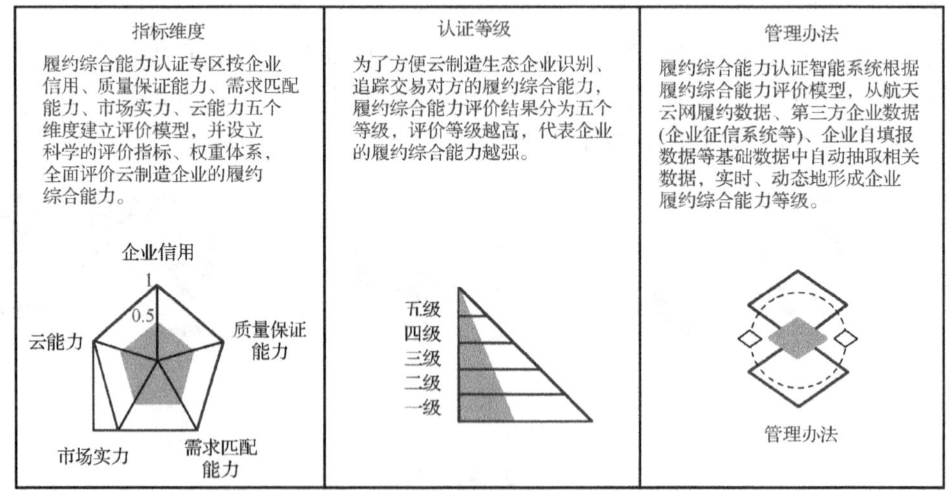


图 4-14 体系介绍

2) 企业申请

企业需在 INDICS 平台上注册登录后，选择申请认证，完成在线填写问卷后提交申请，等待认证方审核。如申请四、五级时，认证方需对企业开展线下审核。审核合格的企业可以获得相应认证资质。申请流程如图 4-15 所示。

图 4-15 申请流程

## 4.11 质 量 评 价

质量评价是聚焦制造业质量，借鉴互联网平台公司的等级评价和会员成长模式，客观、公正、综合地评价入驻企业的资质、能力、产品质量保证能力和线上履约能力的认证服务。

1. 特点

质量评价认证不是传统的质量认证，也不是传统的能力认证，质量要素、能力要素标准给到用户，用户自己认证打分，企业交易流程支持系统进行抽查，采用社会线下机构支撑，结合区块链的方式进行记账，一旦出现认证内容没有实现，便出示警告，严重则将企业加入黑名单。质量认证过的企业才能申请履约综合能力认证。综合能力认证跟质量认证不一定是一对一的，只有极个别企业既是五星质量认证又是五星能力认证。

2. 业务流程

1) 企业申请

企业申请流程如图 4-16 所示。

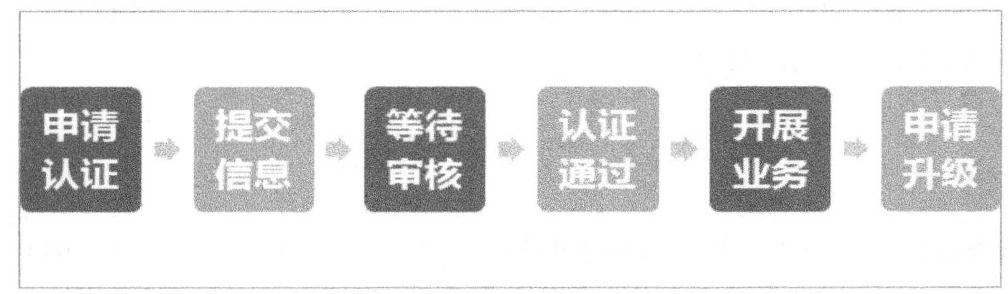


图 4-16 企业申请流程

2) 用户升级

用户在申请页面单击“去升级”即可申请开通质量评价认证，如图 4-17 所示。

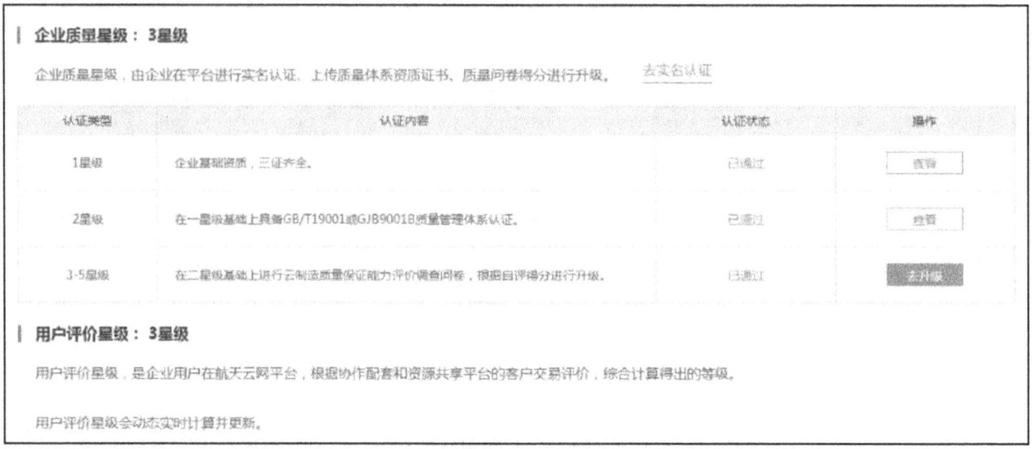

**企业质量星级：3星级**

企业质量星级，由企业在平台进行实名认证、上传质量体系资质证书、质量问卷得分进行升级。　去实名认证

| 认证类型 | 认证内容 | 认证状态 | 操作 |
| --- | --- | --- | --- |
| 1星级 | 企业基础资质，三证齐全。 | 已通过 | 查看 |
| 2星级 | 在一星级基础上具备GB/T19001或GJB9001B质量管理体系认证。 | 已通过 | 查看 |
| 3-5星级 | 在二星级基础上进行云制造质量保证能力评价调查问卷，根据自评得分进行升级。 | 已通过 | 去升级 |

**用户评价星级：3星级**

用户评价星级，是企业用户在航天云网平台，根据协作配套和资源共享平台的客户交易评价，综合计算得出的等级。

用户评价星级会动态实时计算并更新。

图 4-17　申请页面

3) 平台审核

企业提交申请后，平台管理员审核资料无误后会在 1～2 个工作日通过并赋予企业对应星级标识和开通相关权益。

3. 效果及意义

接受质量评价，企业将优先享有以下福利。

(1) 相比普通用户，认证用户将固定享有对航天科工集团采购需求的七天优先报价权，先人一步，独占商机。

(2) 专属身份展示，赢得需方信任。

(3) 产品、能力、企业名称搜索排序均优于未认证企业，更易获取商机。

(4) 需求、能力、产品、采购各列表页面专设质量评价筛选条件，集中展示认证企业信息。

(5) 免费获得质量评价专区内专属资源位推荐(2 星级及以上)。

(6) 对于活跃用户，平台提供线下供需撮合服务，有机会被推荐成为航天科工集团专属供应商(3 星级及以上)。

## 4.12 智 能 客 服

智能客服是配合“一脑一舱两室两站一淘金”的总体架构，所建设的基于客服信息流转平台的云端呼叫营销平台和一套云端客服信息流转运行机制，以平台为载体支持机制运行，实现线下、平台、云上客户服务的一体化。

1. 特点

云端业务工作室智能客服系统提供机器人+IM客服+工单客服+呼叫中心的整体客服业务，服务与管理一站式解决，提高客服工作效率，实现客户服务质与量的同步提升。覆盖客户沟通的所有渠道，统一平台响应管理，客服数据统一汇总分析，方便管理人员直观了解客服系统服务情况。

2. 业务流程

云端业务工作室智能客服系统主要包含智能客服机器人、人工在线客服、工单系统、云呼叫中心。

智能客服机器人为7×24小时在线，人工接待时，机器人辅助回答。人工忙时自动接管，客户接待0延迟，知识库一键导入，深度学习，并实现多机器人协同服务。

人工在线客服存在多种接待方式，主动邀约对话、客服富媒体沟通、用户画像/行为轨迹跟踪、客户访问、会话小结。

工单系统从各个渠道进入客服系统的咨询内容，客服无法单独处理时，可以生成工单，提交给公司内部相应的人或部门进行处理，全公司围绕客服协同工作，共同完成客户服务。

云呼叫中心实现服务/电销双管齐下，为呼叫中心量身打造，具有丰富的客户接待体系，将客户与客服系统的所有通话记录、工单记录、在线聊天记录和与第三方系统的交互记录全部统一在一起，让客服能轻松掌握客户与系统的所有交互信息。

3. 效果及意义

智能机器人的自然语言理解能力和知识学习能力，可以快速学习和积累知识。机器人辅助人工客服工作，提高客服工作效率，降低培训成本，统一服务标准，帮助企业抓住最佳销售时机，锁定客户，精准营销，提升转化率。

## 4.13 租赁易物

通过在线租赁的方式，将会员企业的产品、闲置设备及存货盘活，帮助企业降低库存资金占用，建立资本运营良性循环机制，高效地为企业赢得效益，降低企业生产成本，加快企业资金周转率，提高企业经济效益。

1. 特点

以“互联网+”联动易物的新业态，将会员企业的产品、闲置设备及存货进行网上易物或销售，为会员企业解决资金短缺、库存积压严重、流通渠道不畅的难题；同时最大限度整合资源，在更广阔的范围内实现各种工业产品及服务产品的互易互换，帮助企业拓展营销渠道。

2. 业务流程

租赁易物主要提供租赁物品发布及管理、易物物品发布及管理、租赁交易等功能，如图 4-18 所示。

图 4-18　租赁易物

3. 效果及意义

租赁易物帮助企业降低库存资金占用，再利用闲置资产、存货、设备等资源，将社会企业剩余产品与过剩的能力进行共享，在线租赁以及租代买等形式，为企业解决资金的周转问题。

# 第 5 章　应 用 环 境

本章介绍云端业务工作室的应用环境，分别阐述 12 大核心业务模块：供应链、营销中心、云端营销、云端应标群、物流服务、线上开票系统、合同电子签章、财税服务、履约评价、质量评价、智能客服、租赁易物应用模块的具体使用方法。本章可作为产品使用指南，指导用户实际操作。

## 5.1　应用环境简介

云端业务工作室使用的是 B/S 结构，即浏览器和服务器结构。在这种结构下，用户工作界面通过浏览器来实现，主要业务逻辑、数据存储等在服务器端实现，形成三层结构，可以简化客户端计算机载荷，减轻系统维护与升级的成本和工作量，降低用户使用成本。一般用户使用计算机、手机、iPad 都可以访问，无需任何安装软件，只需使用设备中的浏览器访问云端业务工作室网址便可。云端业务工作室维护升级时，只需要升级服务器，用户的计算机、手机等不用做任何更新。

云端业务工作室同时提供移动端 APP，在手机上安装云端业务工作室 APP 便可以使用云端业务工作室功能进行相应的业务处理。云端业务工作室 APP 支持安卓和 iOS 两个系统，在主要的应用市场搜索云端业务工作室便可以下载安装或者进行升级。

云端业务工作室中同时提供了云端业务工作室微信公众号，可以在微信中搜索云端业务工作室微信公众号关注并使用。目前云端业务工作室微信公众号主要提供物流相关功能，可以通过公众号方便地寄送快递大件、查询快递物流，以及企业管理员对寄送大件快递进行审批。

云端业务工作室 APP 及微信公众号根据用户使用情况不断更新迭代相关功能，方便用户进行业务操作。

### 5.1.1　首页

1. 浏览器要求

云端业务工作室支持谷歌浏览器(Google Chrome)、IE11、火狐浏览器、360 浏览器等主流浏览器。如果使用其他浏览器遇到问题，请更换上面支持的浏览器进行操作。

2. 进入首页

进入 INDICS 平台主页(http://www.casicloud.com)如图 5-1 所示，第一次使用的用户单击右上角“用户注册”按钮。

图 5-1　INDICS 平台主页

## 5.1.2　个人注册

进入“用户注册”界面，按照界面要求填写相应的信息进行个人账号注册，如图 5-2 所示。

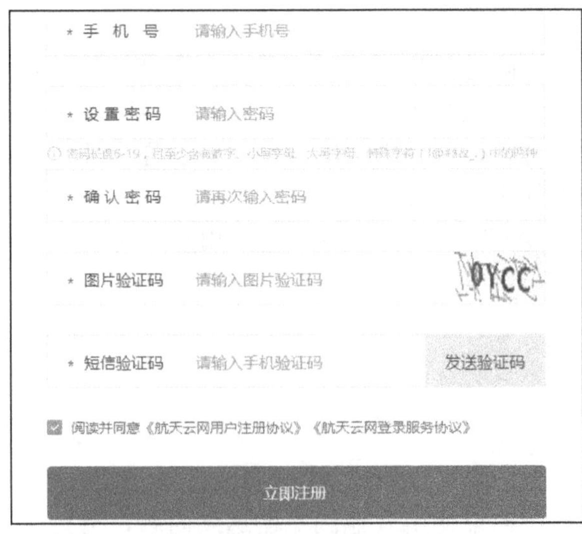


图 5-2　注册页面

### 5.1.3 成为企业用户

注册成功之后即成为个人用户。选择“成为企业用户”进行下一步的操作，如图 5-3 所示。

图 5-3 注册成功页面

已经注册过 INDICS 平台用户的，可以在 INDICS 平台首页(图 5-4)，鼠标悬停右上角人头像处，在菜单中选择“加入企业”。

图 5-4 加入企业

若企业在 INDICS 平台尚未注册，则直接跳转(图 5-5)页面，完善信息即成为企业用户。第一个注册该企业的用户，即为该企业的企业管理员，后续可以根据企业具体情况，将企业管理员权限移交给相应人员。

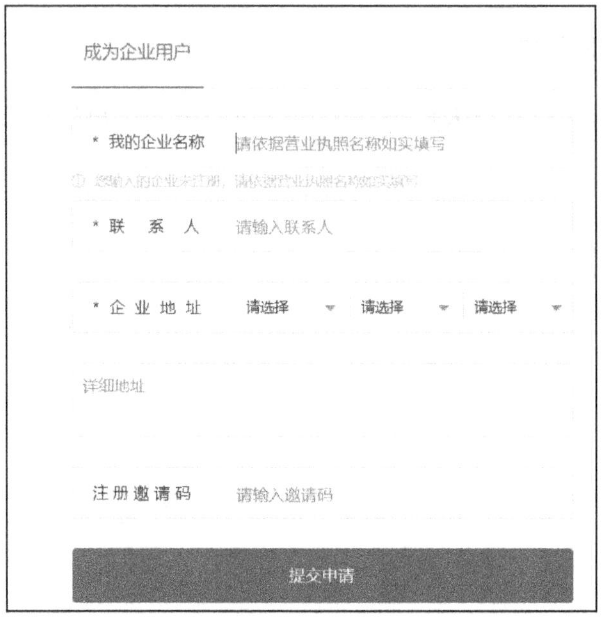


图 5-5　添加新企业

若该企业存在，可以申请加入该企业，如图 5-6 所示。输入正确的企业名称，提交申请后需要该企业的企业管理员进行审核。完成上述流程即成为企业用户。

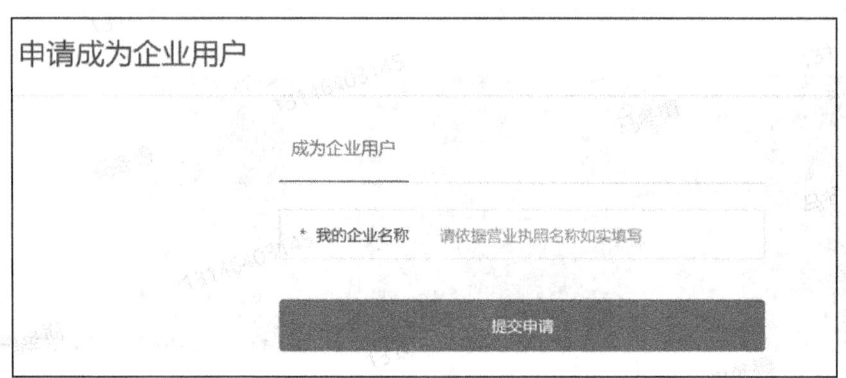


图 5-6　成为企业用户

### 5.1.4　进入云端业务工作室

在 INDICS 平台主页(http://www.casicloud.com)首页 BANNER 广告图下方，单击“云端业务工作室”，或首页单击头像，在下拉菜单单击“云端业务工作室”，可进入应用。个人用户与企业用户均可以正常使用 INDICS 平台云端业务工作室功能，如图 5-7 所示。

图 5-7 云端业务工作室入口

# 5.2 供应链使用方法

## 5.2.1 订单采购

1. “采购方”发布需求

采购方进入“供应链→我要采购”页面，再单击“发布需求”按钮，如图 5-8 所示。

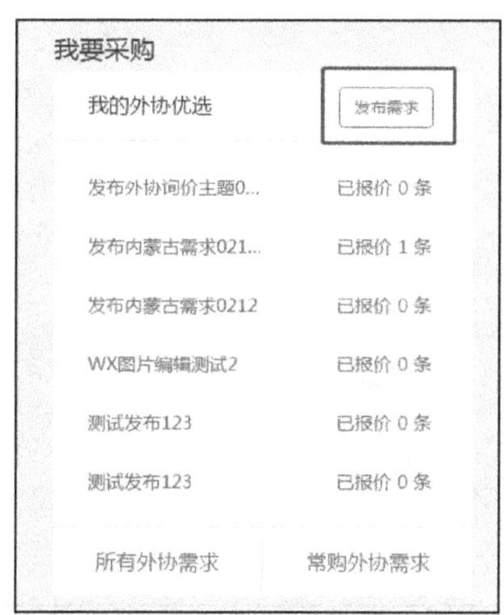


图 5-8 发布需求入口

按要求填写相关信息，在发布需求时，若发布方式选择“全网发布”则需要航天 INDICS 平台管理员审核；若选择“邀请供应商”则不需要审核，可直接由被选择的供应方进行报价。这里选择“全网发布”，完成后单击“发布需求”，如图 5-9 所示。

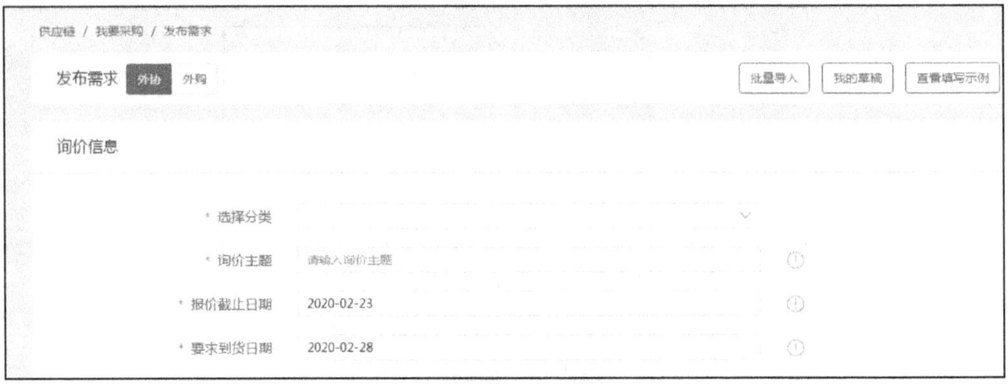

图 5-9　发布外协需求

全网发布之后，需要等待航天 INDICS 平台管理员审核该需求。一般审核时间为 24 小时之内。审核完成之后采购方在“供应链→我要采购”页面的所有外协需求中，该条需求状态由“待审核”变为“待报价”，如图 5-10 所示。

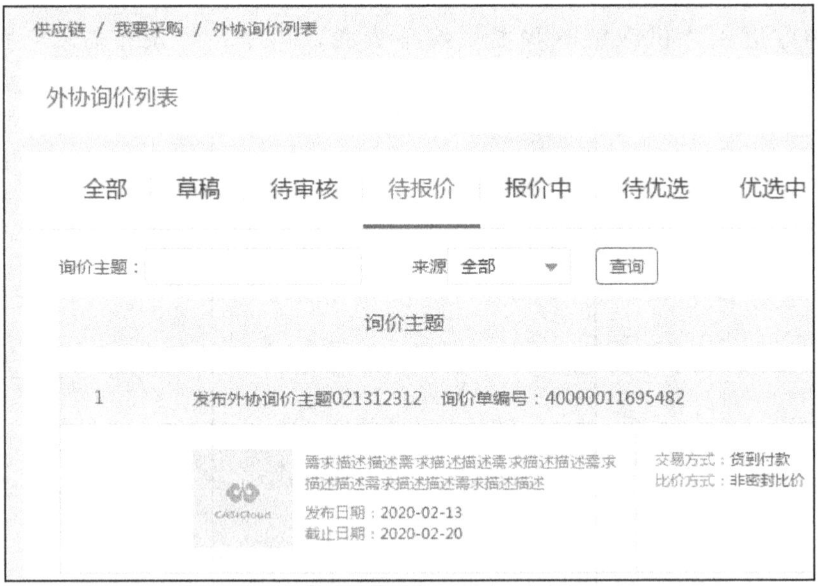

图 5-10　询价列表

2. “销售方”报价

已全网发布成功的需求，供应商需要在首页上方搜索框中，输入该能力需求的关键词，搜索对应的能力需求，如图 5-11 所示。

图 5-11　报价页面 1

单击“报价”按钮，根据实际情况对一个或者多个需求进行报价，如图 5-12 所示。

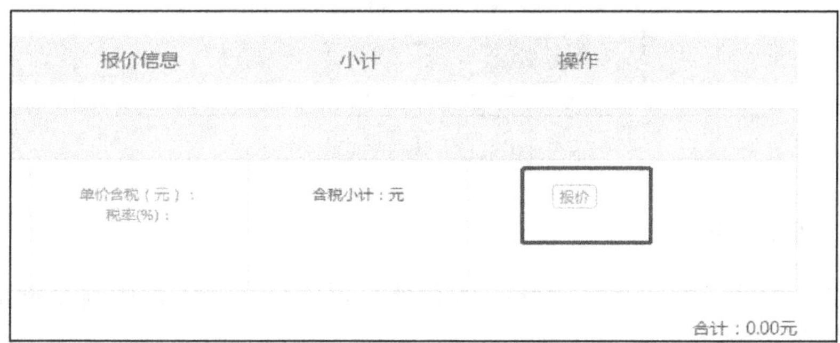


图 5-12　报价页面 2

完成之后单击“确认报价”按钮，如图 5-13～图 5-15 所示。



图 5-13　报价确认

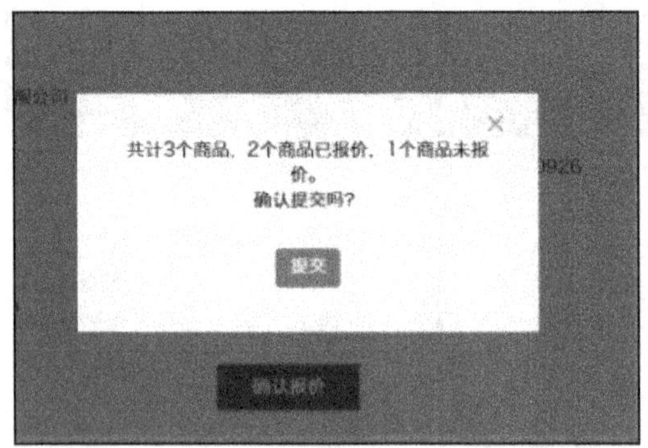


图 5-14　报价提交

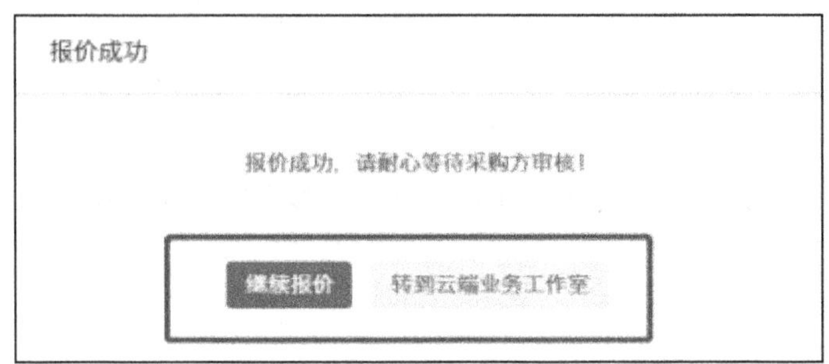


图 5-15　报价成功

3. “采购方”优选

采购方在“供应链→我要采购→所有外协需求”页面中，找到该条报价需求，单击“优选”按钮，如图 5-16 所示。

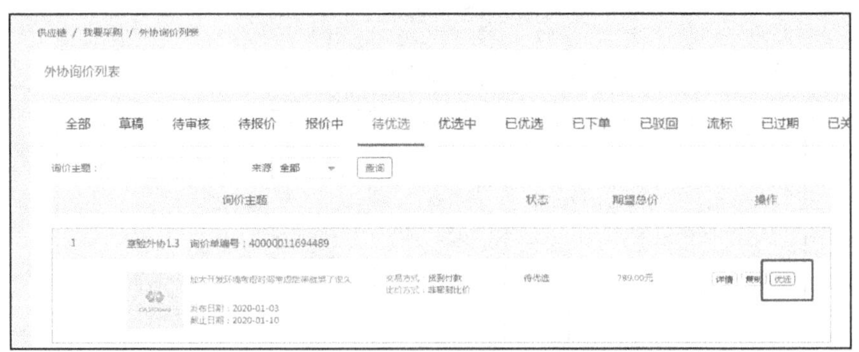


图 5-16　优选

选中相应的报价信息，对销售方的报价进行一条或者多条“优选”，如图 5-17 和图 5-18 所示。

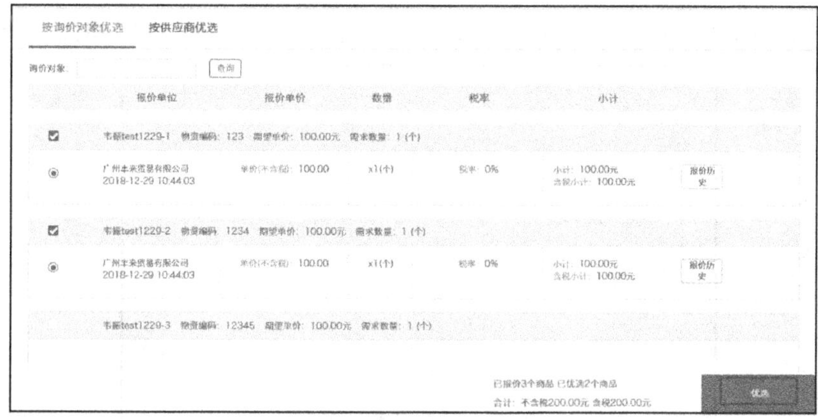


图 5-17　优选页面

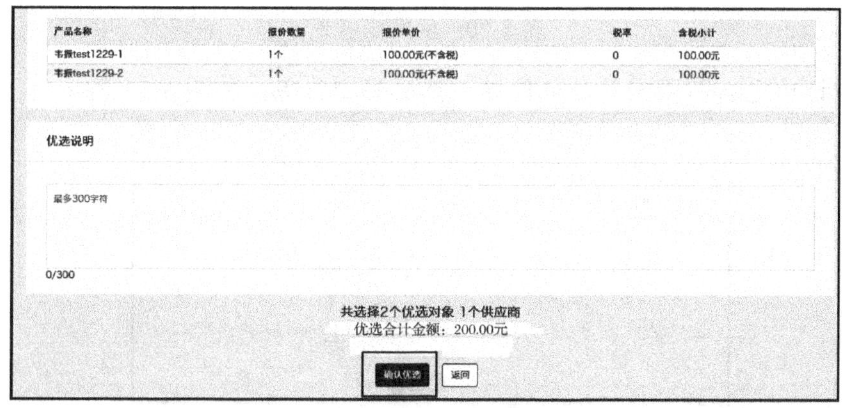


图 5-18　确认优选

4. “采购方”生成订单

采购方在“供应链→我要采购→已优选”页面下找到已经优选的需求，单击“生成订单”按钮，如图 5-19 所示。

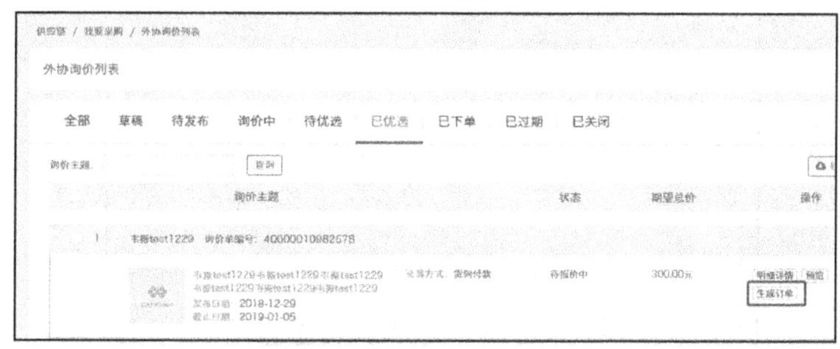


图 5-19　生成订单 1

选择相应的产品，一个或者多个，单击“生成订单”按钮，如图 5-20 所示。

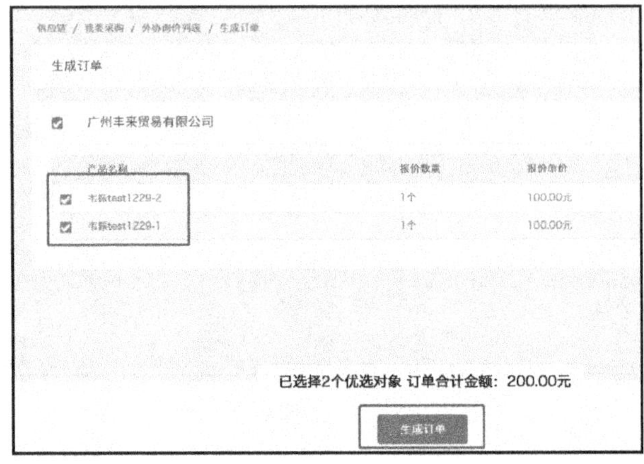


图 5-20　生成订单 2

生成订单之后需要完善订单信息，然后提交订单，如图 5-21 所示。

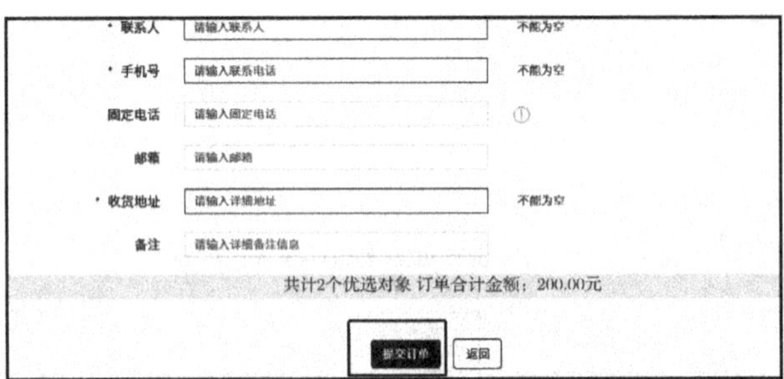


图 5-21　提交订单

5. “销售方”确认订单

销售方在“营销中心→销售订单”页面中，单击“所有外协销售订单”按钮，如图 5-22 所示。

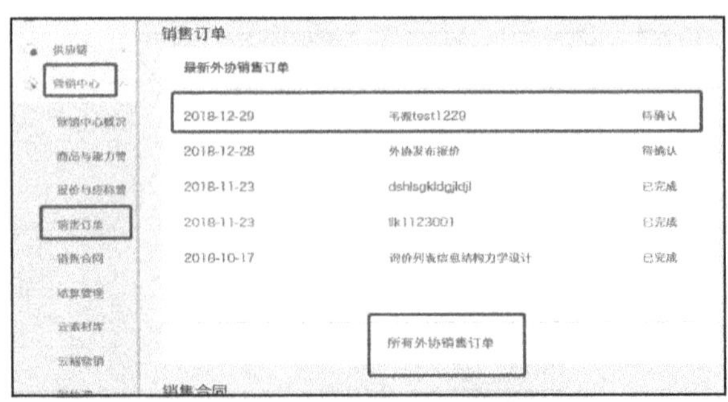


图 5-22　销售确认订单

找到对应的销售订单，单击“确认订单”按钮，如图5-23所示。

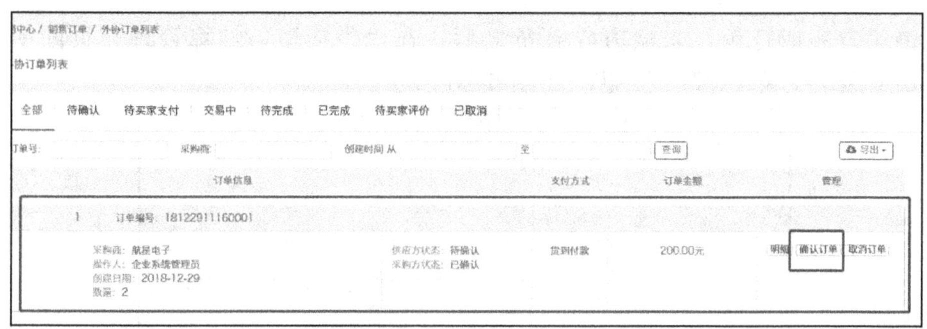


图5-23 确认订单

6. “销售方”完成订单

销售方确认订单之后，根据实际完成订单，在“营销中心→销售订单”页面中，单击“所有外协销售订单”按钮，如图5-24所示。

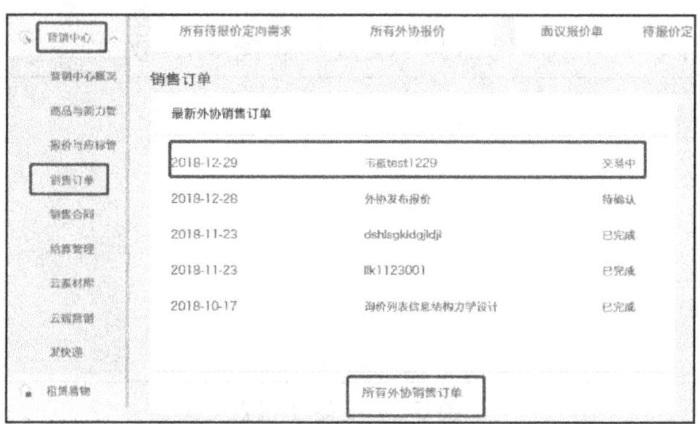


图5-24 营销中心

在所有外协订单列表中找到对应的订单，单击“完成订单”按钮，如图5-25所示。

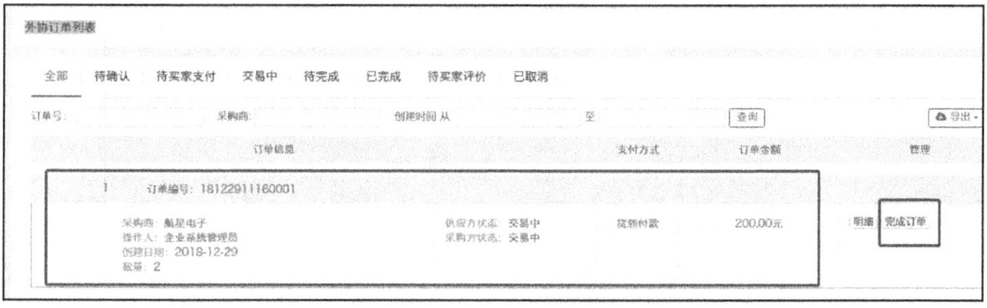


图5-25 外协订单列表

7. “采购方”支付

销售方完成订单，采购方收到货之后，在“供应链→结算管理”页面中，单击“所有外协订单结算”按钮，如图 5-26 所示。

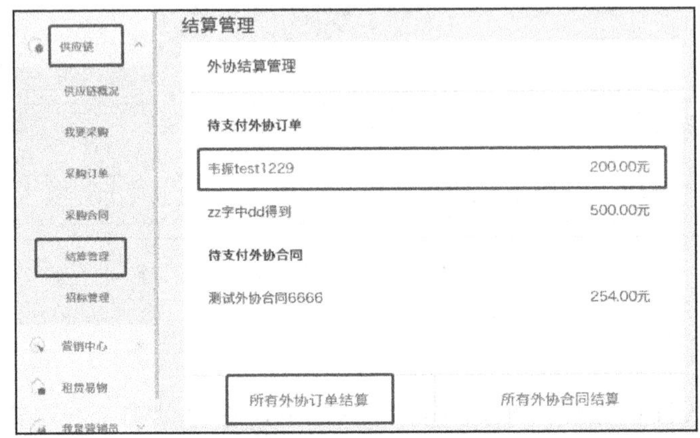


图 5-26　采购方支付

找到对应的订单，单击“支付”按钮，如图 5-27 所示。

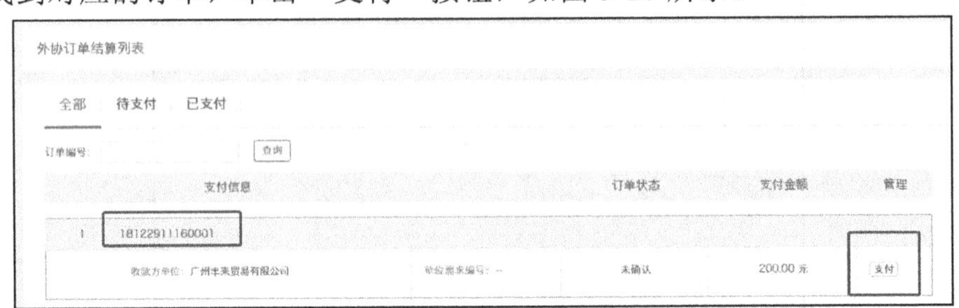


图 5-27　支付列表

进入支付页面，完成支付信息的填写，单击“确认支付”按钮，如图 5-28 所示。

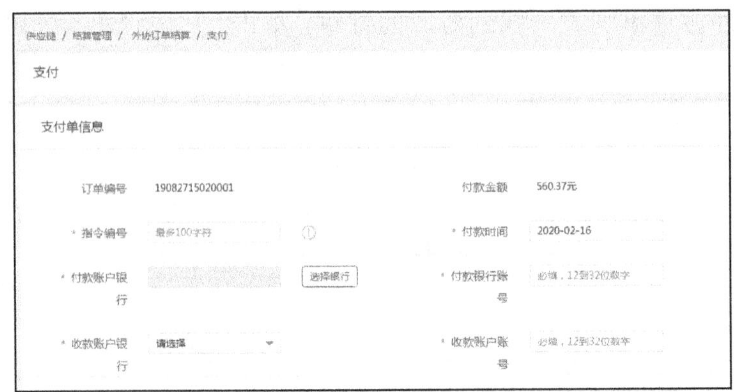


图 5-28　支付页面

8. “采购方”评价

采购方在“供应链→采购订单”页面中可看到此笔订单，单击“所有外协订单”按钮可找到此笔订单并对该笔订单进行评价，如图 5-29 所示。

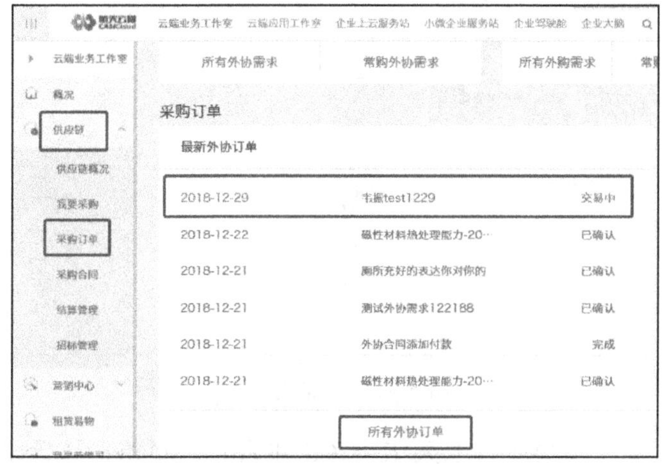

图 5-29 采购订单首页

9. “销售方”卖方评价

销售方在“营销中心→销售订单”页面可看到此笔订单，单击“所有外协订单”按钮可找到此笔订单并对该笔订单进行评价。

## 5.2.2 合同采购

1. “采购方”发布需求

采购方在“供应链→我要采购”页面，单击“发布需求”按钮，如图 5-30 所示。

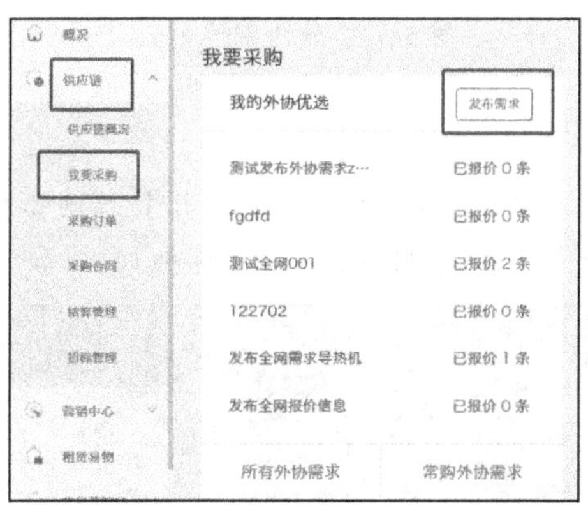

图 5-30 “我要采购”首页

按要求填写需求信息，在发布需求时，若发布方式选择“全网发布”则需要航天 INDICS 平台管理员审核；若选择“邀请供应商”则不需要审核，可直接由被选择的供应方进行报价。这里选择“全网发布”，完成后单击“发布需求”按钮，如图 5-31 所示。

图 5-31　发布询价单

全网发布之后，需要等待航天 INDICS 平台管理员审核该需求。一般审核时间为 24 小时之内。审核完成之后采购方在“供应链→我要采购→外协询价列表”中，该条需求状态由“待审核”变为“待报价中”，如图 5-32 所示。

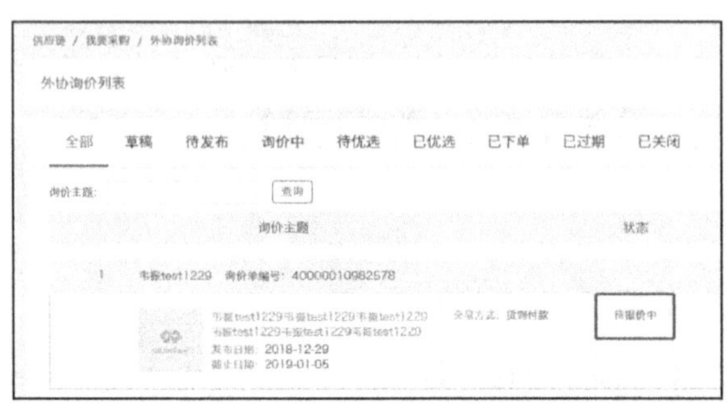


图 5-32　外协询价列表

2. “销售方”报价

已全网发布成功的需求，供应商需要在首页上方搜索框中输入该能力需求的关键词，搜索对应的能力需求，如图 5-33 和图 5-34 所示。

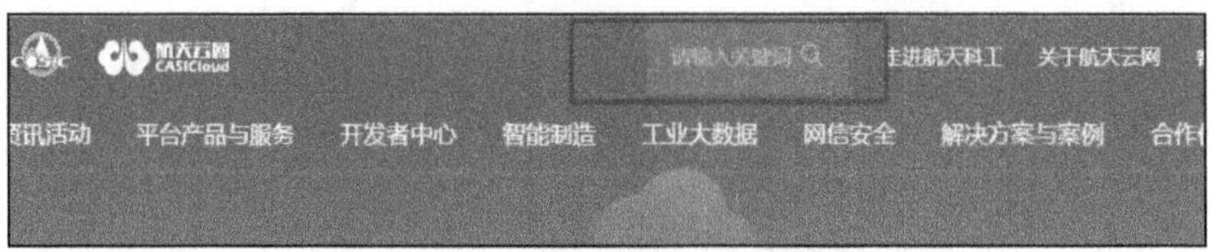


图 5-33　INDICS 平台首页

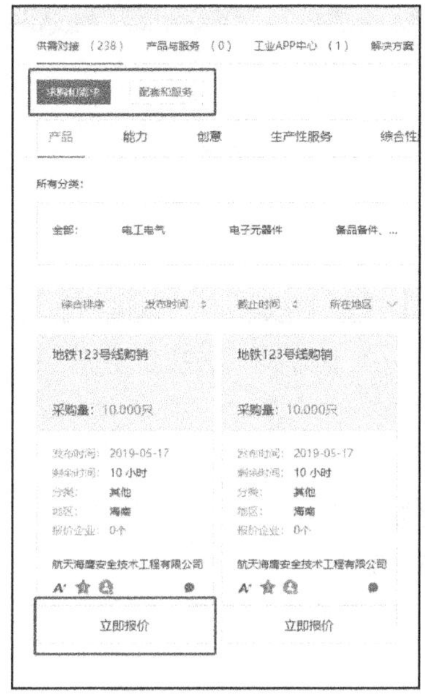


图 5-34　需求列表

单击“立即报价”按钮，根据实际情况对一个或者多个需求进行报价，如图 5-35 所示。

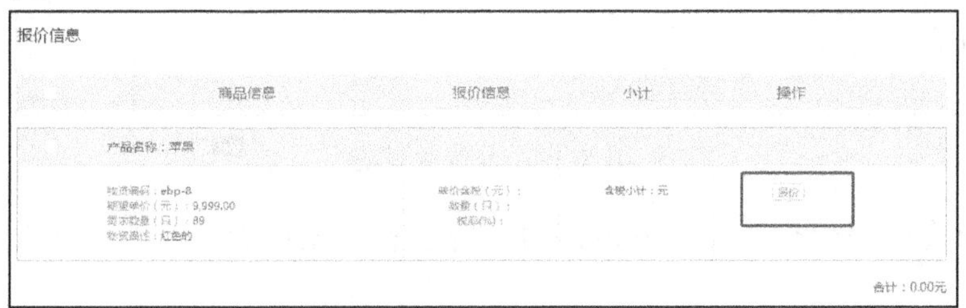


图 5-35　报价页

完成之后单击“确认报价”按钮，如图 5-36 和图 5-37 所示。

图 5-36　确认报价

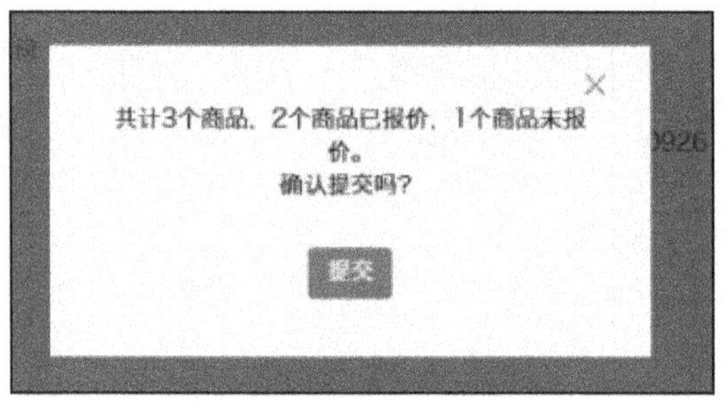


图 5-37　报价提交

3. “采购方”优选

采购方在“供应链→我要采购→外协询价列表”页面中，找到该条报价需求，单击“优选”按钮，如图 5-38 所示。

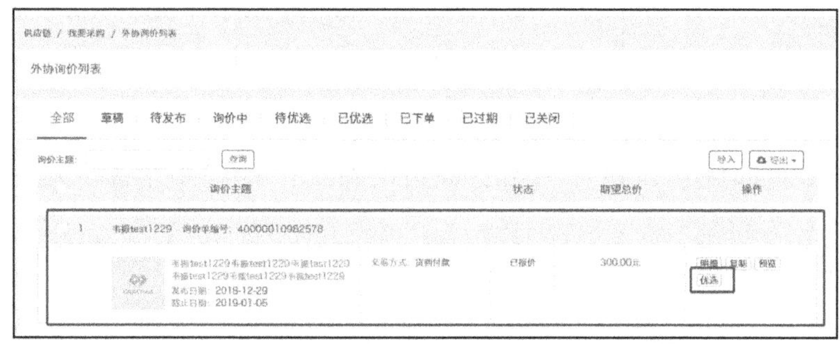


图 5-38　询价单优选

选中相应的报价信息，对销售方的报价进行一条或者多条“优选”，如图 5-39 所示。

图 5-39　优选确认

### 4. “采购方”生成订单

采购方在“供应链→我要采购→已优选”页面找到已经优选的需求，单击“生成订单”按钮，如图5-40所示。

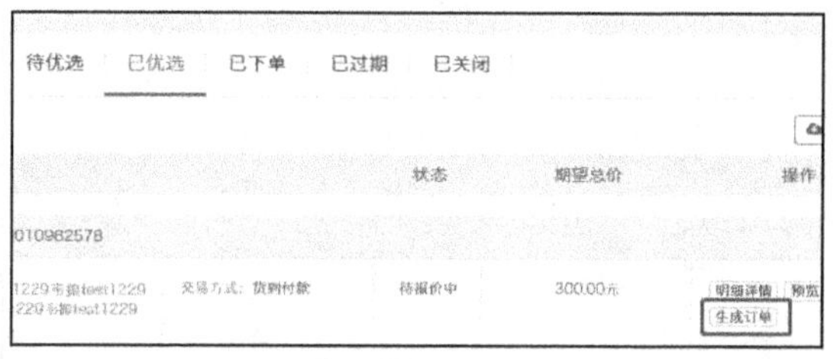


图5-40 询价单列表-生成订单

选择相应的一个或者多个产品，单击“生成订单”按钮，如图5-41所示。

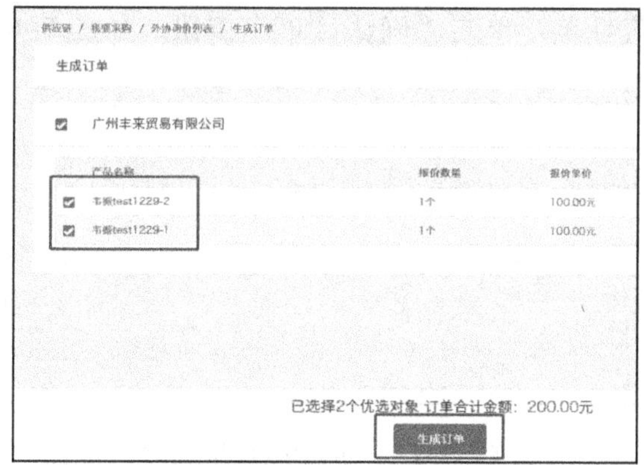


图5-41 勾选询价对象

生成订单之后需要完善订单信息，然后单击“提交订单”按钮，如图5-42所示。

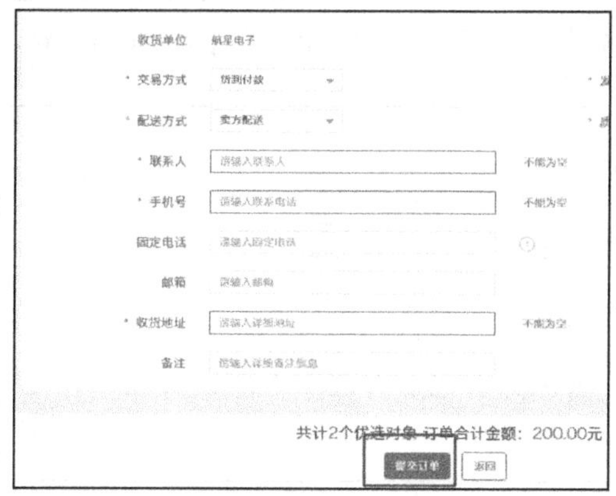


图5-42 生成订单

### 5. “销售方”确认订单

销售方在“营销中心→销售订单”页面中，单击“所有外协销售订单”按钮，如图 5-43 所示。

图 5-43　所有外协销售订单 1

找到对应的销售订单，单击“确认订单”按钮，如图 5-44 所示。

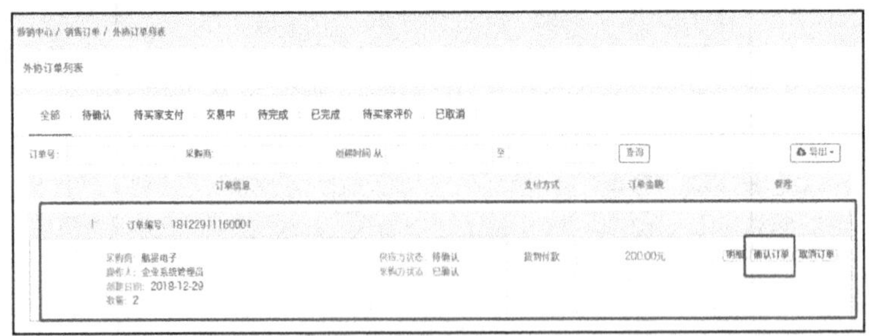


图 5-44　营销中心订单列表

### 6. “销售方”完成订单

销售方确定订单之后，根据实际完成订单之后，在“营销中心→销售订单”页面中，单击“所有外协销售订单”按钮，如图 5-45 所示。

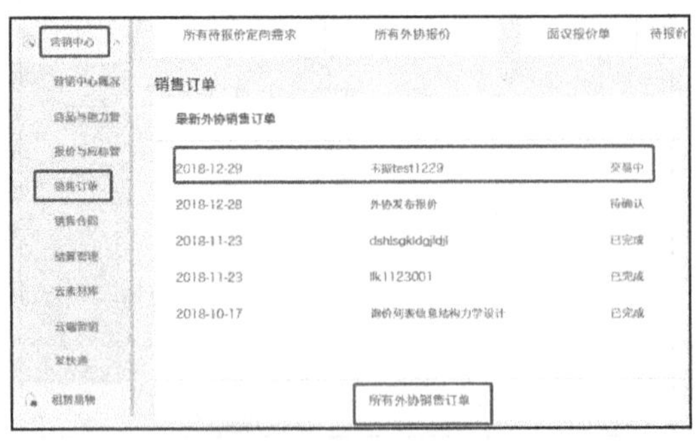


图 5-45　所有外协销售订单 2

在所有外协订单列表中找到对应的订单，单击“完成订单”按钮，如图 5-46 所示。

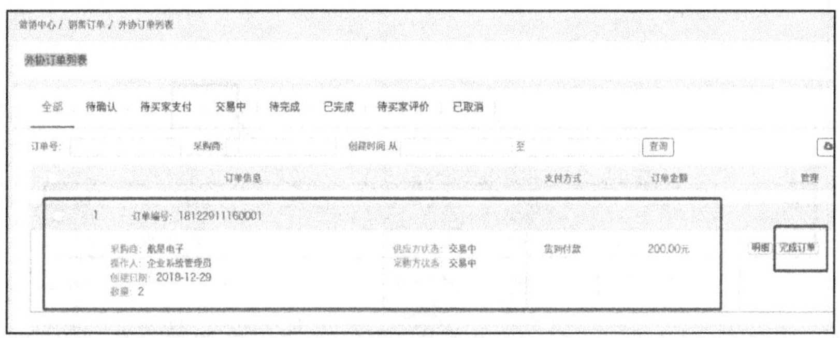


图 5-46　完成订单

7. “采购方”创建合同

采购方在“供应链→采购合同→外协合同”页面中，单击“添加”按钮，如图 5-47 所示。

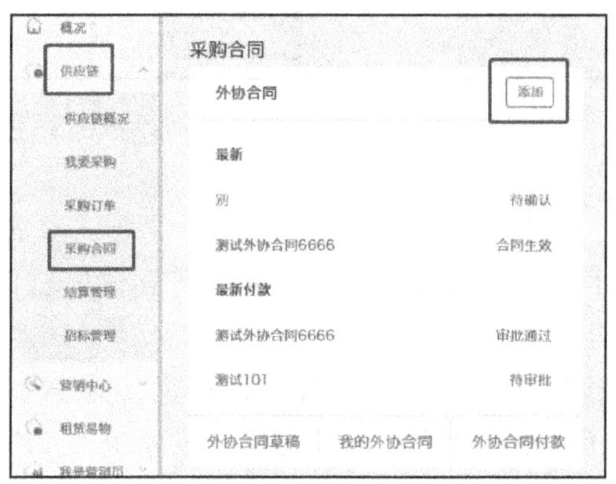


图 5-47　采购合同首页

在“添加合同”页面中，单击“选择合同来源”按钮，如图 5-48 所示。

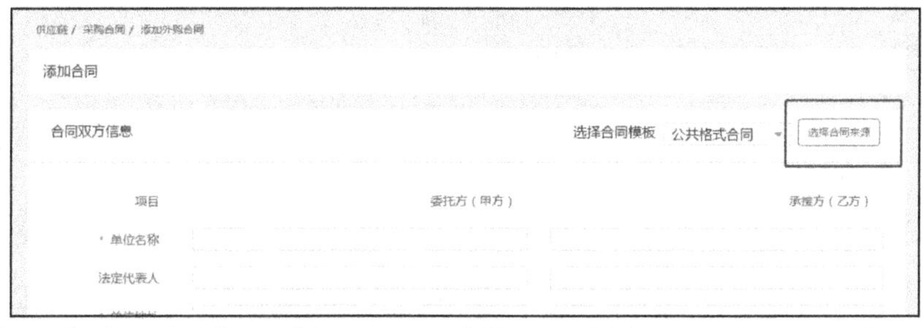


图 5-48　选择合同来源

从订单中找到这笔订单单击“选择”按钮，如图 5-49 所示。

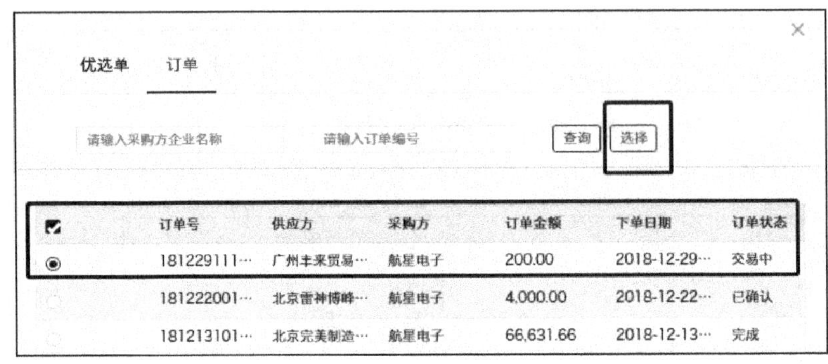


图 5-49　选择来源

选择之后完善必要的合同信息，在页面下单击“生成合同”按钮，如图 5-50 所示。

图 5-50　生成合同

8. “销售方”确认合同

销售方在“营销中心→销售合同”页面可以找到该笔合同，状态为“待确认”，单击“所有外协销售合同”按钮。

在“外协合同列表”页面找到该笔合同，根据实际需要单击“不审批”或者“需要审批”。这里选择“不审批”，完成之后合同状态变为“合同待审”，需要采购方审核该合同，如图 5-51 所示。

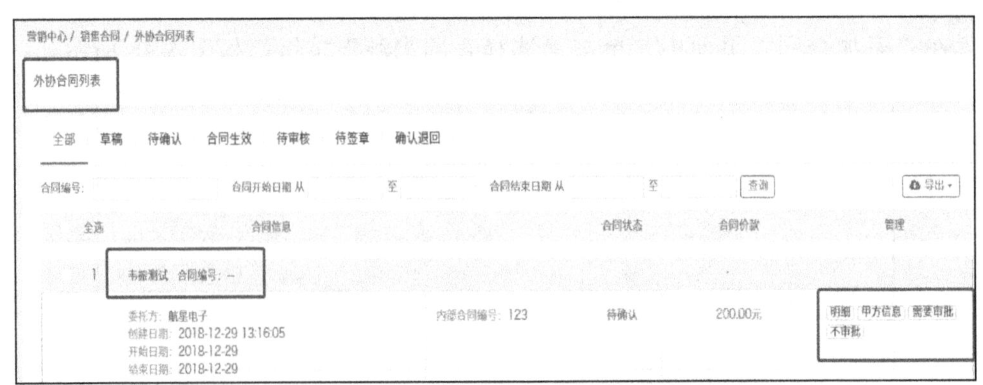


图 5-51　外协合同列表

## 9. “采购方”审批合同

在“供应链→采购合同”页面可以看到对应的合同状态为“合同待审”，单击“我的外协合同”按钮，如图 5-52 所示。

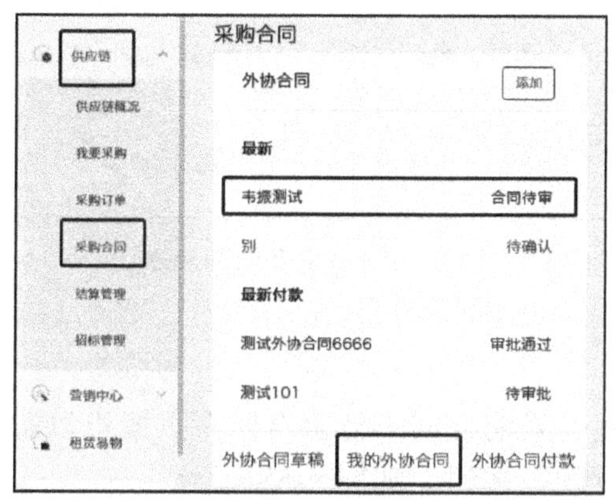


图 5-52 采购合同首页

在“外协合同列表”页面找到该笔合同，根据实际需要选择“需要审批”或者“不审批”。这里选择“不审批”，如图 5-53 所示。

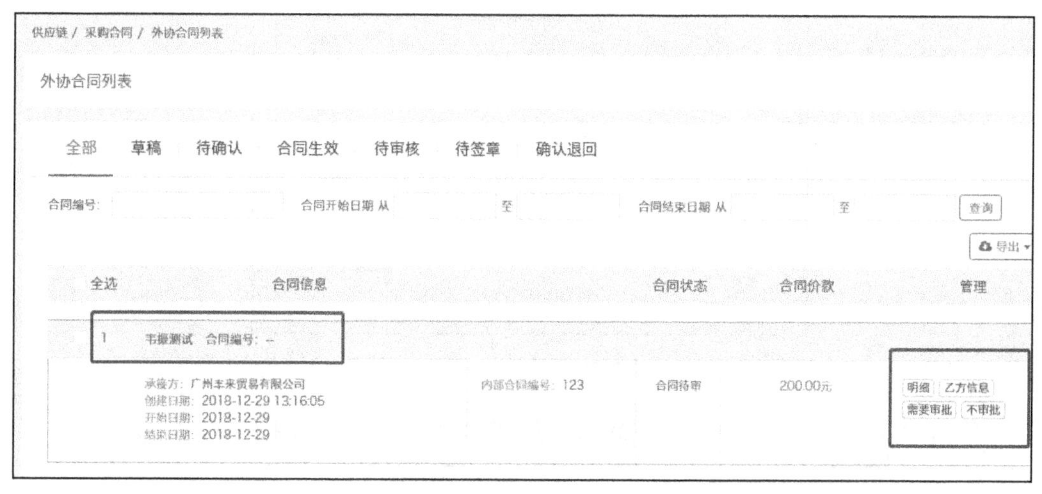


图 5-53 外协合同列表 1

## 10. “采购方”签章

完成之后合同状态变为“审批通过”，需要采购方根据实际需要选择“使用签章”或“不使用签章”。这里选择“不使用签章”，如图 5-54 所示。注意：是否签章必须由买方作抉择。

图 5-54　外协合同列表 2

## 11.“采购方”合同付款

采购方在“供应链→采购合同→外协合同”页面可以看到相应的合同已经生效，单击“外协合同付款”按钮，如图 5-55 所示。

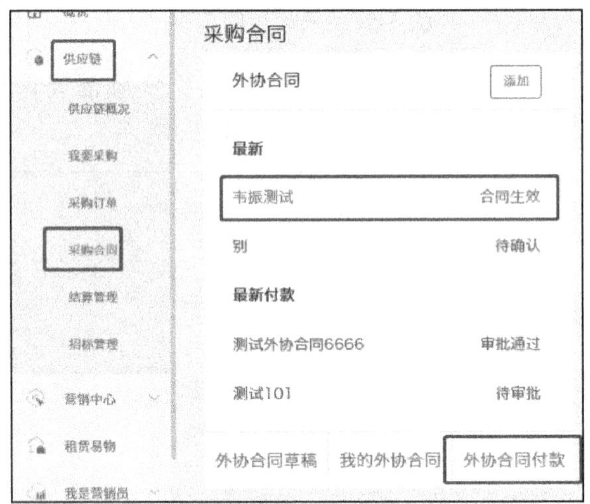


图 5-55　采购合同首页

单击“添加”→“选择合同来源”按钮，如图 5-56 和图 5-57 所示。

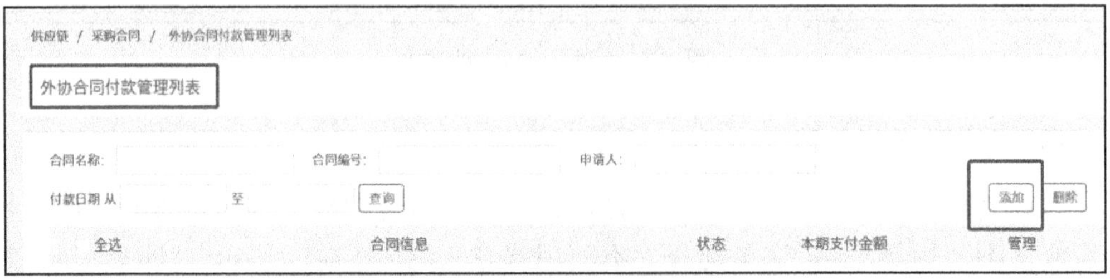

供应链 / 采购合同 / 外协合同付款管理列表

外协合同付款管理列表

合同名称:　合同编号:　申请人:

付款日期 从　至　查询　添加　删除

全选　合同信息　状态　本期支付金额　管理

图 5-56　合同付款列表

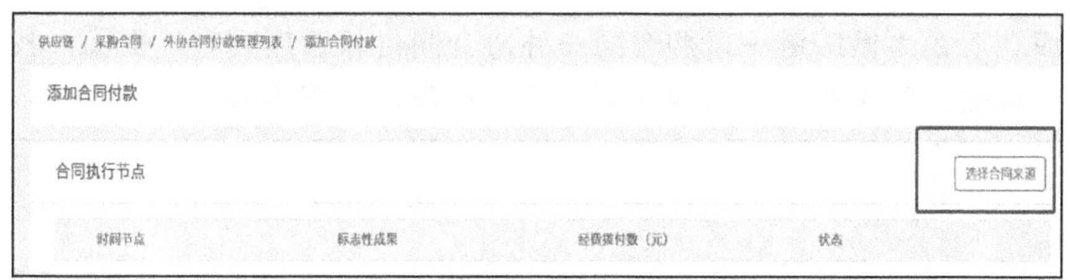


图 5-57 添加合同付款

找到相应的合同，填写必要的合同日期信息，单击“选择”按钮，如图 5-58 所示。

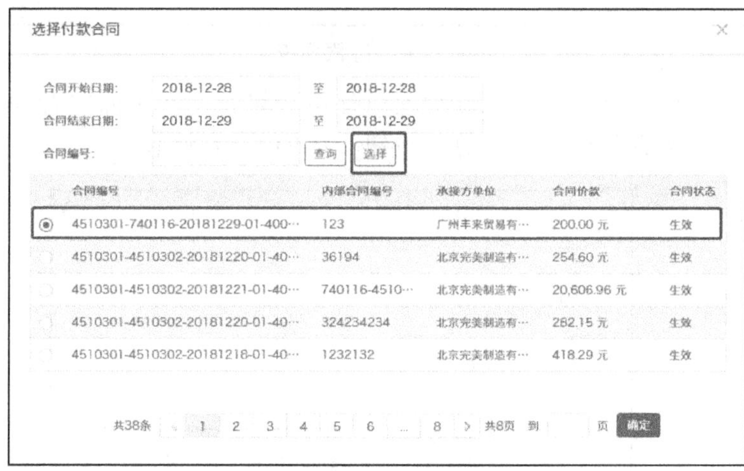


图 5-58 选择合同来源

选择合同来源之后需要选择合同执行节点，完善必要的合同信息，在页面最下方单击“保存”按钮，如图 5-59 所示。

汇款信息

* 开户行 工商银行

* 账户名称 广州丰来贸易公司

* 银行账号 1231313123123131

已收到商品接受服务 最多20字符

申请付款说明 最多200字符

备注 最多250字符

保存

图 5-59 保存合同付款

完成之后在“供应链→采购合同→外协合同付款管理列表”页面，找到对应的合同，根据实际单击“已完成线下审批”按钮，如图 5-60 所示。

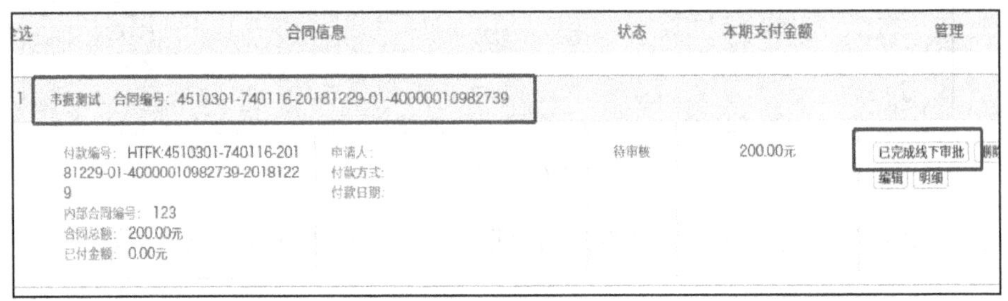


图 5-60　付款列表

采购方可以在“供应链→结算管理→外协结算管理”页面中看到待支付的外协合同，单击“所有外协合同结算”按钮，如图 5-61 所示。

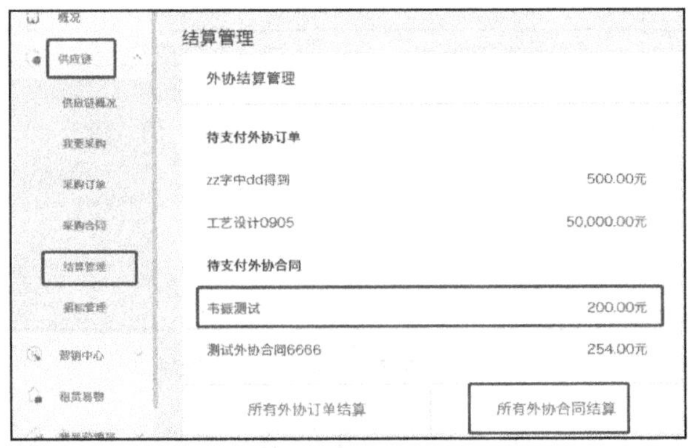


图 5-61　结算首页

在“外协合同结算合同列表”页面找到对应的合同，单击“支付”按钮，如图 5-62 所示。

填写必要的支付信息，完成后单击“确认支付”按钮，如图 5-63 所示。

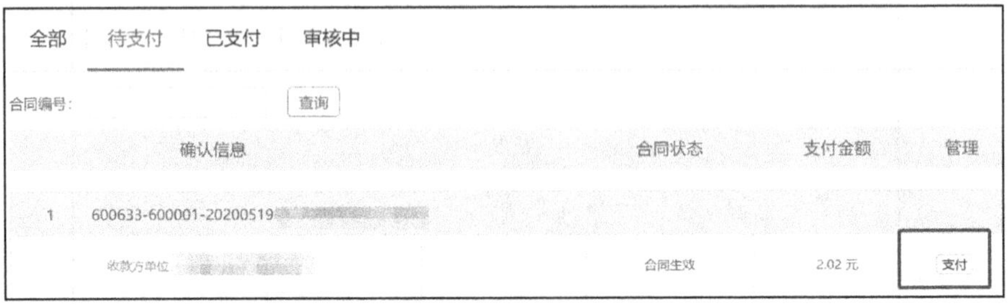

全部　待支付　已支付　审核中

合同编号：　查询

| 确认信息 | 合同状态 | 支付金额 | 管理 |
| --- | --- | --- | --- |
| 1　600633-600001-20200519 | | | |
| 收款方单位 | 合同生效 | 2.02 元 | 支付 |

图 5-62　结算列表

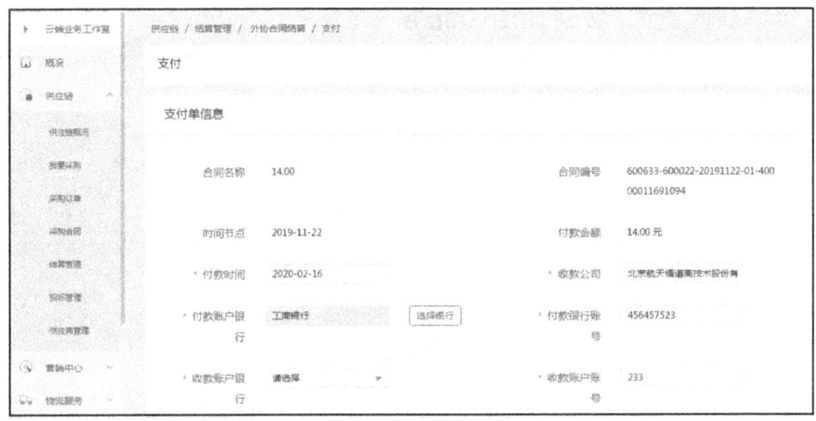

图 5-63 支付确认

## 12. “销售方”确认收款

买方付款后，在“营销中心→结算管理”页面可以看到待确认外协合同，如图 5-64 所示。

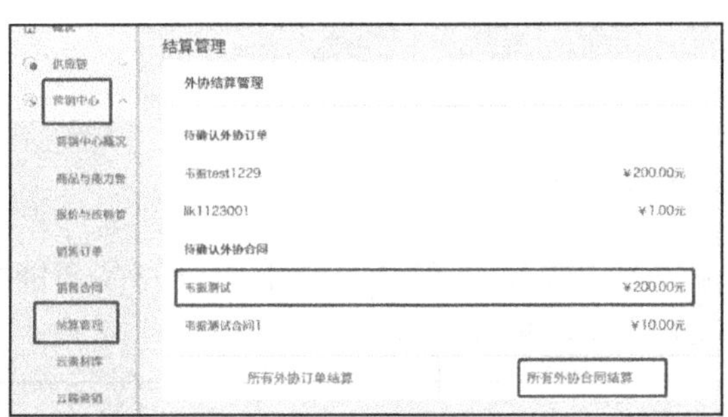

图 5-64 卖方结算首页

单击“所有外协合同结算”按钮，收到货款后，单击“确认”按钮，确认后合同状态为“合同生效”，如图 5-65 所示。

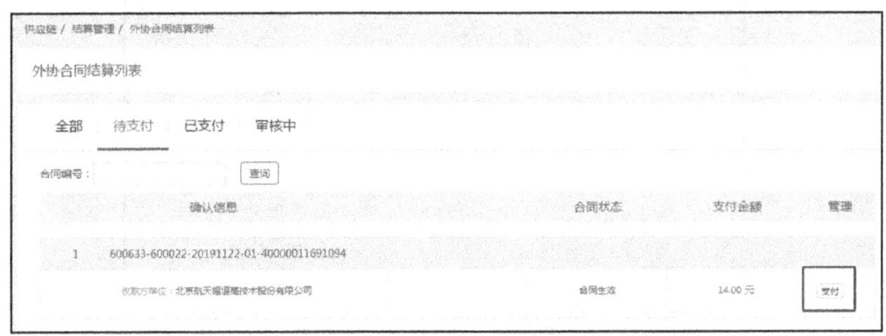

图 5-65 所有外协合同结算列表

单击“确认收款”，按钮如图 5-66 所示。

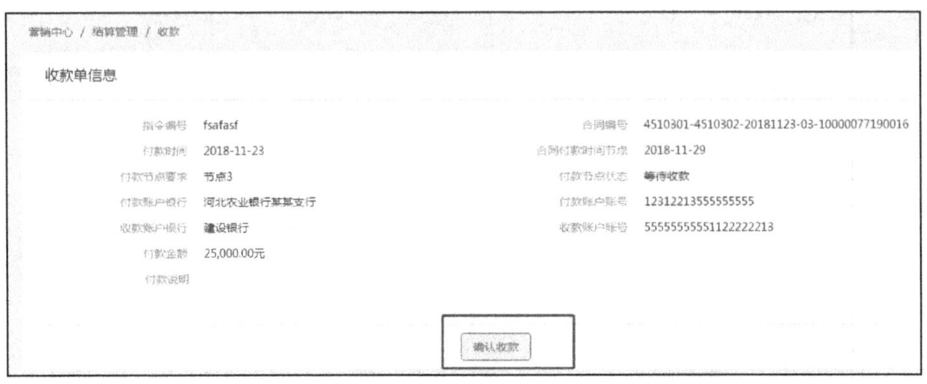


图 5-66　确认收款

确认后，在“营销中心→销售合同”页面中可以看到合同已经完成。

# 5.3　营销中心使用方法

## 5.3.1　订单销售

1. “销售方”发布产品

销售方进入云端业务工作室，在“营销中心→商品与能力管理”页面，单击“发布商品”按钮，如图 5-67 所示。

| 最新发布商品 | | 发布商品 |
|---|---|---|
| 2020-01-16 | 发挂号费贵航股份 | 0.20 元 |
| 2020-01-16 | dfgdfg | 1.00 元 |
| 2020-01-16 | sfda | 30.00 元 |
| 2020-01-16 | dsafsad | 20.00 元 |
| 2019-12-20 | 222222 | 2.00 元 |

所有商品管理

图 5-67　发布产品首页

填写必要信息之后，单击“确认发布”按钮，如图 5-68 所示。

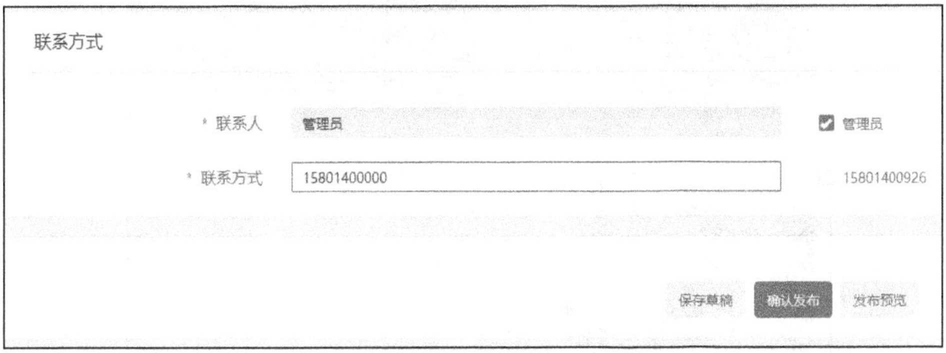

联系方式

* 联系人 管理员 管理员

* 联系方式 15801400000 15801400926

保存草稿 确认发布 发布预览

图 5-68 发布商品

发布成功后，需要等待航天 INDICS 平台管理员进行审核，如图 5-69 所示。

图 5-69 商品列表

2. “采购方”购买产品

采购方从首页上方搜索框，搜索对应的产品名称关键词，如图 5-70 所示。

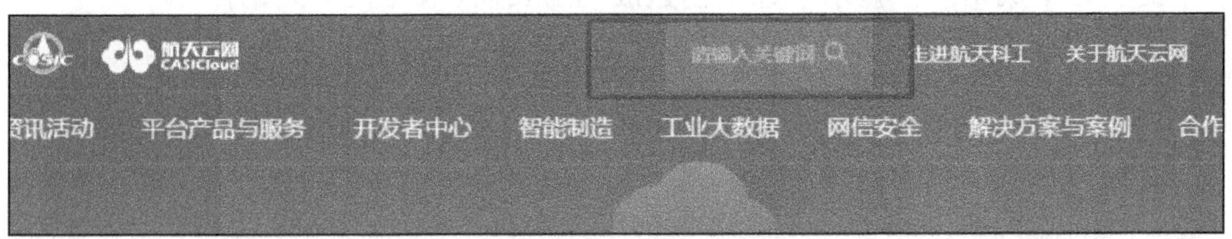


图 5-70 INDICS 平台首页

检索完成后，找到对应的产品名称并单击进入产品详情页，如图 5-71 所示。

图 5-71　产品详情页

单击“立即购买”按钮，选择支付方式、配送方式和发票信息；选择地址或者新建地址，单击“提交订单”按钮即可，如图 5-72 所示。

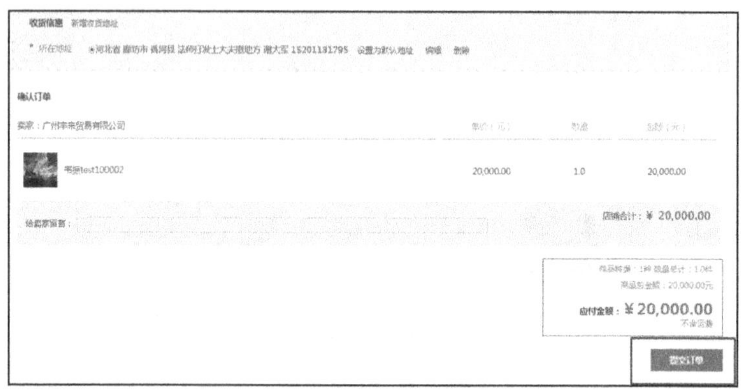


图 5-72　提交订单

提交订单成功后会显示“订单创建成功”页面，如图 5-73 所示。

图 5-73　提交成功

### 3. “销售方”发货

采购方下单购买商品后，销售方在“营销中心→销售订单→所有外购销售订单”页面找到对应的订单，单击“发货”按钮，如图 5-74 和图 5-75 所示。

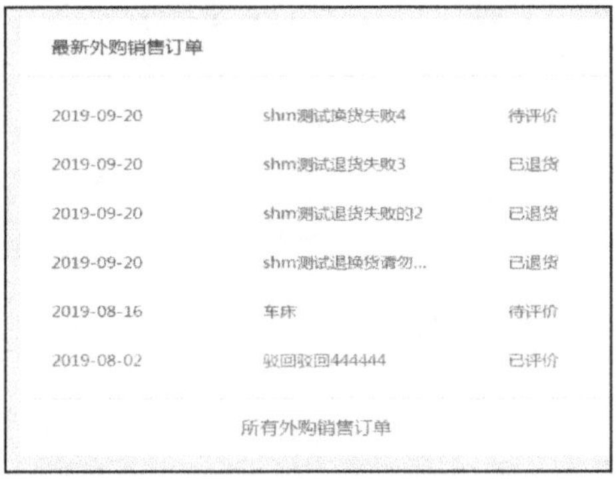

最新外购销售订单
2019-09-20 shm测试换货失败4 待评价
2019-09-20 shm测试退货失败3 已退货
2019-09-20 shm测试退货失败的2 已退货
2019-09-20 shm测试退换货请勿... 已退货
2019-08-16 车床 待评价
2019-08-02 驳回驳回444444 已评价
所有外购销售订单

图 5-74 所有外购销售订单首页

待发货
待买家收货
已完成
待评价
已取消
退款审核
采购商:
名称：
至
来源 全部
查询
订单信息
付款方...
订单金额
操作
号：190731112100011850
406.80元
详情
发货

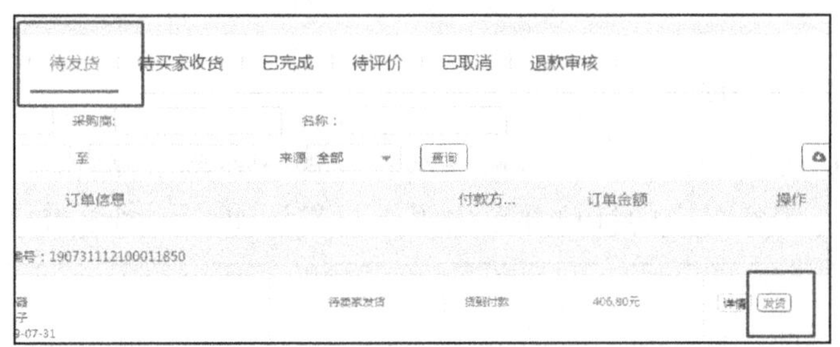

图 5-75 所有外购销售订单列表

在列表中单击“发货”按钮，或者直接单击产品名，均能进入“发货”页面，确认信息发货，如图 5-76 所示。

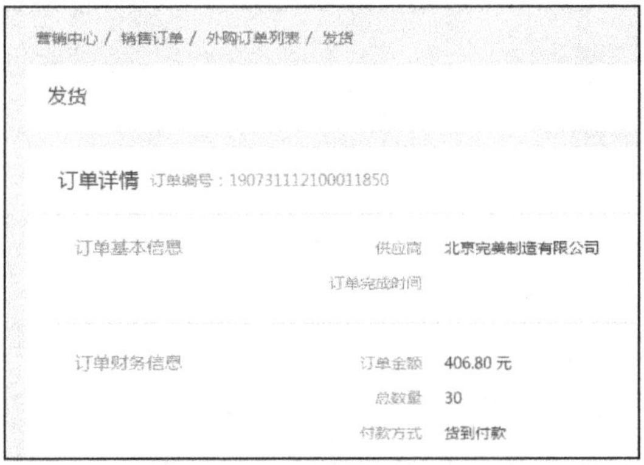

营销中心 / 销售订单 / 外购订单列表 / 发货
发货
订单详情 订单编号：190731112100011850
订单基本信息
供应商 北京完美制造有限公司
订单完成时间
订单财务信息
订单金额 406.80 元
总数量 30
付款方式 货到付款

图 5-76 “发货”页面

### 4. “采购方”确认收货

采购方在实际收到货之后，在“供应链→采购订单→外购订单列表”页面中找到对应的订单，单击“确认收货”按钮，如图 5-77 所示。

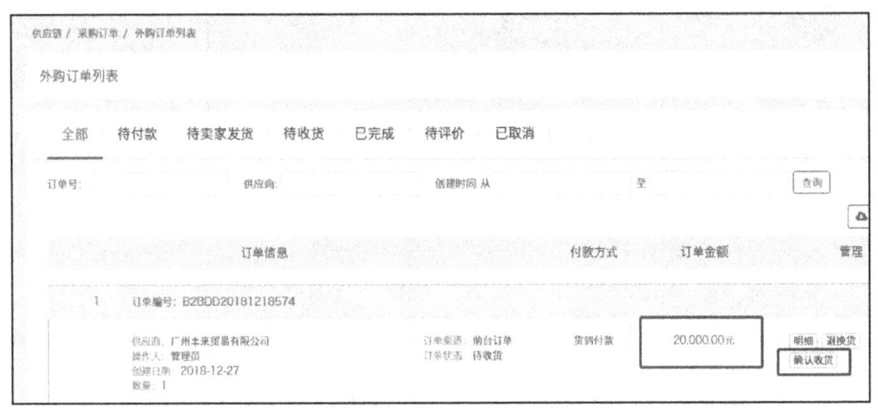


图 5-77 外购订单列表

### 5. “采购方”支付

采购方确认收货后，在“供应链→结算管理→外购结算管理→所有外购订单结算”列表中，找到对应的订单并单击“支付”按钮，如图 5-78 和图 5-79 所示。

图 5-78 供应链结算首页

供应链 / 结算管理 / 外购订单结算列表

外购订单结算列表

全部　待支付　已支付

订单编号：　查询

| | 支付信息 | | 订单状态 | 支付金额 | 管理 |
|---|---|---|---|---|---|
| 1 | B2BDD20181218574 | | | | |
| | 收款方单位：广州丰来贸易有限公司 | 单位需求编号：-- | 未确认 | 20,000.00 元 | 支付 |

图 5-79　订单结算列表

填写必要信息后，单击“确认支付”按钮，如图 5-80 所示。

图 5-80　订单支付

## 6. “销售方”确认收款

采购方支付后，销售方在“营销中心→结算管理”页面可看到对应信息，单击“所有外购订单结算”按钮打开结算页面，或者直接单击相应的商品名称，如图 5-81 所示。

外购结算管理

待确认外购订单

| 发布外购需求0301 | ¥1,393.92元 |
|---|---|
| 退换货流程测试 | ¥1,936.00元 |

待确认外购合同

| 测试的大合同 | ¥1.00元 |
|---|---|
| 合同结算测试0109 | ¥1,001.00元 |

所有外购订单结算　所有外购合同结算

图 5-81　营销中心结算页面

单击“所有外购订单结算”按钮，进入结算列表页面，单击“确认”按钮，确认收到货款，如图 5-82 所示。

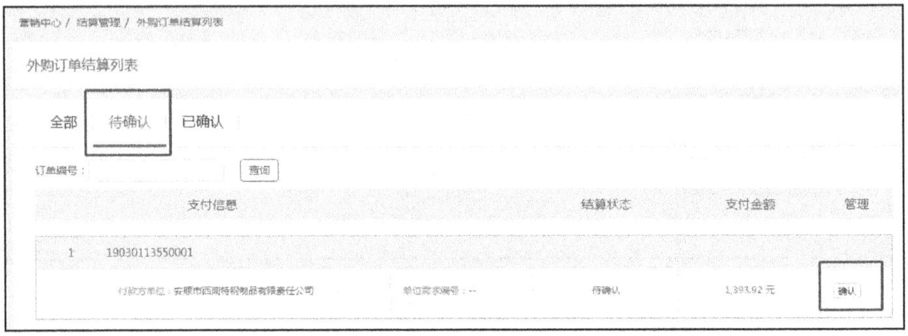

营销中心 / 结算管理 / 外购订单结算列表
外购订单结算列表
全部　待确认　已确认
订单编号：　查询
支付信息　结算状态　支付金额　管理
1　19030113550001
付款方单位：安顺市西南特钢制品有限责任公司　单位需求编号：--　待确认　1,393.92 元　确认

图 5-82　结算列表

在“收款”页面，单击“确认收款”按钮，如图 5-83 所示。

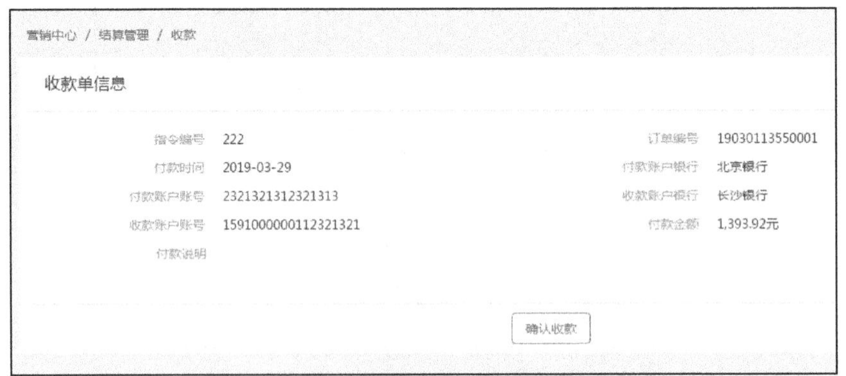


图 5-83　确认收款

7. “采购方”买方评价

销售方完成收款确认之后，采购方在“供应链→采购订单→外协订单列表”页面中找到对应的订单，订单状态为“待评价”，单击“评价”按钮可对商品和卖家进行评价，如图 5-84 和图 5-85 所示。

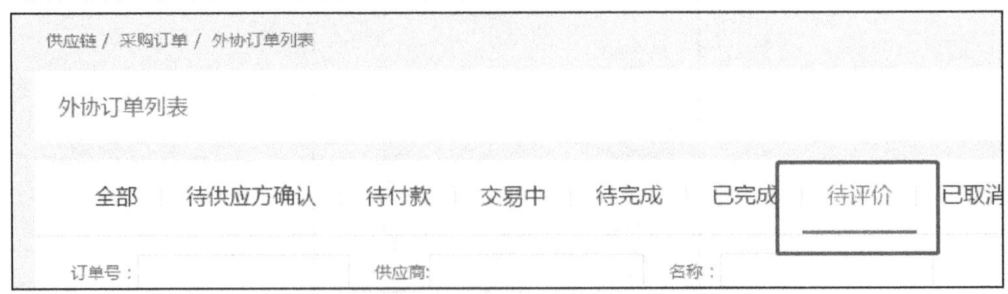


图 5-84　采购订单列表

图 5-85 评价页面

### 8. “销售方”卖方评价

销售方完成收款确认之后，销售方在“营销中心→销售订单→外购订单列表”页面中找到对应的订单，订单状态为“待评价”，单击“评价”按钮可对买方进行评价，如图 5-86 和图 5-87 所示。

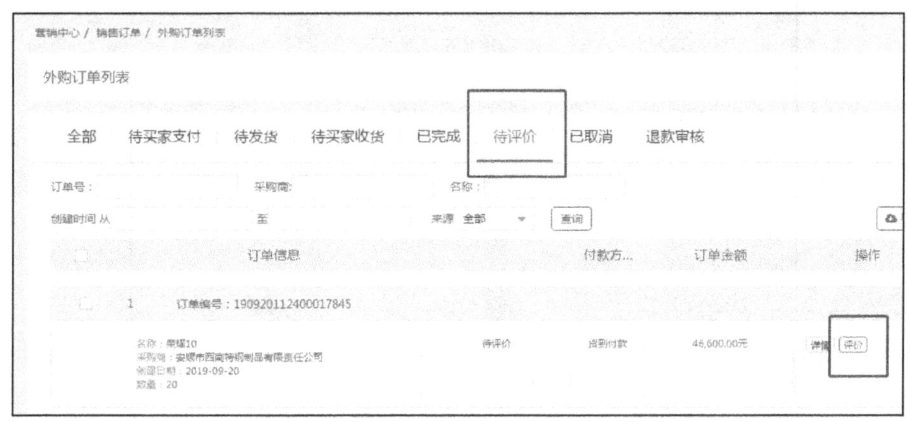


图 5-86 订单列表

评价信息
评价买家
确认速度
1分 2分 3分 4分 5分
付款速度
1分 2分 3分 4分 5分
评价内容
保存
取消

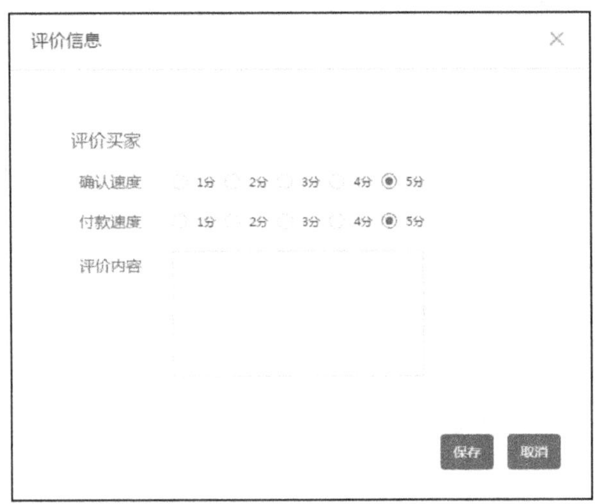

图 5-87　评价页面

## 5.3.2　合同销售

### 1. "销售方"发布产品

销售方进入云端业务工作室，在"营销中心→商品与能力管理"页面，单击"发布商品"按钮，如图 5-88 所示。

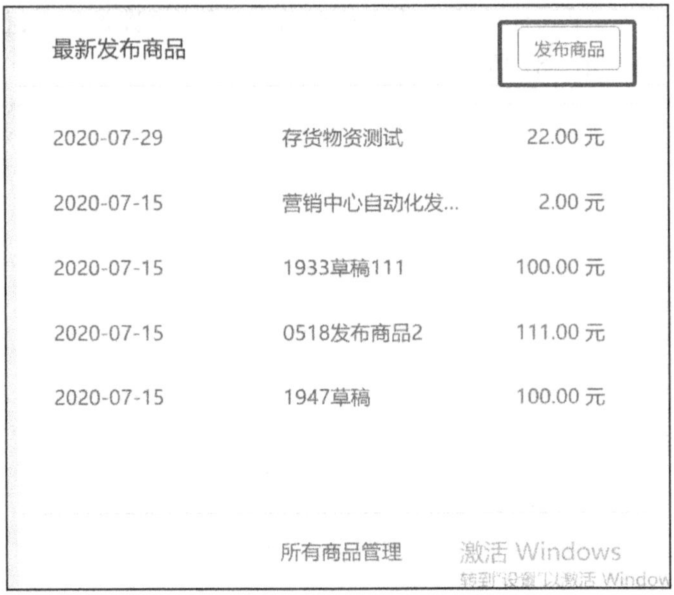

最新发布商品
发布商品
2020-07-29
存货物资测试
22.00 元
2020-07-15
营销中心自动化发...
2.00 元
2020-07-15
1933草稿111
100.00 元
2020-07-15
0518发布商品2
111.00 元
2020-07-15
1947草稿
100.00 元
所有商品管理
激活 Windows

图 5-88　营销中心商品与能力管理

填写必要信息之后，单击“确认发布”按钮，如图 5-89 所示。

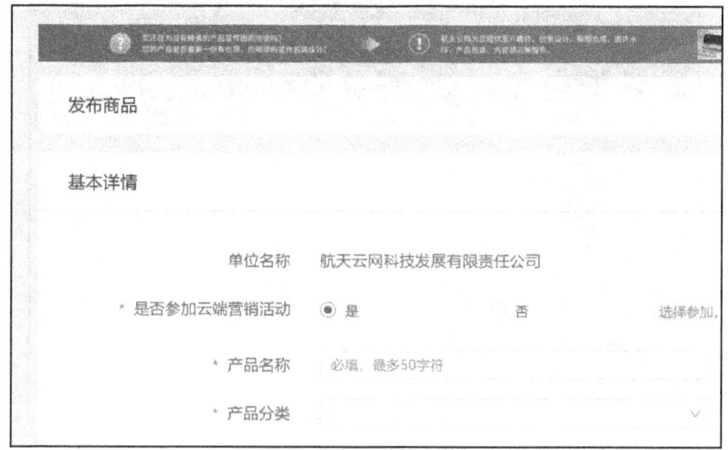


图 5-89　发布商品

发布成功后，需要等待航天 INDICS 平台管理员进行审核，如图 5-90 所示。

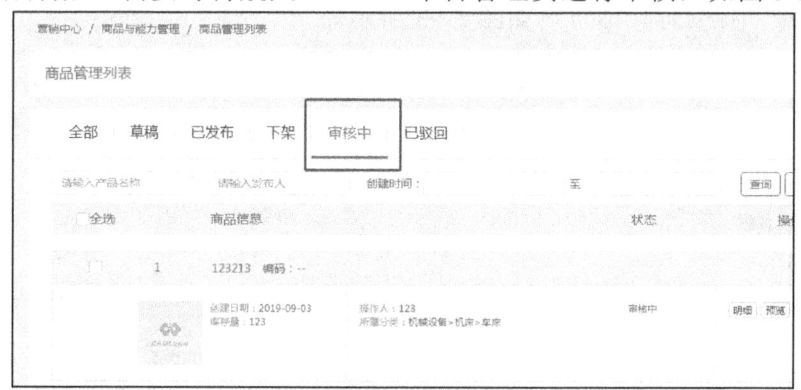


图 5-90　审核商品列表

2. “采购方”购买产品

采购方在 INDICS 平台首页上方搜索框输入对应的产品名称的关键词，如图 5-91 所示。

图 5-91　INDICS 平台首页

检索完成后，找到对应的产品名称并单击进入产品详情页，如图 5-92 所示。

图 5-92　商品详情

单击“立即购买”按钮，选择支付方式、配送方式和发票信息；选择地址或者新建地址，提交订单即可，如图 5-93 所示。

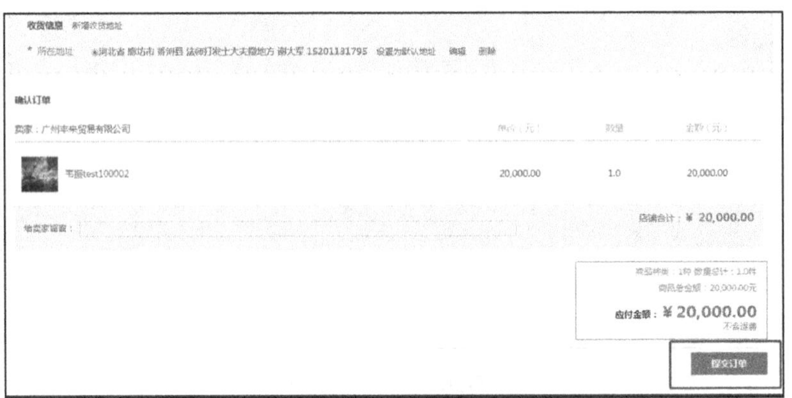


图 5-93　提交订单

提交订单成功后会显示“订单创建成功”页面，如图 5-94 所示。

图 5-94　订单创建成功

### 3. “销售方”发货

采购方下单购买商品后，销售方在“营销中心→销售订单→最新外购销售订单”页面找到对应的订单，单击“发货”按钮，如图 5-95 和图 5-96 所示。

最新外购销售订单

| | | |
|---|---|---|
| 2019-09-20 | shm测试换货失败4 | 待评价 |
| 2019-09-20 | shm测试退货失败3 | 已退货 |
| 2019-09-20 | shm测试退货失败的2 | 已退货 |
| 2019-09-20 | shm测试退换货请勿... | 已退货 |
| 2019-08-16 | 车床 | 待评价 |
| 2019-08-02 | 驳回驳回444444 | 已评价 |

所有外购销售订单

图 5-95 所有外购销售订单

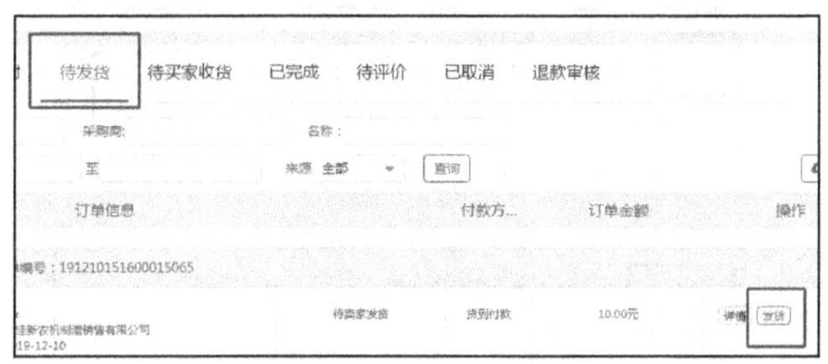


图 5-96 销售订单列表

列表中单击“发货”按钮，或者直接单击产品名，均能转到以下发货页面确认发货信息，如图 5-97 所示。

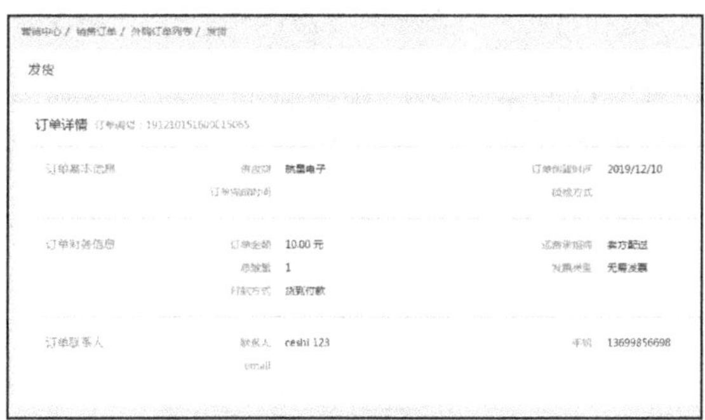

图 5-97 发货页面

### 4. “采购方”确认收货

采购方在实际收到货之后，在“供应链→采购订单→所有外购订单”页面中，找到对应的订单，单击“确认收货”按钮，如图 5-98 所示。

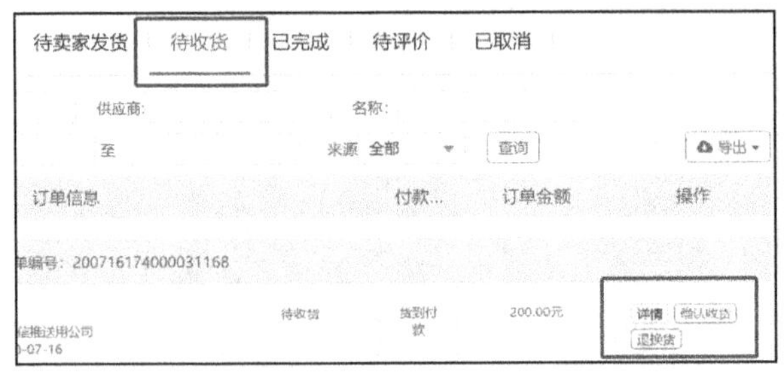


图 5-98　供应链订单列表

### 5. “采购方”创建合同

采购方在“供应链→采购合同→外协合同”页面下，单击“添加”按钮，如图 5-99 所示。

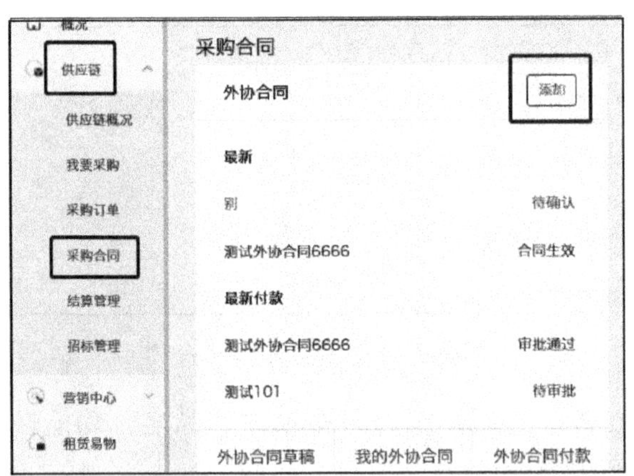


图 5-99　合同首页

在“添加外协合同”页面下单击“选择合同来源”按钮，如图 5-100 所示。

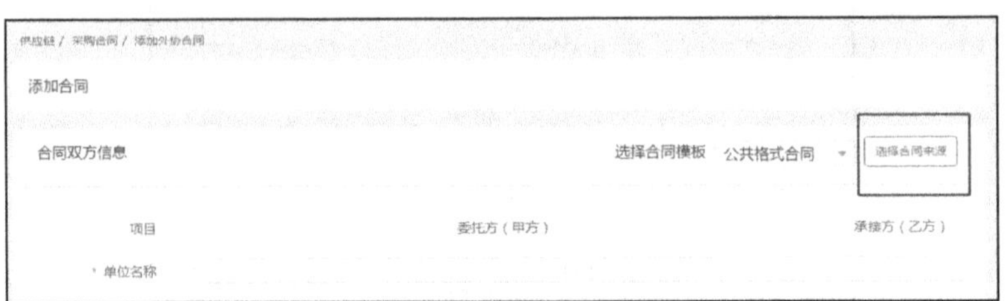


图 5-100　添加合同页面

从订单中找到这笔订单并选择，如图 5-101 所示。

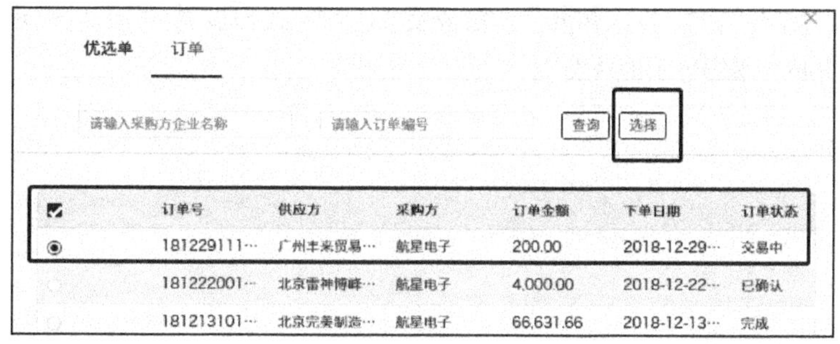


图 5-101 选择合同来源

选择之后完善必要的合同信息，在页面下单击“生成合同”按钮，如图 5-102 所示。

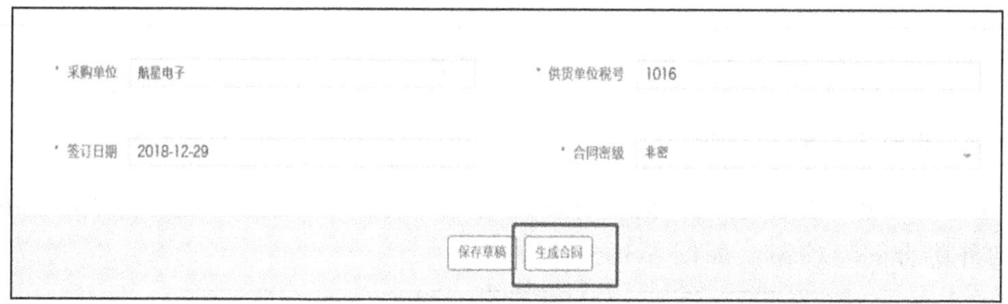


图 5-102 生成合同

6.“销售方”确认合同

销售方在“营销中心→销售合同”页面可以找到该笔合同，状态为“待确认”，单击“所有外协销售合同”按钮，如图 5-103 所示。

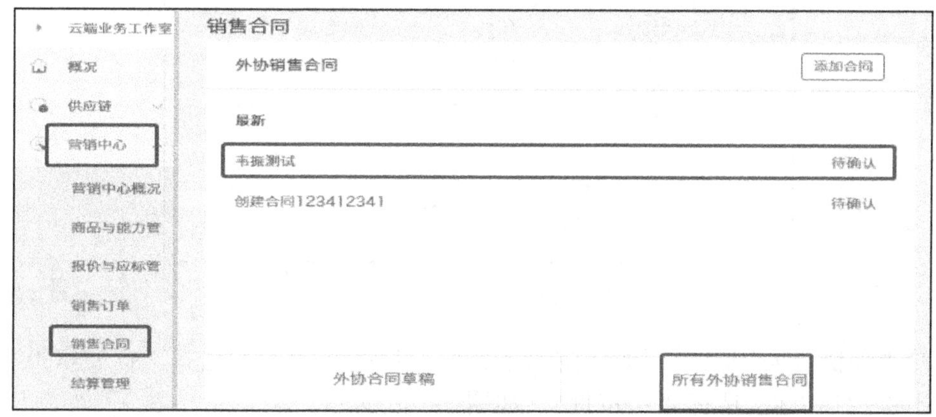


图 5-103 营销中心合同首页

在“外协合同列表”页面找到该笔合同，根据实际需要选择“不审批”或者“需要审批”。这里选择“不审批”，完成之后合同状态变为“合同待审”，需要采购方审核该合同，如图 5-104 所示。

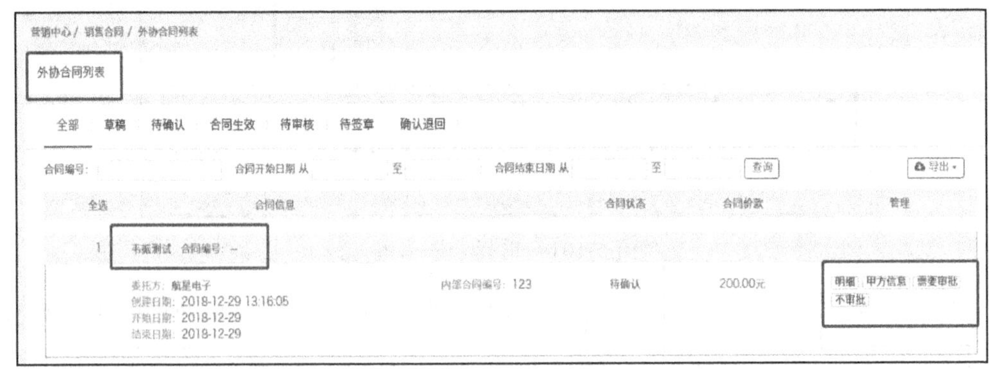


图 5-104　营销中心合同列表

7. “采购方”审批合同

在“供应链→采购合同”页面可以看到对应的合同状态为“合同待审”，单击“我的外协合同”按钮，如图 5-105 所示。

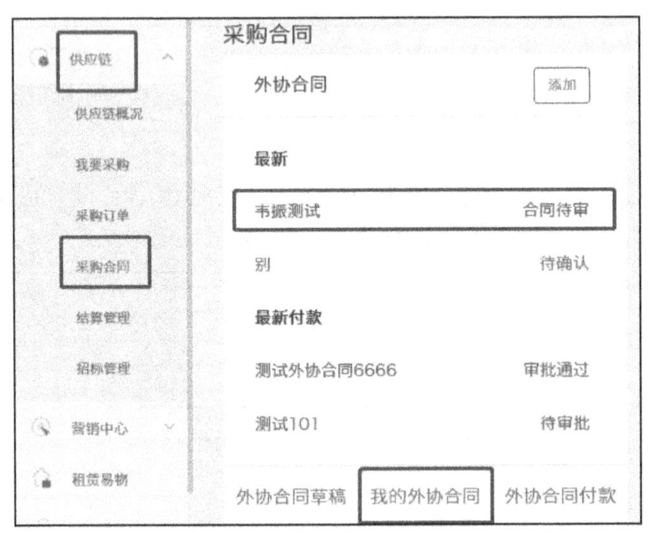


图 5-105　供应链合同首页

在“外协合同列表”页面找到该笔合同，根据实际需要选择“需要审批”或者“不审批”。这里选择“不审批”，如图 5-106 所示。

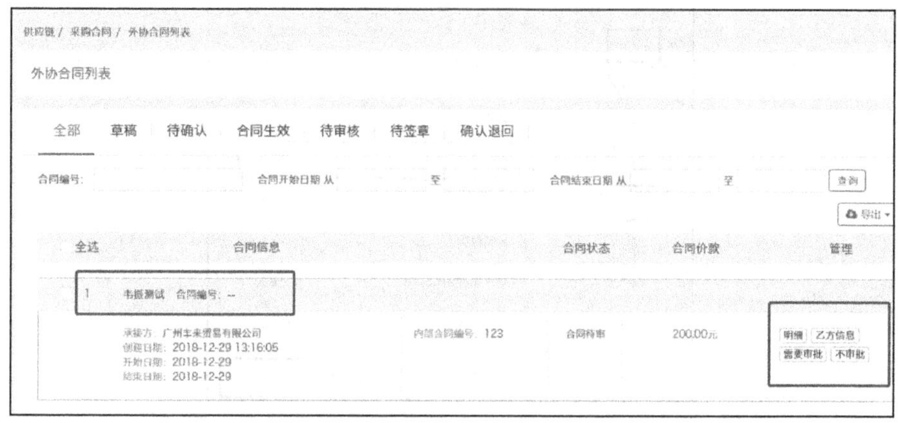


图 5-106　供应链合同列表

8. "采购方"签章

完成之后合同状态变为"审批通过"，需要采购方根据实际需要选择"使用签章"或"不使用签章"。这里选择"不使用签章"，如图 5-107 所示。注意：是否签章必须由买方作抉择。

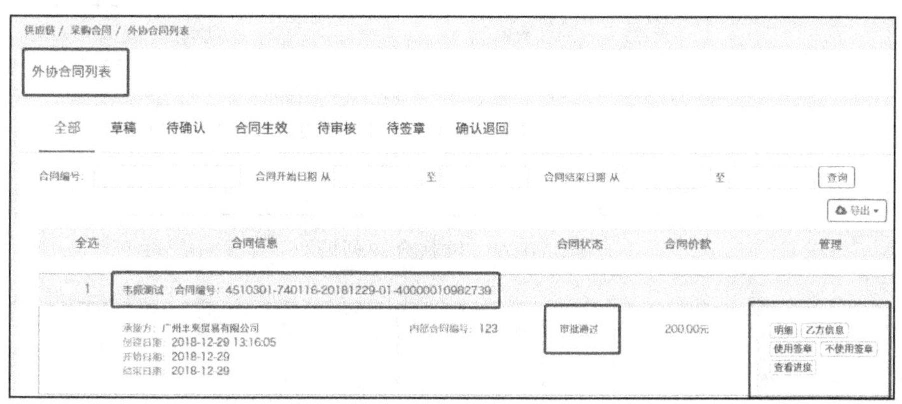


图 5-107　供应链合同列表

9. "采购方"合同付款

采购方在"供应链→采购合同→外协合同"页面可以看到相应的合同已经生效，单击"外协合同付款"按钮，如图 5-108 所示。

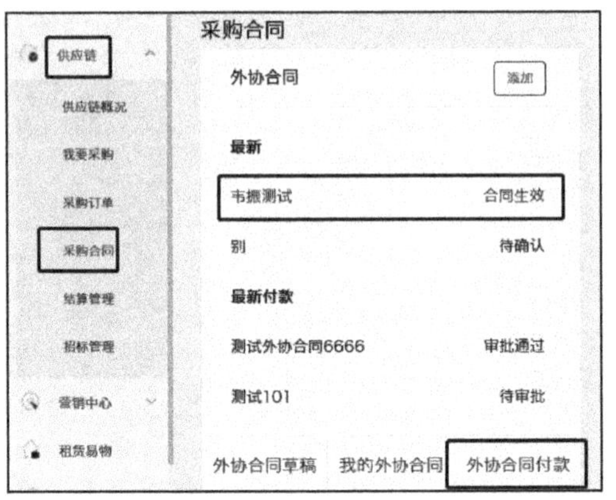


图 5-108　供应链合同首页

单击“添加”→“添加合同来源”按钮，如图 5-109 和图 5-110 所示。

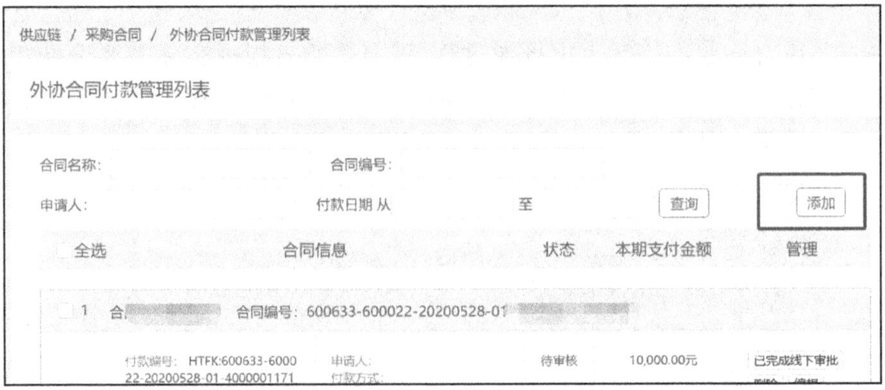

图 5-109　付款合同列表

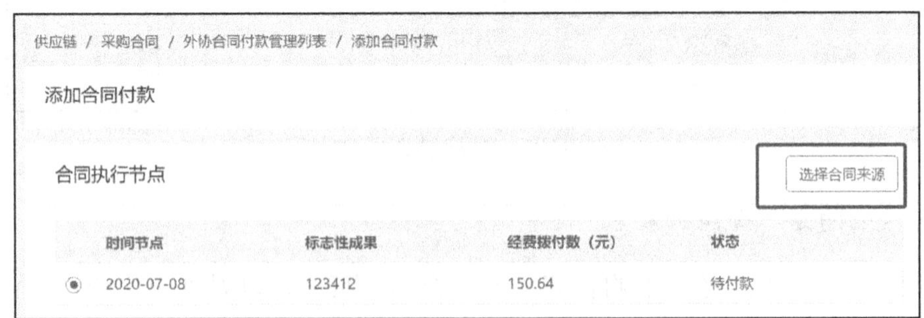


图 5-110　添加合同付款

找到相应的合同，填写必要的合同日期信息，单击“选择”按钮，如图 5-111 所示。

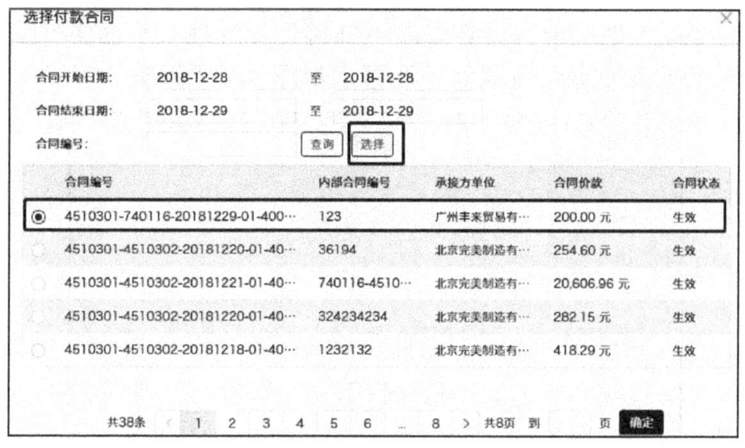


图 5-111　添加合同来源

合同来源选择之后需要选择合同执行节点，然后完善必要的合同信息，在页面最下方单击“保存”按钮，如图 5-112 所示。

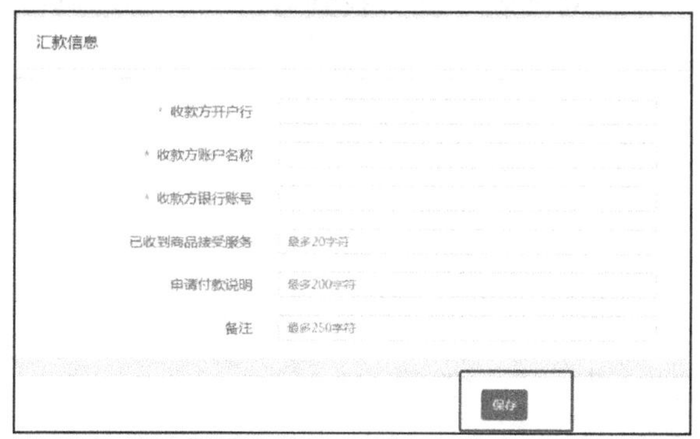


图 5-112　保存付款

完成之后在“供应链→采购合同→外协合同付款管理列表”页面，找到对应的合同，根据实际单击“已完成线下审批”按钮，如图 5-113 所示。

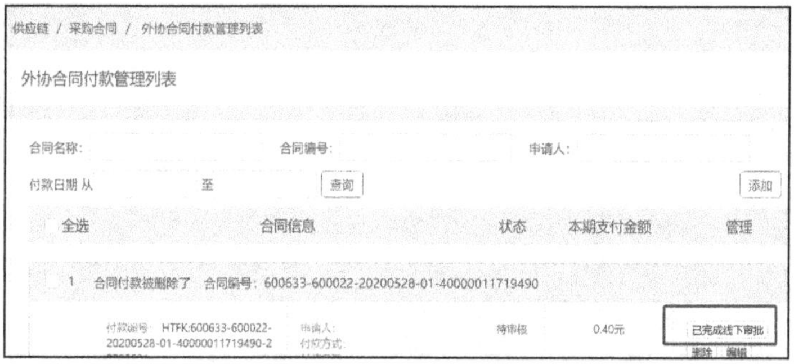

供应链 / 采购合同 / 外协合同付款管理列表
外协合同付款管理列表
合同名称: 合同编号: 申请人:
付款日期 从 至 查询 添加
全选 合同信息 状态 本期支付金额 管理
1 合同付款被删除了 合同编号: 600633-600022-20200528-01-40000011719490
付款编号: HTFK:600633-600022-20200528-01-40000011719490-2 申请人: 付款方式: 待审核 0.40元 已完成线下审批 删除 编辑

图 5-113　合同付款列表

采购方可以在“供应链→结算管理→外协结算管理”页面中看到待支付的外协合同，单击“所有外协合同结算”按钮，如图 5-114 所示。

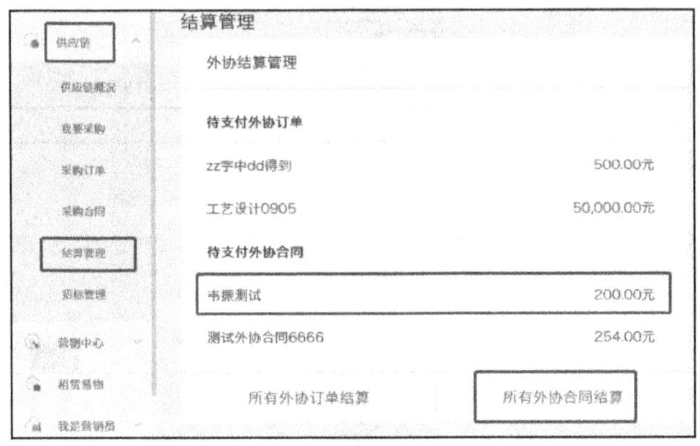


图 5-114　供应链结算首页

在“外协合同结算合同列表”页面找到对应的合同，单击“支付”按钮，如图 5-115 所示。

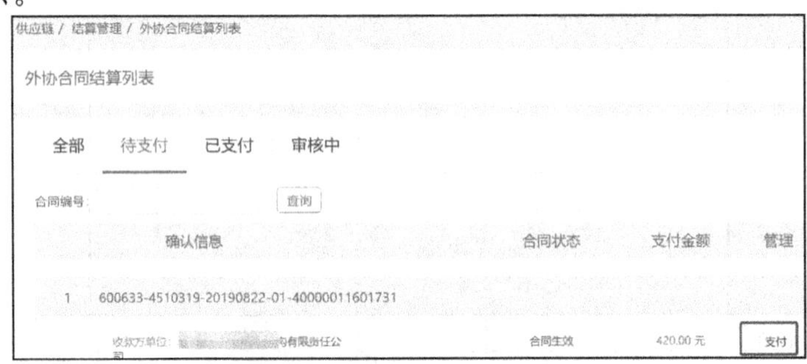


图 5-115　结算列表

填写必要的支付信息，完成后单击“确认支付”按钮，如图 5-116 所示。

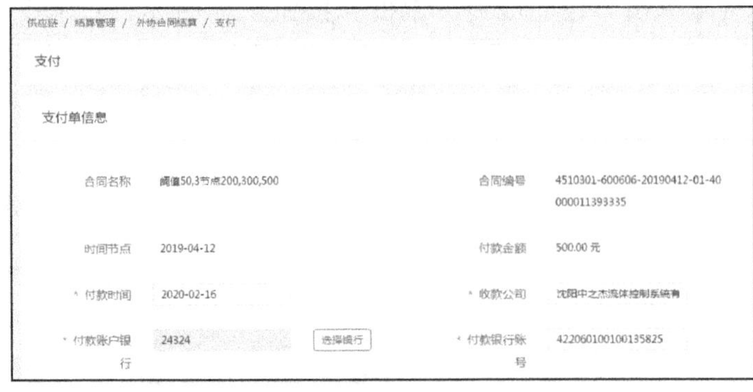


图 5-116　确认支付

### 10. “销售方”确认收款

买方付款后，在“营销中心→结算管理”页面可以看到待确认外协合同，如图 5-117 所示。

图 5-117　营销中心结算首页

单击“所有外协合同结算”按钮。收到货款后，单击“确认”按钮，确认后合同状态为“合同生效”，如图 5-118 所示。

营销中心 / 结算管理 / 外协合同结算列表
外协合同结算列表
全部　待确认　已确认
合同编号:　查询

| | 确认信息 | 合同状态 | 支付金额 | 管理 |
|---|---|---|---|---|
| 1 | 4510319-600633-20200518-0 | | | |
| | 付款方单位: | 合同生效 | 200.00 元 | 确认 |

图 5-118　结算列表

确认收款界面如图 5-119 所示。

营销中心 / 结算管理 / 收款
收款单信息

| | | | |
|---|---|---|---|
| 指令编号 | 123456 | 合同编号 | 4510319-600633-20200518-01 |
| 付款时间 | 2020-07-01 | 合同付款时间节... | 2020-05-21 |
| 付款节点要求 | 1 | 付款节点状态 | 等待收款 |
| 付款账户银行 | | 付款账户账号 | |

图 5-119　确认收款

确认后，在“营销中心→结算管理→外协合同结算列表”页面可以看到合同已经完成，如图 5-120 所示。

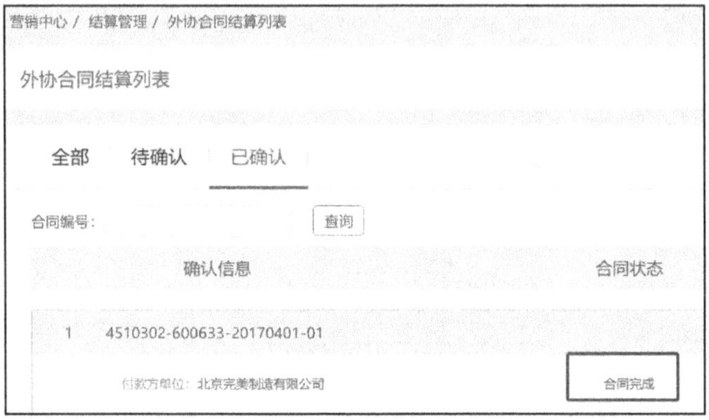

营销中心 / 结算管理 / 外协合同结算列表
外协合同结算列表
全部　待确认　已确认
合同编号:　查询
确认信息　合同状态
1　4510302-600633-20170401-01
付款方单位：北京完美制造有限公司　合同完成

图 5-120　合同列表

# 5.4　云端营销使用方法

## 5.4.1　产品交易

### 1. “销售方”发布产品

销售方在“云端业务工作室→营销中心→商品与能力管理”页面，单击“发布商品”按钮，如图 5-121 所示。

图 5-121　发布商品 1

进入“发布商品”页面，所有红色星号项为必填项，在“是否参与云端营销”项目选择“是”。完成之后单击“确认发布”按钮，如图 5-122 所示。

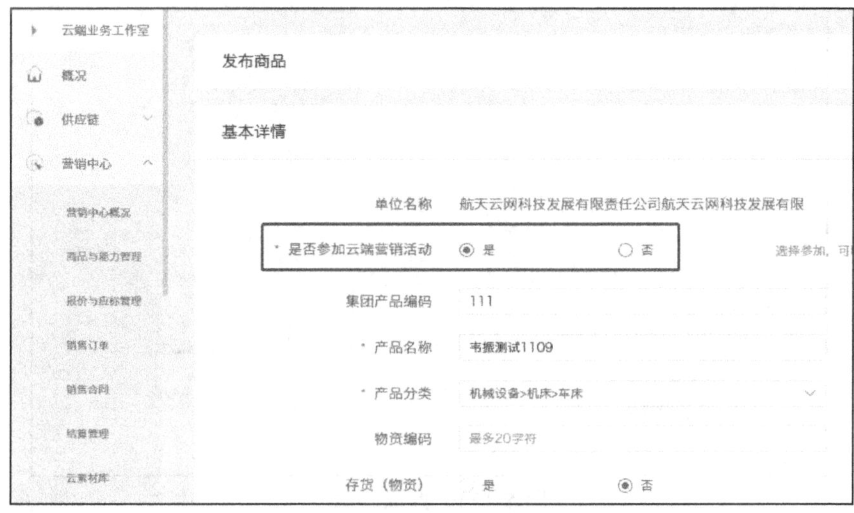


图 5-122 发布商品 2

发布完成之后找到发布的产品，可以看到产品状态为“审核中”，需要耐心等待 INDICS 平台管理员审核。审核时间一般为 24 小时之内，如图 5-123 所示。

图 5-123 商品列表 1

审核通过之后，产品状态变为“已发布”，若不需要该产品，可对该产品进行下架操作，如图 5-124 所示。

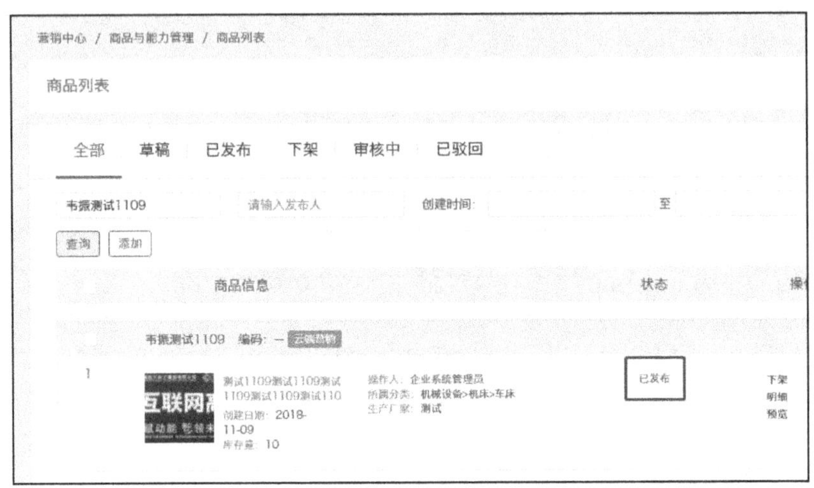


图 5-124　商品列表 2

## 2. “营销员”加入货架

营销员在“云端业务工作室→我是营销员→货源中心”页面，搜索该产品，单击“加入货架”按钮将该产品加入货架，如图 5-125 所示。

图 5-125　货源中心

## 3. “营销员”分享产品

营销员在“云端业务工作室→我是营销员→货架管理→货架详情”页面，找到该产品，可看到该产品的提成率。单击“分享商品”→“二维码扫码”按钮，如图 5-126 和图 5-127 所示。

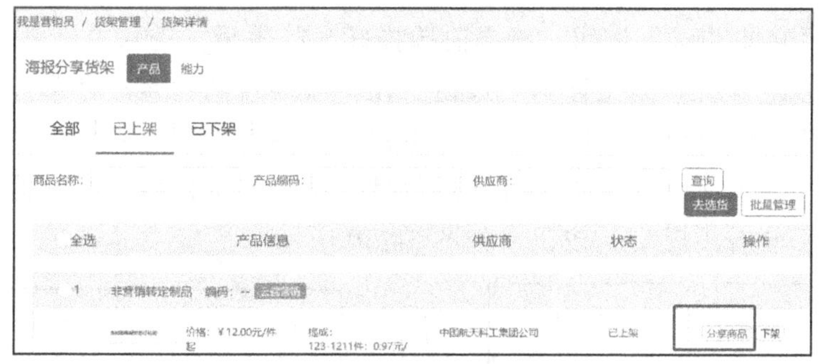


图 5-126 货架合同列表

图 5-127 商品分享

4.“采购方”询价或下单

当链接复制至浏览器后，采购方可以进入登录页面，登录INDICS 平台账号进入，单击“立即购买”或者“立即询价”按钮，如图 5-128 所示。

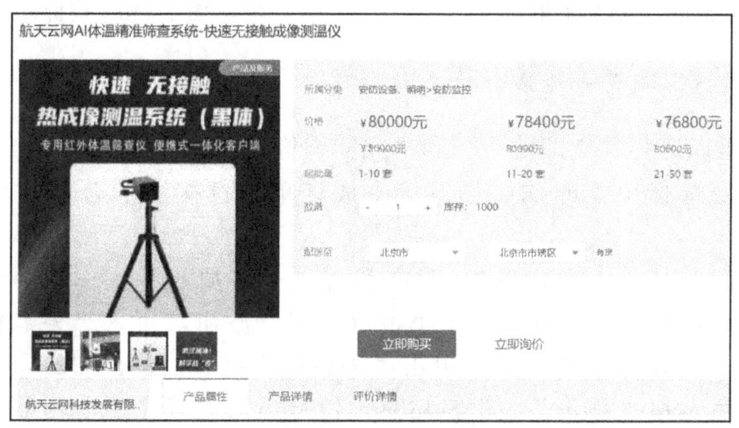


图 5-128 商品详情

若单击“立即购买”按钮，需提前选择好产品数量，进入“订单确认”界面，填写相关信息，单击“提交订单”按钮。在“云端营销→客户订单”列表中可查看该订单详情，也可单击“取消订单”按钮，如图 5-129 所示。

若单击“立即询价”按钮，可选择数量，填写期望价格以及其他一些选项。填写完成之后单击“提交”按钮，如图 5-130 所示。

图 5-129　商品下单

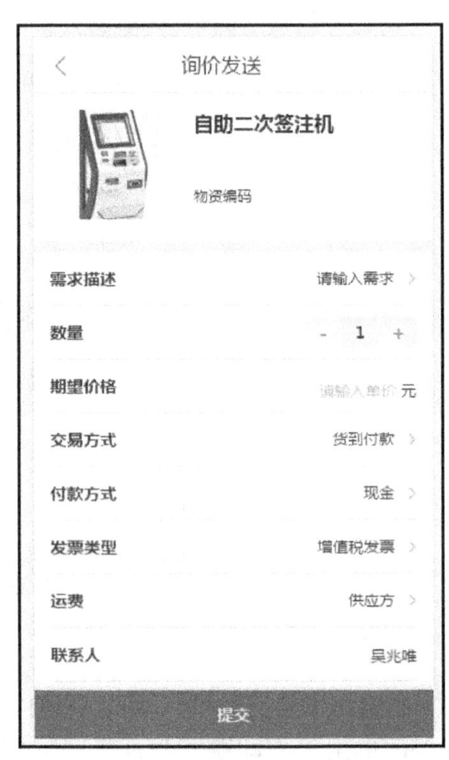


图 5-130　询价

5. “销售方”报价或生成订单

采购商可以选择“立即购买”和“立即询价”两种情况。

若采购商选择“立即购买”直接生成订单，直接添加合同即可，请看第 6 步。

若采购商选择“立即询价”，供应商进入“云端业务工作室→营销中心→云端营销”页面(图 5-131)，单击“报价管理”按钮，进入“外购待邀请报价管理”页面，找到对应的询价，单击“去报价”按钮(图 5-132)。注意，报价时要单击红色按钮“报价”(图 5-133)。信息填写完毕之后单击蓝色按钮“确认报价”(图 5-134)。

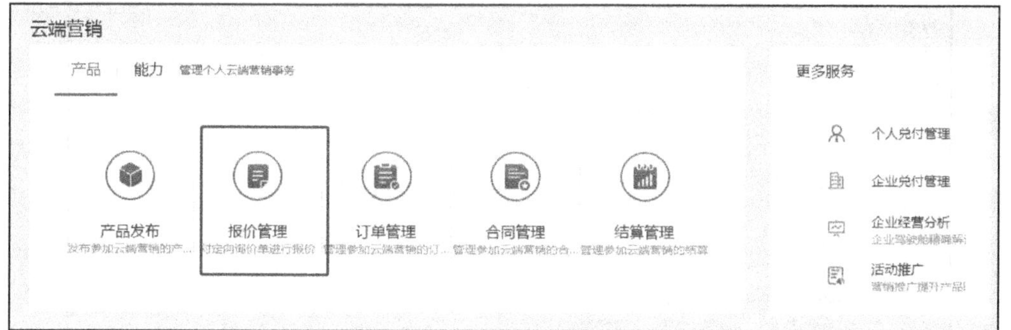


图 5-131 云端营销首页

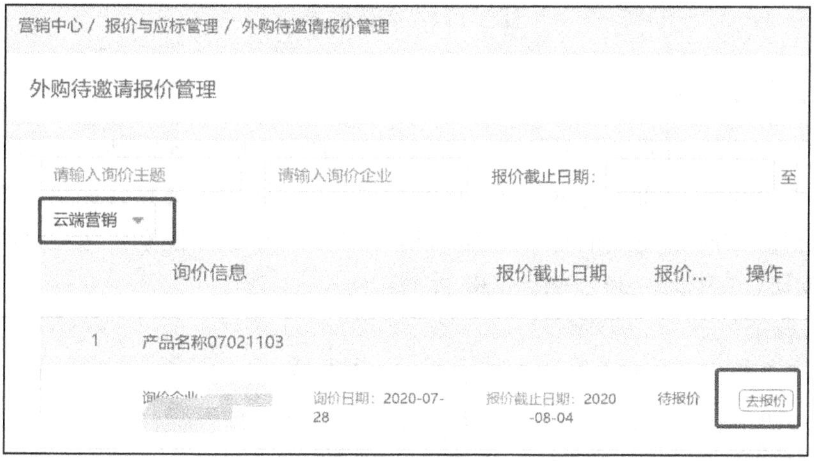

营销中心 / 报价与应标管理 / 外购待邀请报价管理

外购待邀请报价管理

请输入询价主题 请输入询价企业 报价截止日期: 至

云端营销

| | 询价信息 | | 报价截止日期 | 报价... | 操作 |
|---|---|---|---|---|---|
| 1 | 产品名称07021103 | | | | |
| | 询价企业: | 询价日期：2020-07-28 | 报价截止日期：2020-08-04 | 待报价 | 去报价 |

图 5-132 报价列表

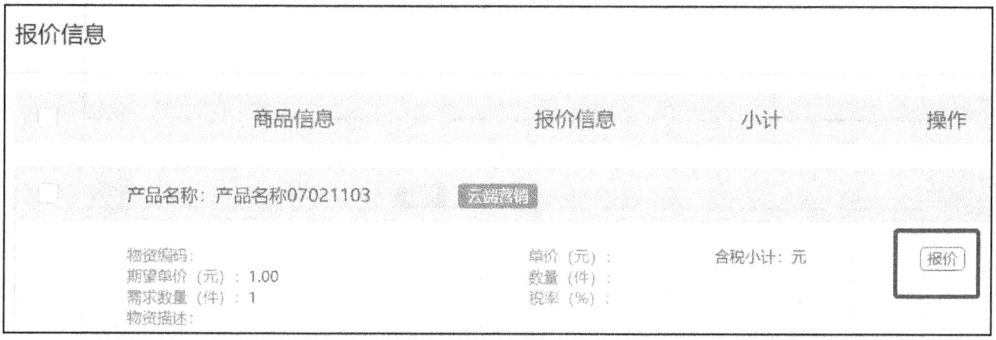

报价信息

| | 商品信息 | 报价信息 | 小计 | 操作 |
|---|---|---|---|---|
| | 产品名称：产品名称07021103 云端营销 | | | |
| | 物资编码：<br>期望单价（元）：1.00<br>需求数量（件）：1<br>物资描述： | 单价（元）：<br>数量（件）：<br>税率（%）： | 含税小计：元 | 报价 |

图 5-133 报价

图 5-134　确认报价

6. "销售方"添加合同

销售方在"云端业务工作室→营销中心→销售合同→外购销售合同"页面，单击"添加合同"按钮，进入"添加合同"界面，单击"选择合同来源"按钮选择订单，找到刚刚已完成的订单，输入相对的订单号进行搜索，选定之后，单击"选择"按钮，如图 5-135～图 5-138 所示。

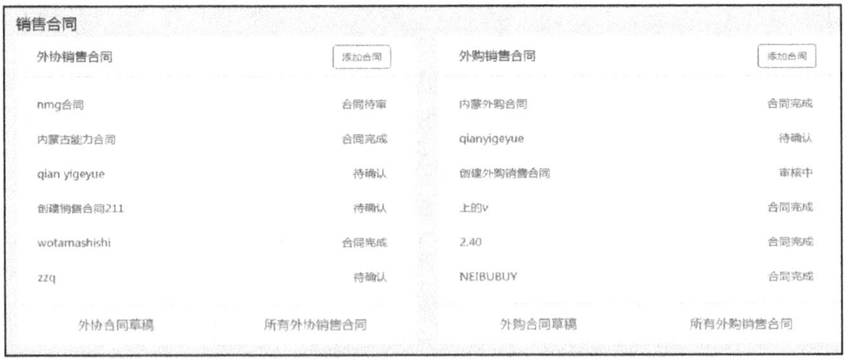

图 5-135　营销中心销售合同概况页

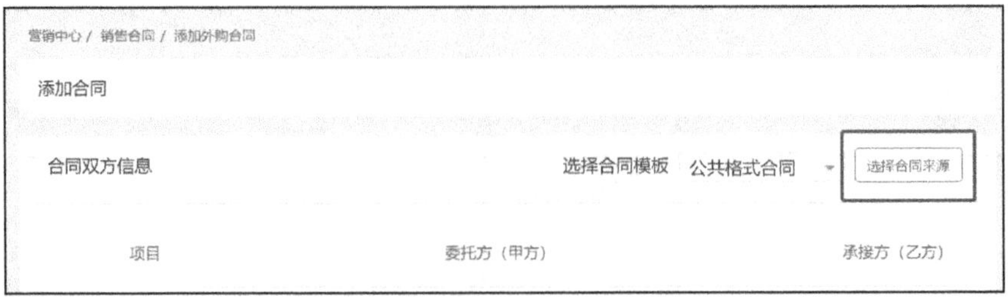

图 5-136　添加外购合同页面

优选单
订单
请输入采购方企业名称
18110916400001
查询
选择
订单号
供应方
采购方
订单金额(含税)
下单日期
订单状态
181109164…
航天云网科技…
航星电子
2.00
2018-11-09 …
已评价
共1条
共1页 到
页
确定

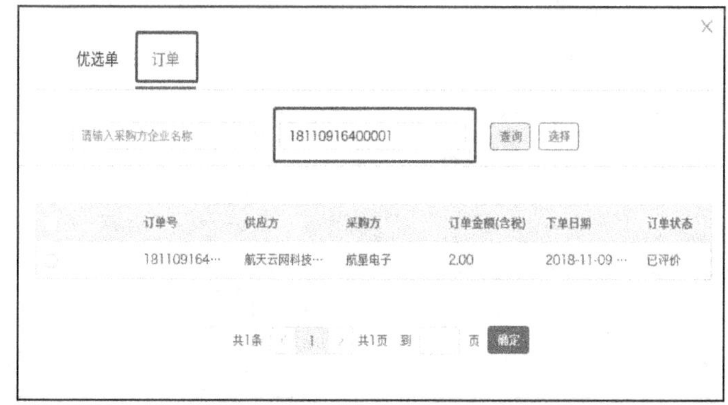

图 5-137 选择合同来源

优选单
订单
请输入采购方企业名称
18110916400001
查询
选择
订单号
供应方
采购方
订单金额(含税)
下单日期
181109164…
航天云网科技…
航星电子
2.00
2018-11-09

图 5-138 选择合同来源-订单

进入添加合同详情页，完善合同信息。单击“生成合同”按钮，此时合同状态为“待确认”，需要进入审批流程，如单击“不审批”按钮结束审核流程，单击“不签章”按钮，结束签章流程，如图 5-139～图 5-141 所示。

云端业务工作室
云端应用工作室
企业上云服务站
小微企业服务站
企业驾驶舱
企业大脑
航天云网科技发展有限…
客服中心
合同名称
测试韦源
内部合同编号
111
合同性质
买卖合同
供货单位所在地
5
标的名称
测试韦源
配套情况
首次
采购单位
航星电子111
供货单位税号
62222
签订日期
2018-11-09
合同密级
非密
保存草稿
生成合同

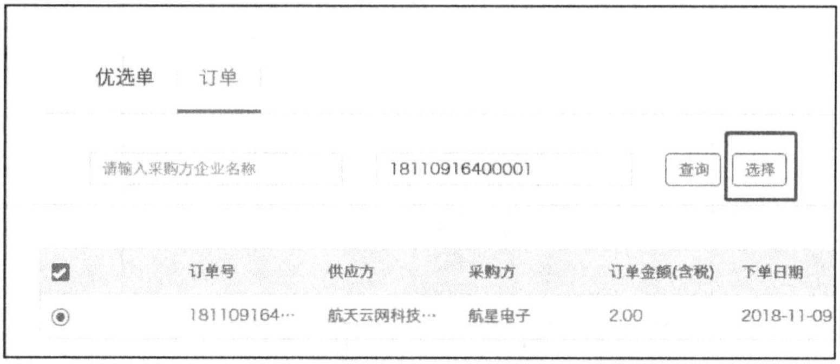

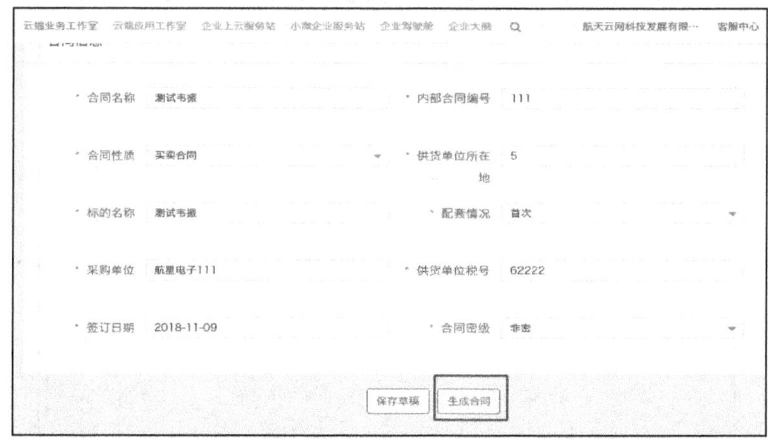

图 5-139 生成合同

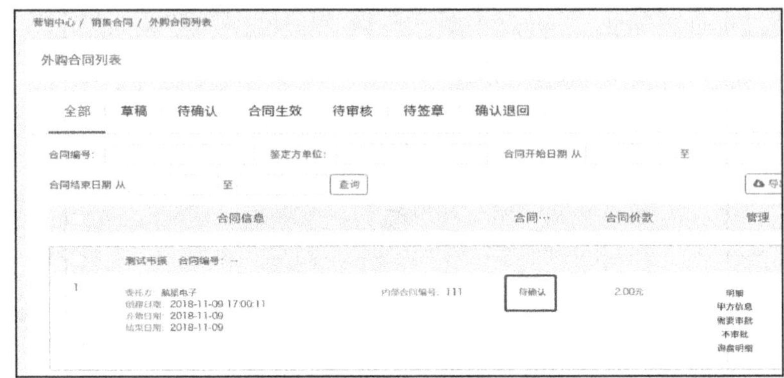


图 5-140　外购合同列表

图 5-141　确认审核流程

7. “采购方”录入结算信息、支付

买家进入“云端业务工作室→供应链→采购合同→外购\外协合同付款”页面，单击“添加”按钮，选择对应合同来源，并填写相应信息后，单击“保存”按钮。最后，单击“已完成线下审批”按钮，如图 5-142～图 5-147 所示。

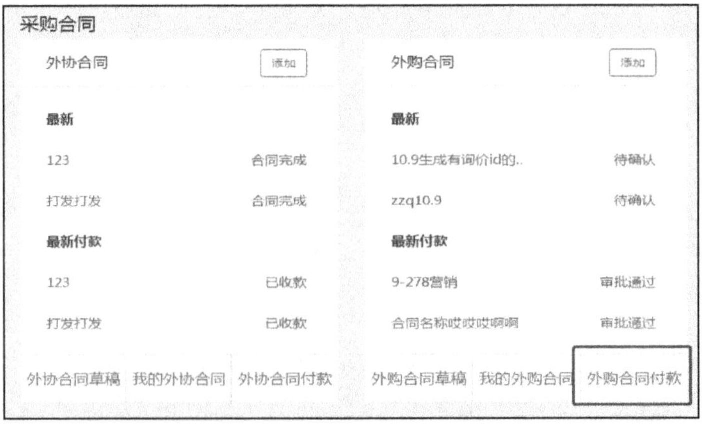

采购合同
外协合同　添加
最新
123　合同完成
打发打发　合同完成
最新付款
123　已收款
打发打发　已收款
外协合同草稿　我的外协合同　外协合同付款
外购合同　添加
最新
10.9生成有询价id的..　待确认
zzq10.9　待确认
最新付款
9-278营销　审批通过
合同名称哎哎哎啊啊　审批通过
外购合同草稿　我的外购合同　外购合同付款

图 5-142　采购合同概况页

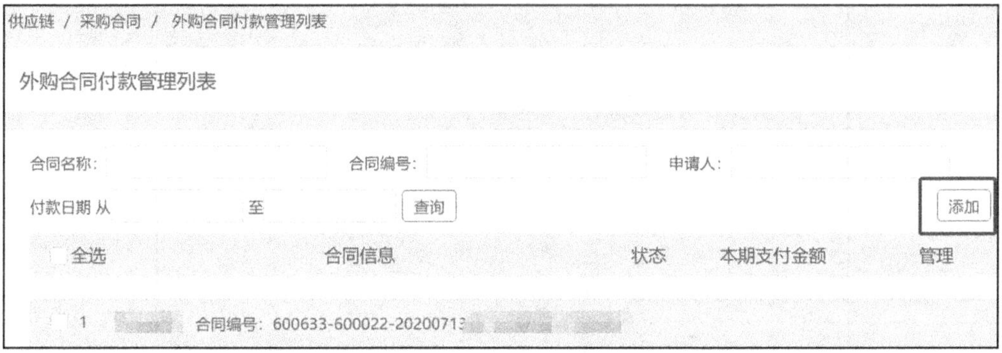

供应链 / 采购合同 / 外购合同付款管理列表

外购合同付款管理列表

合同名称:　　合同编号:　　申请人:

付款日期 从　　至　　查询　　添加

| 全选 | 合同信息 | 状态 | 本期支付金额 | 管理 |
| --- | --- | --- | --- | --- |
| 1 | 合同编号：600633-600022-2020071… | | | |

图 5-143　合同付款列表

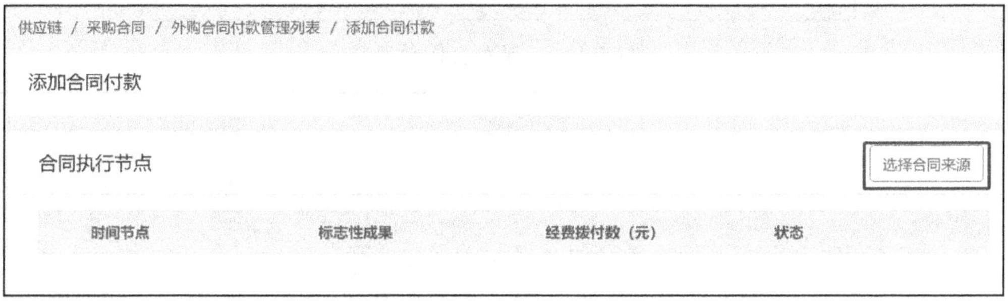

供应链 / 采购合同 / 外购合同付款管理列表 / 添加合同付款

添加合同付款

合同执行节点　　选择合同来源

| 时间节点 | 标志性成果 | 经费拨付数（元） | 状态 |
| --- | --- | --- | --- |

图 5-144　添加合同付款页面

选择付款合同　④

合同开始日期:　　至

合同结束日期:　　至

合同编号:　　查询　选择

| | 合同编号 | 内部合同编号 | 承接方单位 | 合同价款 | 合同状态 |
| --- | --- | --- | --- | --- | --- |
| ◉ | 11293712-600300-20190228-01-40000... | QJJM-YWXS-20... | 贵州群建精密机... | 3,940,000.00 元 | 生效 |
| | 11293712-600300-20171016-01 | QJJM-SYB/YX17... | 贵州群建精密机... | 90,813.50 元 | 生效 |
| | 11293712-600300-20170904-01 | QJJM-SYB/YX17... | 贵州群建精密机... | 128,430.00 元 | 生效 |
| | 11293712-600300-20170804-01 | QJJM-SYB/YX17... | 贵州群建精密机... | 88,800.00 元 | 生效 |
| | 11293712-600300-20171102-01 | QJJM-SYB/YX17... | 贵州群建精密机... | 102,120.00 元 | 生效 |

共5条　1　共1页　到　页　确定

图 5-145　选择合同来源

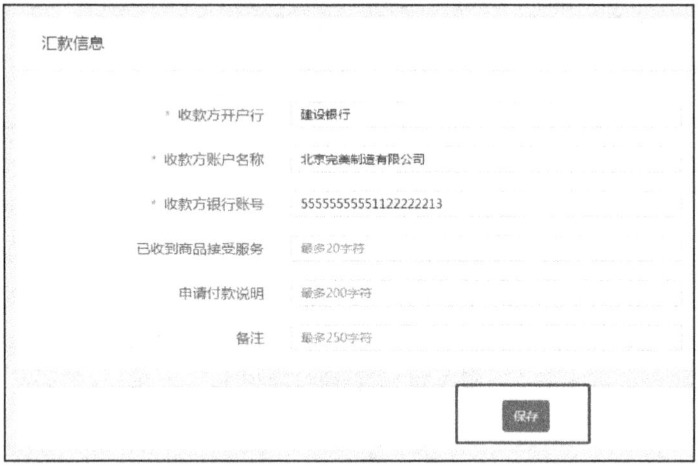

图 5-146　保存合同付款

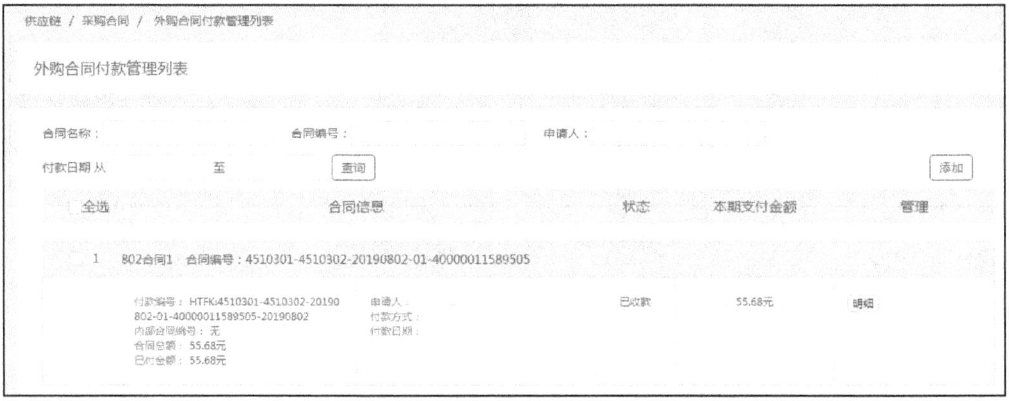

图 5-147　待审核付款列表

买家进入“云端业务工作室→供应链→结算管理→所有外协\外购合同结算”页面，单击“待支付”按钮，对应合同单击“支付”按钮，如图 5-148 和图 5-149 所示。

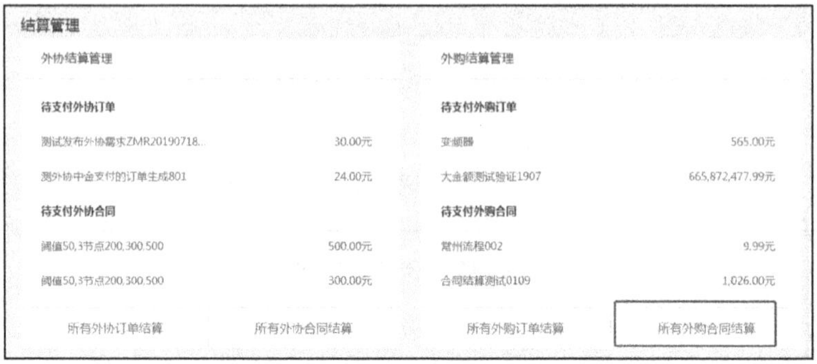

图 5-148　外购合同结算概况页

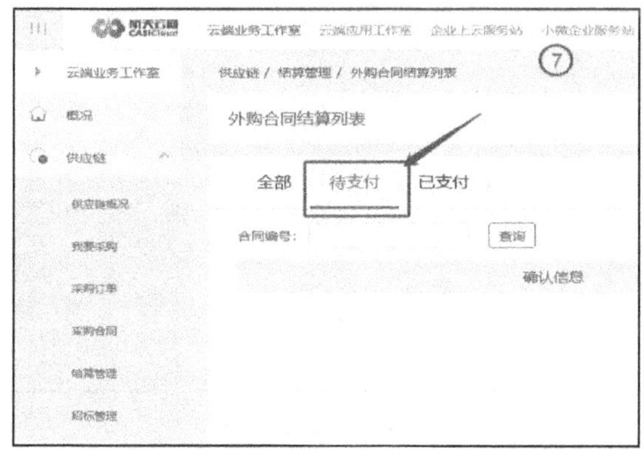


图 5-149　结算待支付列表

## 8. “销售方”录入确认收款信息

销售方进入“云端业务工作室→营销中心→云端营销”页面，单击“结算管理”按钮，找到对应的合同信息，单击“确认”按钮，进入“收款单信息”界面，单击“确认收款”按钮。此时，合同状态变为“合同完成”，如图 5-150～图 5-152 所示。

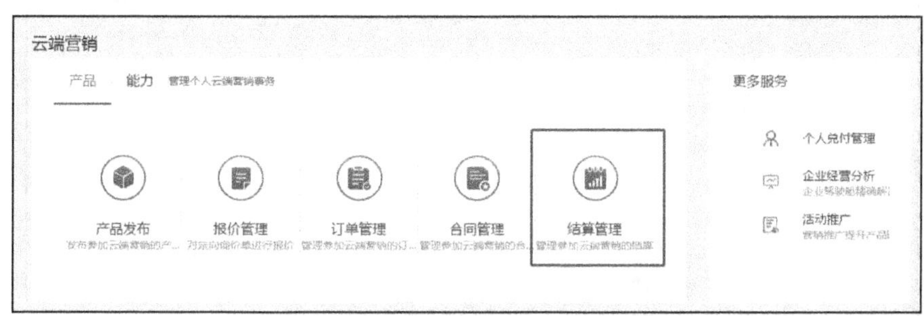


图 5-150　云端营销结算管理页面

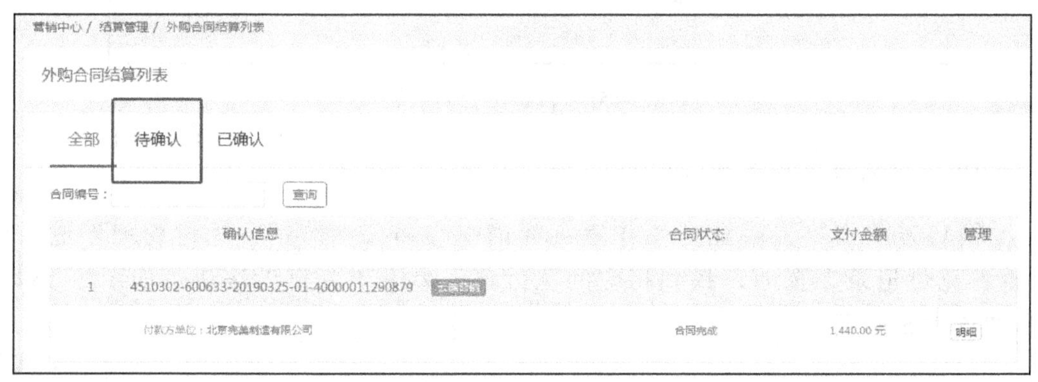


图 5-151　合同结算列表

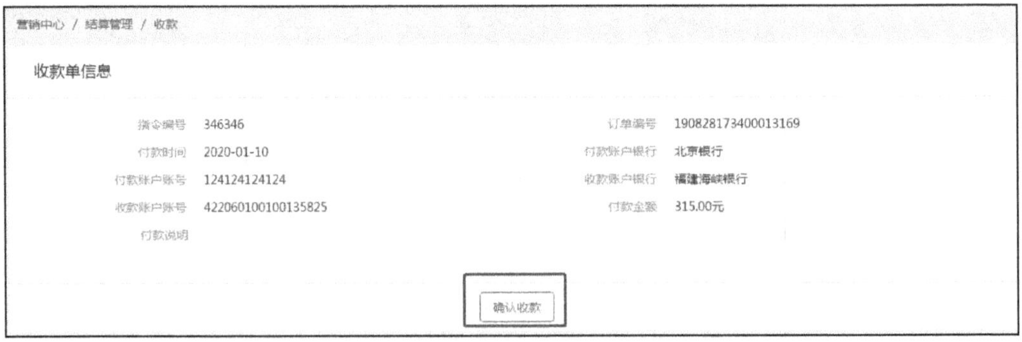

图 5-152　确认收款

9. “营销员”确认合同

销售员进入“云端业务工作室→我是营销员→合同管理”页面，找到对应的合同，单击“确认”按钮，如图 5-153 所示。

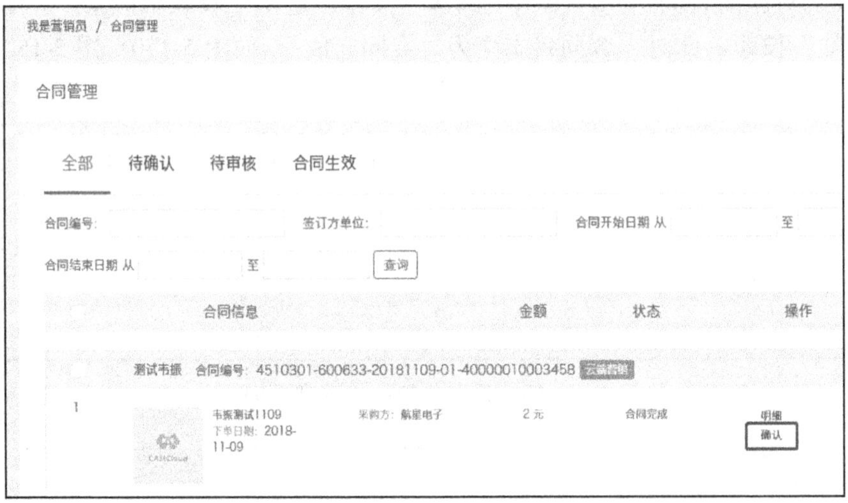

图 5-153　营销员合同列表

10. “销售方”提交兑付信息

销售方单击“云端业务工作室→营销中心→云端营销→兑付管理”进入“查看兑付记录”页面，找到相应的兑付单，单击“兑付”按钮，如图 5-154 和图 5-155 所示。

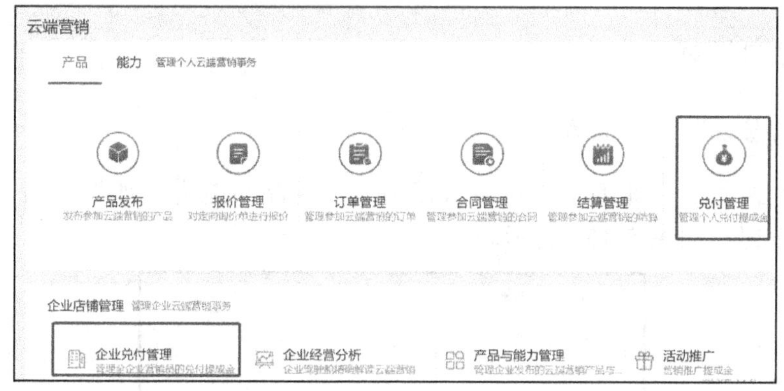


图 5-154 云端营销兑付管理页面

图 5-155 查看兑付记录页面

## 11. “营销员”确认兑付信息

营销员在“云端业务工作室→我是营销员→提成兑付管理”页面，单击“全部”按钮，可以通过合同名称或者兑付单号进行查询，单击“确认兑付”按钮，如图 5-156 所示。

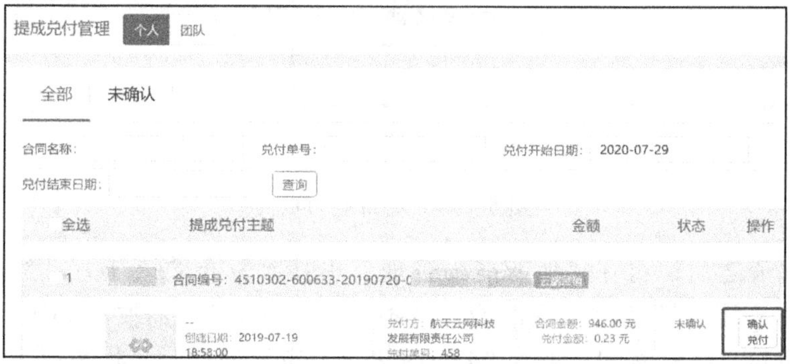

图 5-156 提成兑付列表

### 5.4.2 能力交易

1. “销售方”发布能力

营销方在“云端业务工作室→营销中心→商品与能力管理”页面，单击“发布能力”按钮，如图 5-157 所示。

图 5-157 商品与能力管理页面

进入“发布能力”页面，所有红色星号项为必填项，注意在“是否参与云端营销活动”中选择“是”。完成之后单击“发布能力”按钮，如图 5-158 所示。

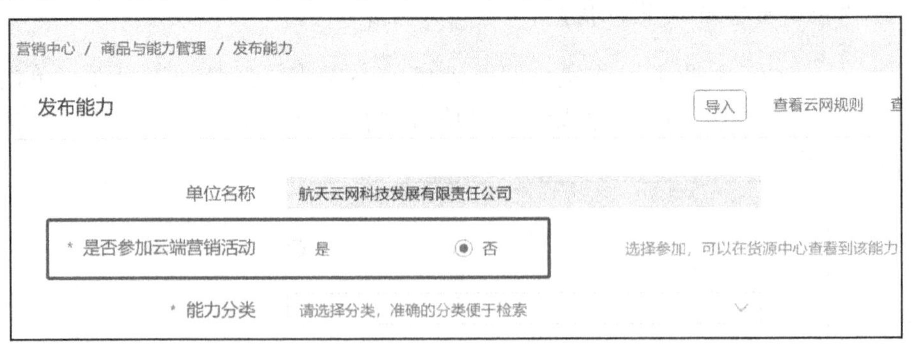


图 5-158 发布能力页面

发布完成之后，可在“所有能力管理”中找到发布的该能力，参加云端营销的能力会有云端营销橘色标签，能力状态为“待审核”，需要耐心等待INDICS平台管理员审核，审核时间一般为 24 小时之内。审核通过后，状态变为“已发布”，即可在货源中心搜索到该能力，如图 5-159 所示。

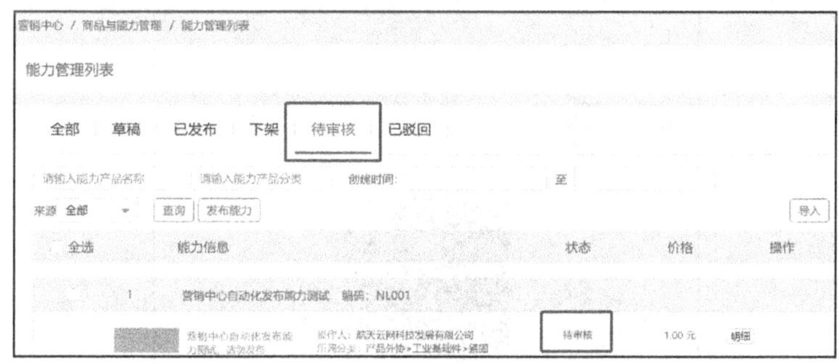

图 5-159 能力管理列表页面

2. “营销员”加入货架

营销员在“云端业务工作室→我是营销员→货源中心”页面，可通过选择能力标签，搜索该能力，将该能力加入货架，如图 5-160 所示。

图 5-160 货源中心页面

3. “营销员”分享产品

营销员在“云端业务工作室→我是营销员→货架管理→管理”页面，找到该能力，选择“能力”标签。单击“分享商品”→“二维码扫码”按钮，如图 5-161 和图 5-162 所示。

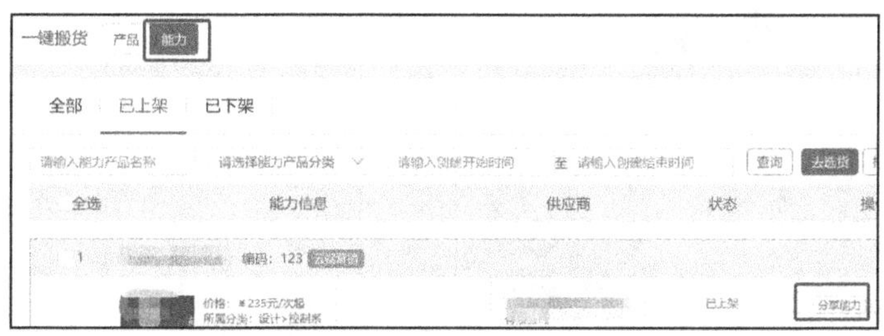

图 5-161 货架详情页面

图 5-162　分享商品

4．“采购方”询价

当链接复制至浏览器后，采购方可以进入登录页面，登录INDICS账号进入主页，单击“立即询价”按钮，如图 5-163 所示。

单击“立即询价”按钮后，填写必填项，包括询价信息、商务条款、联系方式等。填写完成之后单击“提交询价”按钮。询价信息页面如图 5-164 所示。

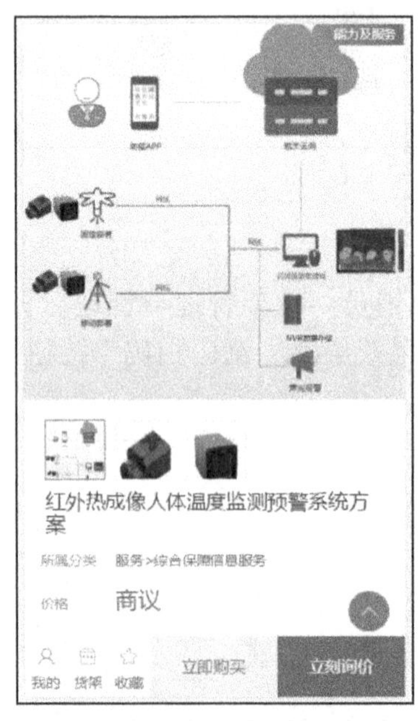


图 5-163　商品详情页

图 5-164　询价信息页面

### 5. “销售方”报价

销售方报价有两个入口：①供应商进入“云端业务工作室→营销中心→报价与应标管理→所有待定向报价需求”页面。②进入“云端业务工作室→营销中心→云端营销→报价管理”页面(注意，选择“能力”标签，如图 5-165 所示)，单击“报价管理”按钮，进入“报价管理”页面，找到对应的询价，单击“报价”按钮(图 5-166)。注意，报价时要单击红色按钮“报价”。报价时可填写“提成金”及“兑付阈值”。

图 5-165　云端营销报价管理概况页

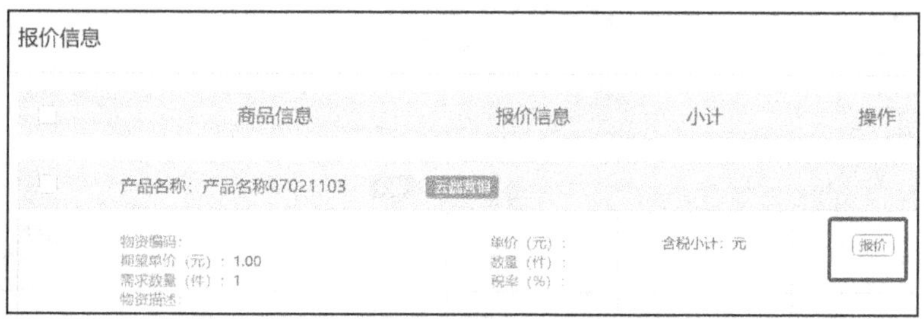

图 5-166　报价信息页面

### 6. “采购方”优选、生成订单

采购方在“云端业务工作室→供应链→我要采购”页面，选择××项目（已报价×条)，如图 5-167 所示。

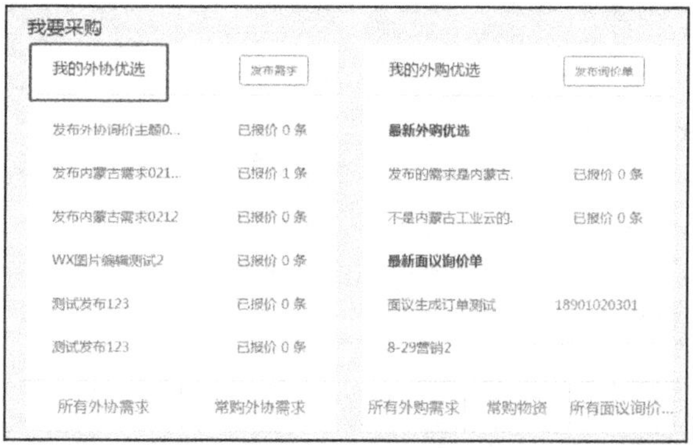

图 5-167　采购概况页

单击“优选”标签，选择相应采购信息，单击“优选”按钮，如图 5-168 和图 5-169 所示。

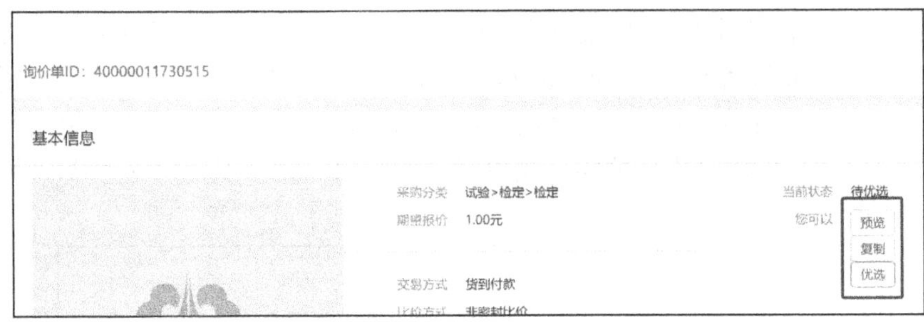


图 5-168　询价单详情页

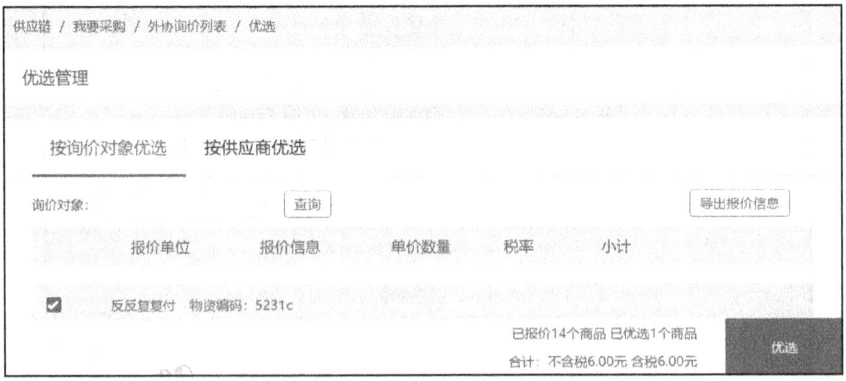

图 5-169　已报价页面

优选成功后，进入“云端业务工作室→供应链→我要采购→外协询价列表”页面，找到相应能力信息，单击“生成订单”按钮，如图 5-170 和图 5-171 所示。

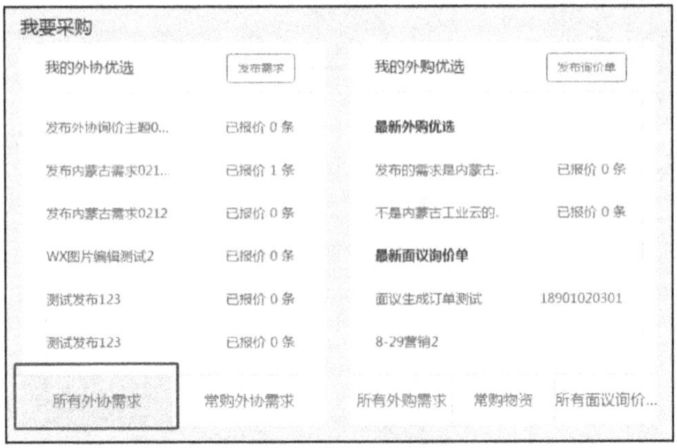

图 5-170　采购概况页

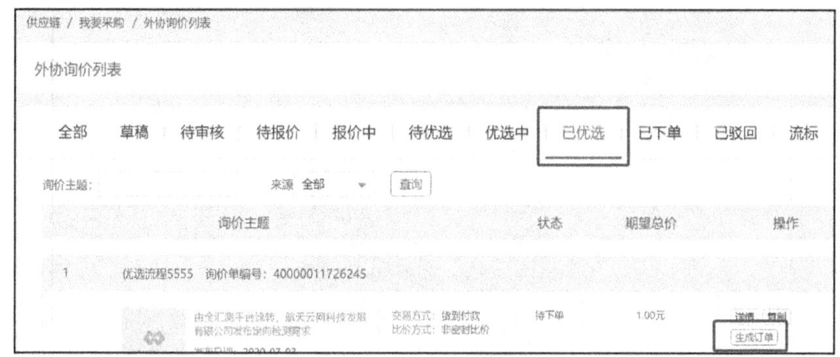


图 5-171　询价单列表

7. “销售方”添加合同

销售方进入“云端业务工作室→营销中心→销售合同→外协销售合同”页面，单击“添加合同”按钮(图 5-172)，进入“添加合同”界面，单击“选择合同来源”按钮(图 5-173)，再单击“订单”标签，找到刚刚已完成的订单，可以输入相对的订单号进行搜索(图 5-174)，选定之后，单击“选择”按钮，结果如图 5-175 所示。添加合同过程如图 5-176、图 5-177 所示。

销售合同

| 外协销售合同 | 添加合同 | 外购销售合同 | 添加合同 |
|---|---|---|---|
| nmg合同 | 合同待审 | 内蒙外购合同 | 合同完成 |
| 内蒙古能力合同 | 合同完成 | qianyigeyue | 待确认 |
| qian yigeyue | 待确认 | 创建外购销售合同 | 审核中 |
| 创建销售合同211 | 待确认 | 上的v | 合同完成 |
| wotamashishi | 合同完成 | 2.40 | 合同完成 |
| zzq | 待确认 | NEIBUBUY | 合同完成 |
| 外协合同草稿 | 所有外协销售合同 | 外购合同草稿 | 所有外购销售合同 |

图 5-172　营销中心销售合同

营销中心 / 销售合同 / 添加外购合同

添加合同

合同双方信息　　选择合同模板　公共格式合同　　选择合同来源

| 项目 | 委托方（甲方） | 承接方（乙方） |
|---|---|---|
| * 所属地域 | | |

图 5-173　添加销售合同

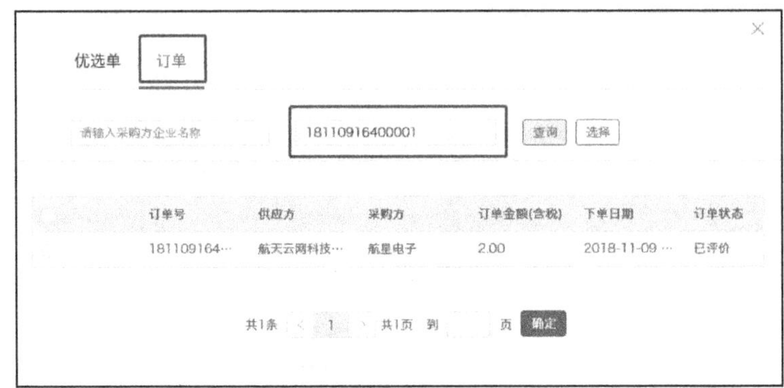


图 5-174　选择合同来源

进入添加合同详情页，完善合同信息。单击“生成合同”按钮，此时合同状态为“待确认”，需要进入审批流程，如单击“不审批”按钮结束审核流程，选择“不签章”，结束签章流程。

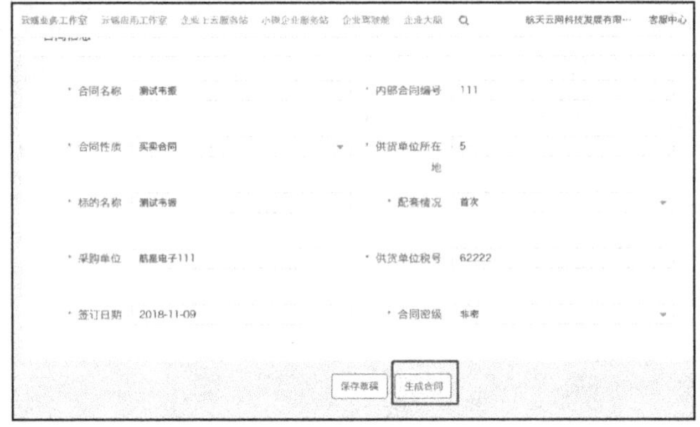


图 5-175　生成合同

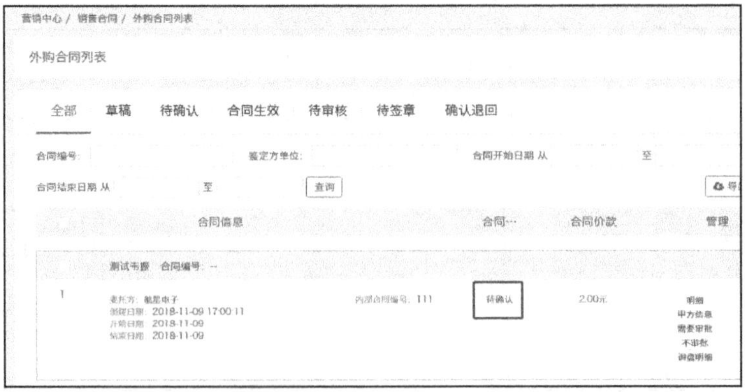

图 5-176　外购合同列表

图 5-177　确定审核流程

## 8. “采购方”录入结算信息、支付

采购方进入“云端业务工作室→供应链→采购合同→外协合同付款”页面，单击“添加”按钮，选择对应合同来源，并填写相应信息后，单击“保存”按钮，再单击“已完成线下审批”按钮，如图 5-178～图 5-182 所示。

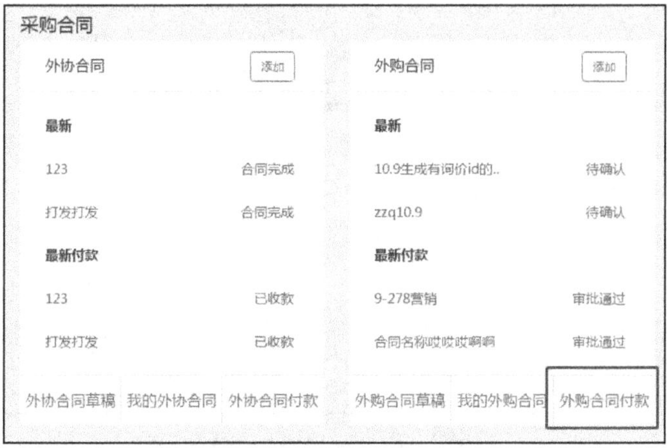

图 5-178　合同付款概况页

图 5-179　合同付款列表

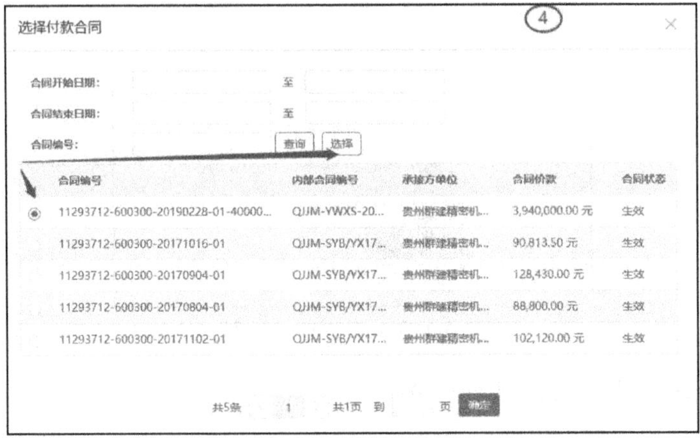


图 5-180　选择合同来源

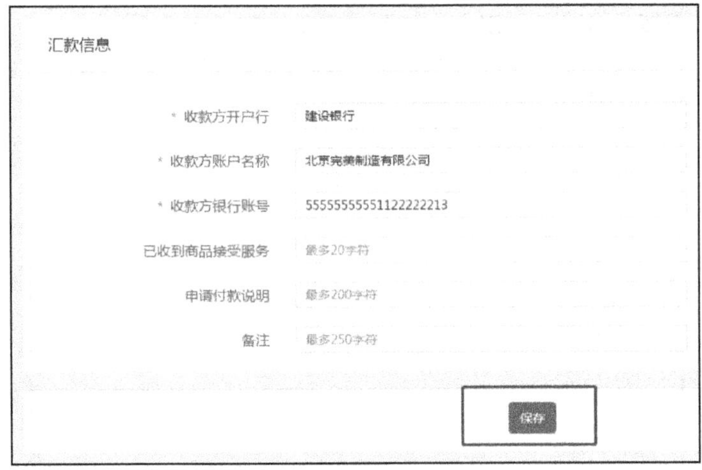


图 5-181　保存合同付款

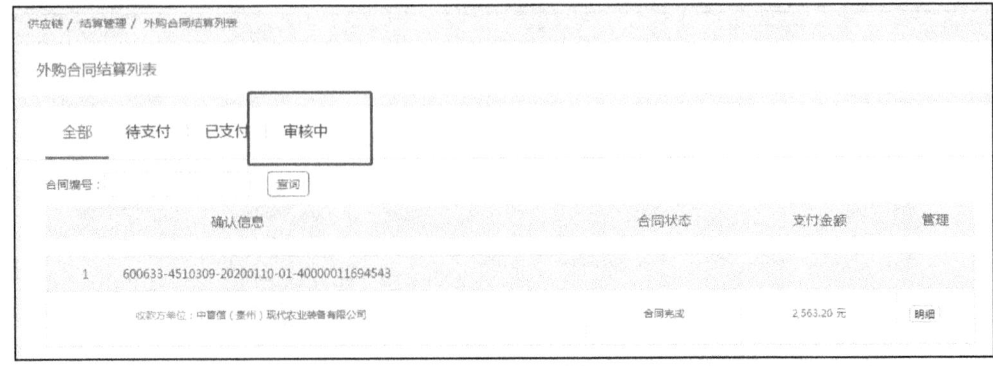


图 5-182　合同付款待审核列表

采购方进入“云端业务工作室→供应链→结算管理→所有外协合同结算”页面，单击“待支付”标签，对应合同单击“支付”按钮。注意，选择合同结算，如图 5-183、图 5-184 所示。

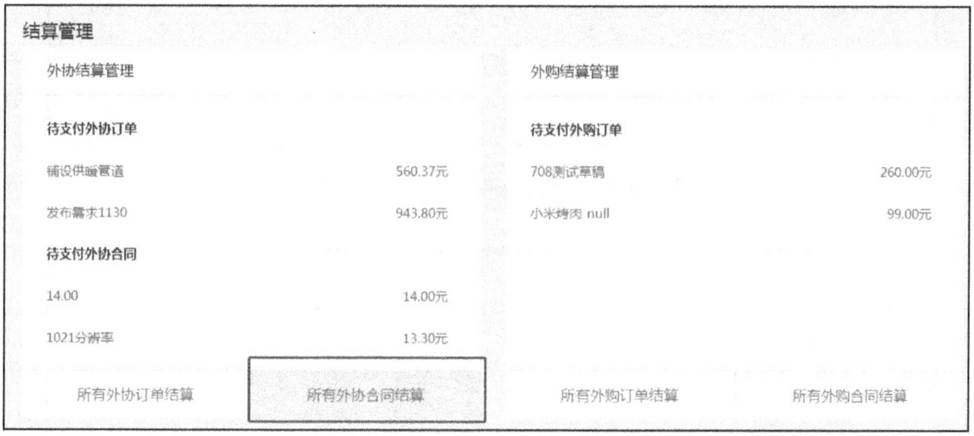

图 5-183　合同付款概况页

图 5-184　合同待支付列表

9. “销售方”录入确认收款信息

销售方进入“云端业务工作室→营销中心→云端营销”页面，单击“结算管理”按钮，找到对应的合同信息，单击“确认”按钮，进入“收款单信息”界面，单击“确认收款”按钮。合同状态变为“合同完成”，如图 5-185～图 5-187 所示。

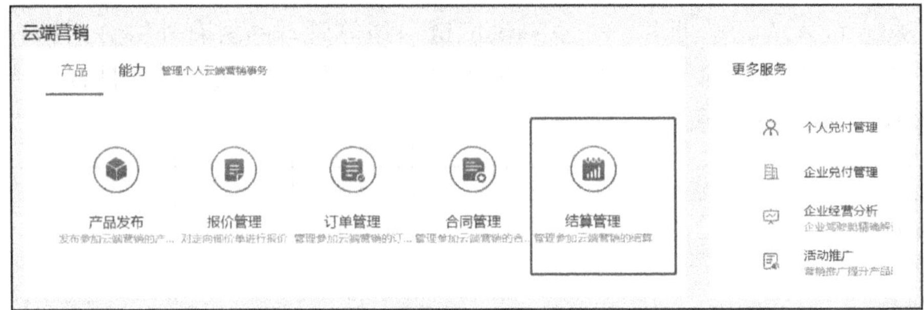


图 5-185　云端营销结算管理概况页

营销中心 / 结算管理 / 外购合同结算列表

外购合同结算列表

全部　待确认　已确认

合同编号：　查询

| | 确认信息 | 合同状态 | 支付金额 | 管理 |
|---|---|---|---|---|
| 1 | 4510302-600633-20190325-01-40000011290879 云端营销 | | | |
| | 付款方单位：北京宪箱制造有限公司 | 合同完成 | 1,440.00 元 | 明细 |

图 5-186　外购合同结算列表

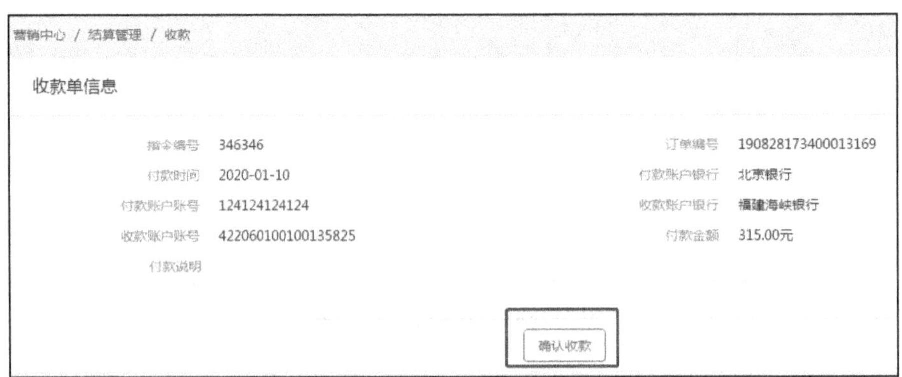


图 5-187　确认收款

10. “营销员”合同确认

营销员进入“云端业务工作室→我是营销员→合同管理”页面，找到对应的合同，单击“确认”按钮，如图 5-188 所示。

我是营销员 / 合同管理

合同管理

全部 待确认 待审核 合同生效

合同编号: 签订方单位: 合同开始日期 从 至

合同结束日期 从 至 查询

| 合同信息 | 金额 | 状态 | 操作 |
|---|---|---|---|
| 测试韦撮 合同编号: 4510301-600633-20181109-01-40000010003458 | | | |
| 1 韦撮测试1109 下单日期: 2018-11-09 采购方: 航星电子 | 2元 | 合同完成 | 明细 确认 |

图 5-188 营销员合同列表

## 11. “销售方”提交兑付信息

销售方进入“云端业务工作室→营销中心→云端营销→兑付管理→查看兑付记录”页面，找到相应的兑付单，单击“兑付”按钮，如图 5-189 和图 5-190 所示。

图 5-189 云端营销概况页

营销中心 / 云端营销 / 查看兑付记录

查看兑付记录

全部 未确认 营销员未确认 营销员已确认

合同名称: 合同编号: 兑付单号:

营销员: 兑付开始日期: 兑付结束日期: 查询

| 全选 | 提成兑付主题 | 金额 | 状态 | 操作 |
|---|---|---|---|---|
| 1 | 7.8hetong 合同编号: 4510319-600633-20200710-01-40000011729099 | | | |
| | 营销员姓名: 企业系统管理员 兑付单号: 590 | 合同金额: 121,648.2 | 未确认 | 兑付 |

图 5-190 云端营销合同列表

12. "营销员"确认兑付信息

营销员进入"云端业务工作室→我是营销员→提成兑付管理"页面，单击"全部"标签，可以通过合同名称或者兑付单号进行查询，单击"确认兑付"按钮，如图 5-191 所示。

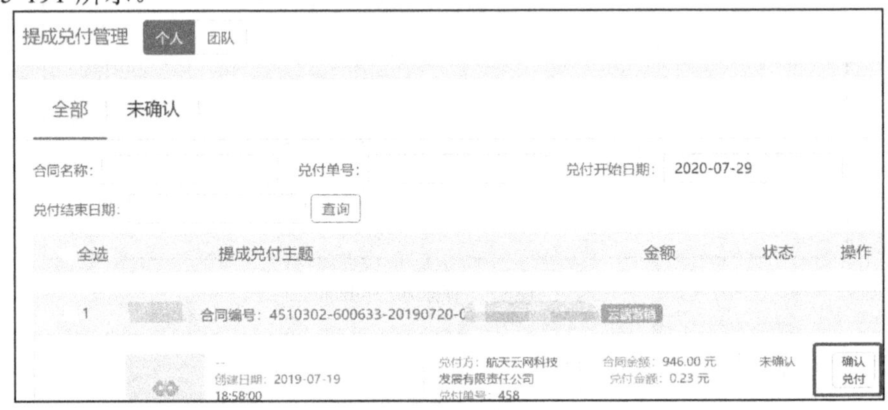


图 5-191　提交兑付列表

# 5.5　云端应标群使用方法

云端应标群正处于建设阶段，目前可实现"搭团队"的业务流程。"做任务""群解散"业务流程将陆续上线，敬请期待。

## 5.5.1　牵头方创建应标群

在 INDICS 首页的"供需对接"模块找到需要牵头的需求，或单击"更多"按钮进入需求大厅进行组队报价。可直接单击首页"求购和需求"列表中的具体需求进行组队报价，也可单击"更多"按钮，查看所有求购需求，如图 5-192 所示。

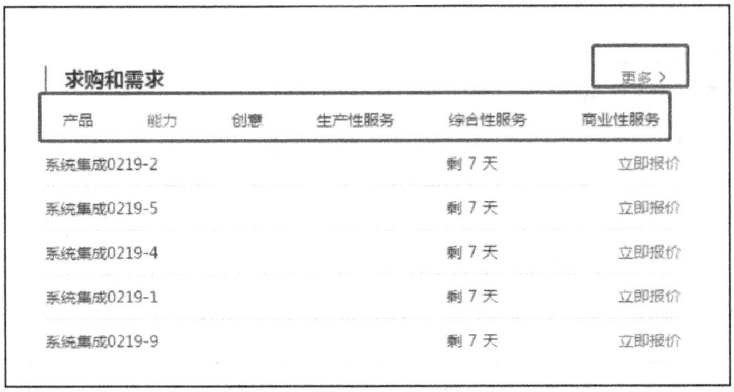

图 5-192　寻找需求

进入需要牵头发起的需求页面，单击“组队报价”按钮或进入“应标群大厅”寻找需要发起的需求，如图 5-193 所示。

图 5-193 创建应标群-组队报价

1. 自由组队

牵头方选择组队方式，创建应标群组队分为“自由组队”与“定向邀请”两种形式，如图 5-194 所示。

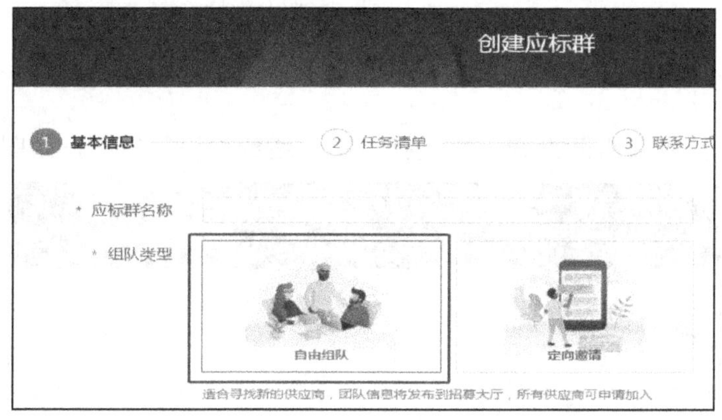


图 5-194 创建应标群-自由组队

填写组队需求，需填写应标群名称、组队类型、应标群分类、截止日期等信息，群描述可选填。基本信息填写完毕后，将需求进行拆分，并填写相应的数量、单位、要求、交货日期、单价等，如图 5-195 所示。

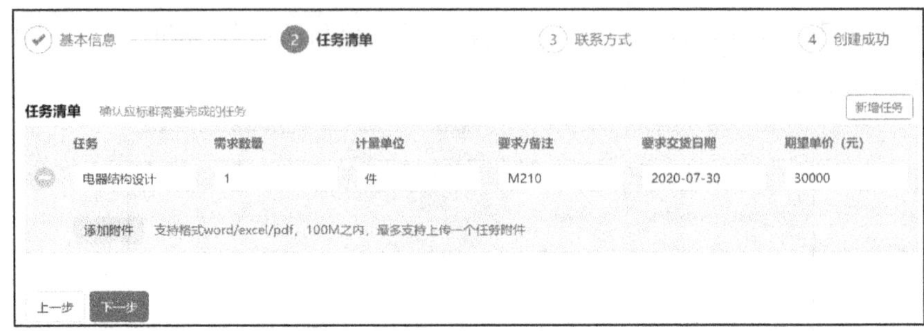


图 5-195　创建应标群-任务清单

需求拆分填写完毕后，填写发起人的联系人姓名、电话、邮箱等联系方式进行创建应标群，如图 5-196 所示。

图 5-196　应标群创建成功

2. 定向组队

如已确定供应商组队人选，可选择“定向邀约”进行组队，如图 5-197 所示。

图 5-197　创建应标群-定向邀请

填写应标群名称、组队类型、应标群分类、截止日期等信息，群描述与附件可选填。定向邀约成功，牵头方可以将应标群对应 URL 链接复制分享给好友，还可以单击“邀请供应商”按钮，选择或搜索列表中的供应商进行邀请组队，如图 5-198 所示。

图 5-198 定向组队成功 1

3. 不关联需求创建应标群

如果项目采购需求不在 INDICS 平台上发布时，牵头方可以在“云端业务工作室→云端应标群→应标群管理”页面，单击“创建应标群”按钮直接创建应标群，如图 5-199 所示。

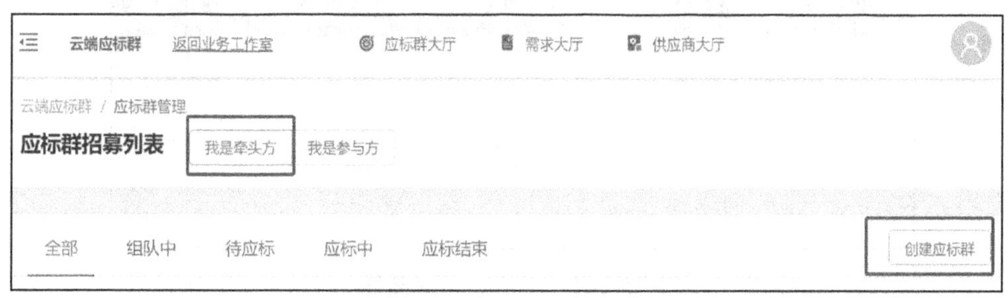


图 5-199 定向组队成功 2

## 5.5.2 参与方申请加入应标群

选择自由组队类型的应标群展示在“应标群大厅”页面，项目参与方在“应标群大厅”页面寻找并查看应标群详细内容，如图 5-200 所示。

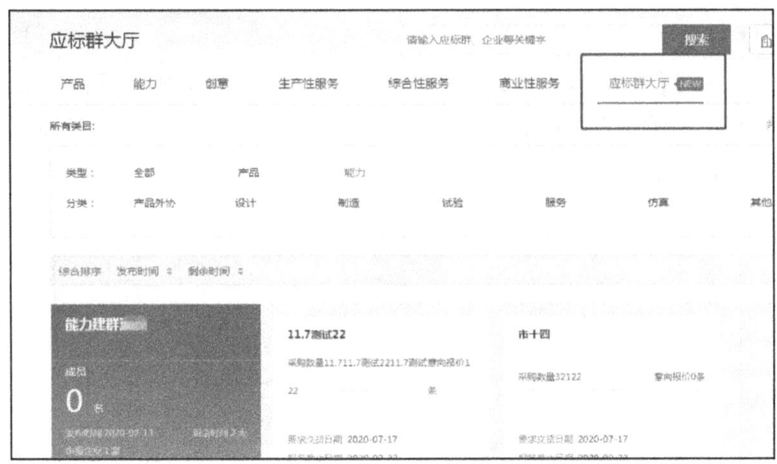


图 5-200　查找应标群

找到符合自己公司标准的，可提供材料的需求组队信息，申请加入应标群，填写报价。填写报价信息、企业能力描述与项目成果等信息，并上传资质材料，申请加入应标群。填写公司联系人、电话、传真等联系方式，提交申请。申请加入成功，等待牵头方审核，如图 5-201 所示。

图 5-201　申请加入应标群

## 5.5.3　牵头方选中组员、完成组队

项目牵头方在“云端业务工作室→云端应标群→应标群管理”页面进入应标群详情页，在“成员管理→申请记录”页面查看参与方企业提交入群申请，并进行审核，如图 5-202 所示。

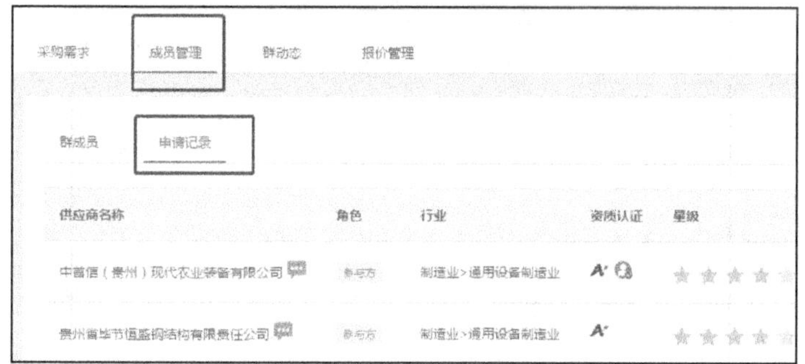


图 5-202 查看入群申请

在“成员管理”页面中查看审核通过的群成员企业清单，图 5-203 所示。

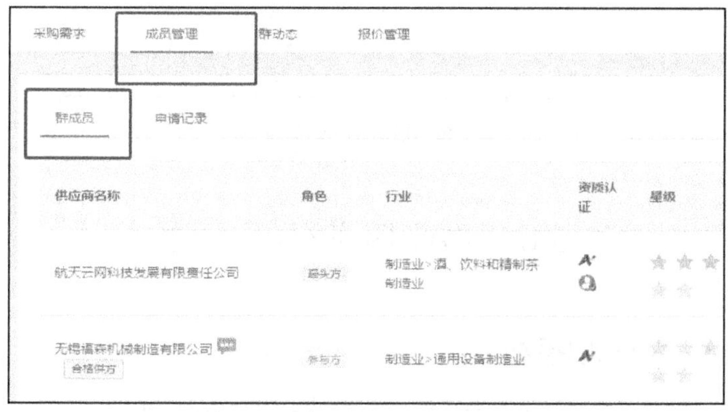


图 5-203 查看群成员企业清单

## 5.5.4 牵头方分配任务

项目牵头方在“云端业务工作室→云端应标群→应标群管理”页面进入应标群详情页，在“成员管理→群成员”页面为群成员企业分配任务，如图 5-204 和图 5-205 所示。

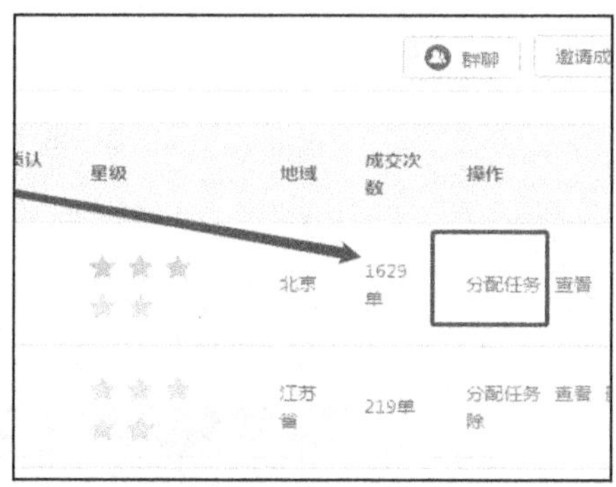


图 5-204 分配任务 1

分配任务

企业已申请的任务

| 任务名称 | 物资描述 | 报价(元) |
| --- | --- | --- |
| 1 | 1 | 商议 |
| 2 | 123 | 商议 |

待分配任务（请选择该企业负责的任务）

| ☑ | 任务名称 | 期望单价(元) | 需求数量 |
| --- | --- | --- | --- |
| ☑ | 1 | 1.00 | 1123.34 |
| ☑ | 2 | 123.00 | 345.01 |

图 5-205　分配任务 2

# 5.6　物流服务使用方法

## 5.6.1　物流服务开通/授权

进入账户注册页面，按照页面要求填写相应的信息进行个人账号注册。注册成功之后即成为个人用户，申请加入企业，成为企业用户才能开通物流服务。完成企业实名认证信息，在线签约或上传物流协议，审核通过后，完成物流服务开通，如图 5-206 和图 5-207 所示。

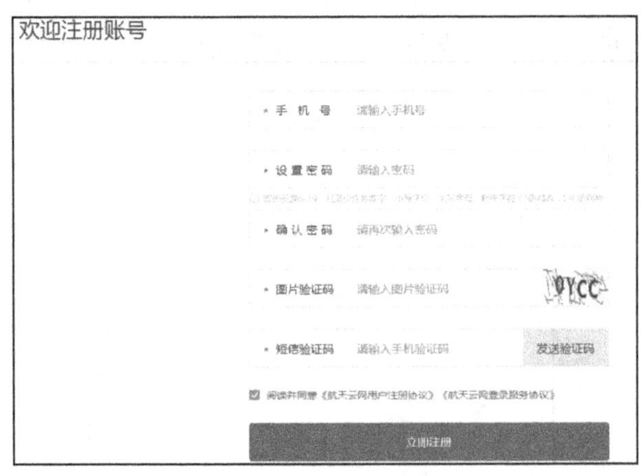


图 5-206　账号注册页面

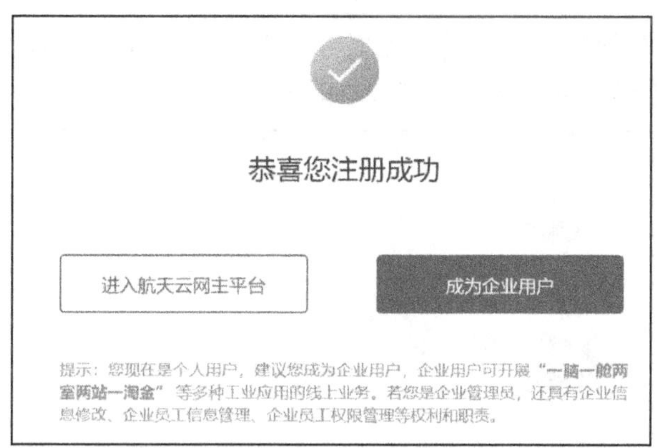


图 5-207 注册成功

（1）子账号审核。在"企业信息→子账号管理"页面中，看到用户的申请信息，可以选择"同意"或者"驳回"。选择"同意"后，则该用户成为企业子账号，如图 5-208 所示。

图 5-208 子账号审核

（2）物流发单授权。对员工账号进行物流发权限授权，有员工自己主动申请或管理员授权两种方式，"已开通"状态说明该员工可以发单，"未开通"状态说明该员工不可以发单，如图 5-209 所示。

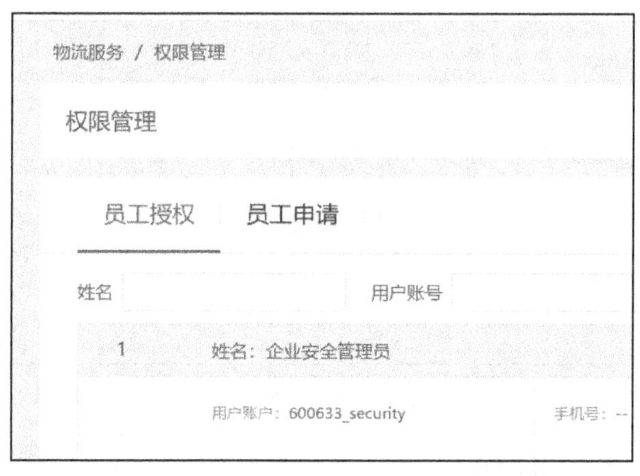


图 5-209 物流发单授权

(3)下单审批设置。平台提供物流发单审批功能，企业管理员设置后，即该企业发单必须审批通过后才能发单成功，如图 5-210 所示。

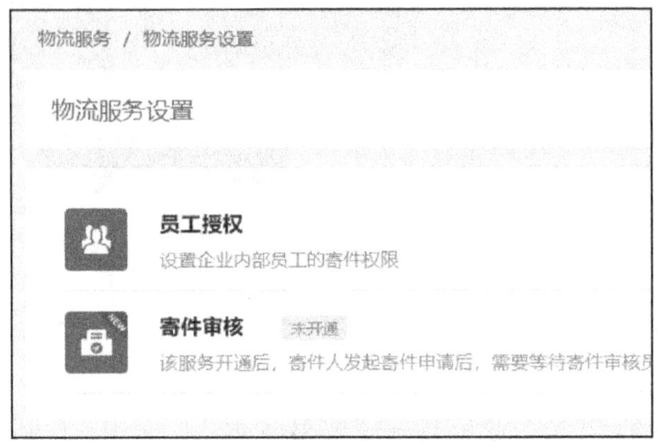


图 5-210　下单审批设置

## 5.6.2　在线下单

在线下单支持单个和批次下单，提供寄快递、寄大件、发同城业务；提供多家物流服务商选择。寄件信息和收件信息填写支持地址联想方式、地址簿方式、默认地址等方式。物品信息填写重量、数量、物品、备注、保价信息，如图 5-211 所示。

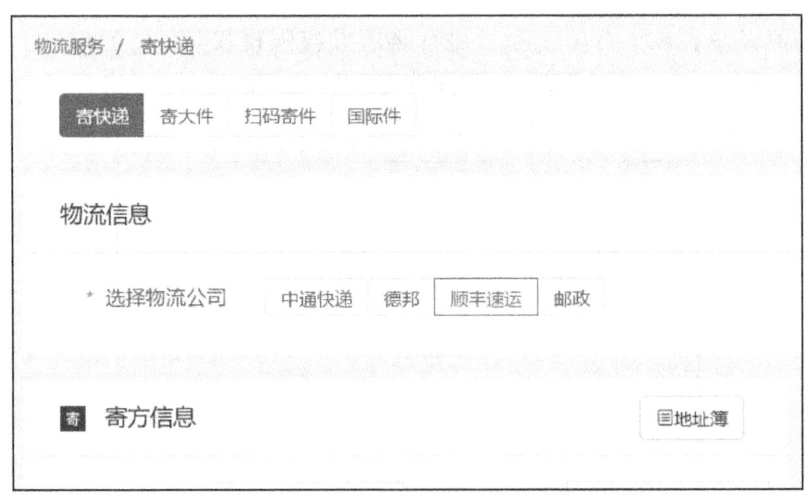


图 5-211　快递在线下单

批量下单，如图 5-212 所示。

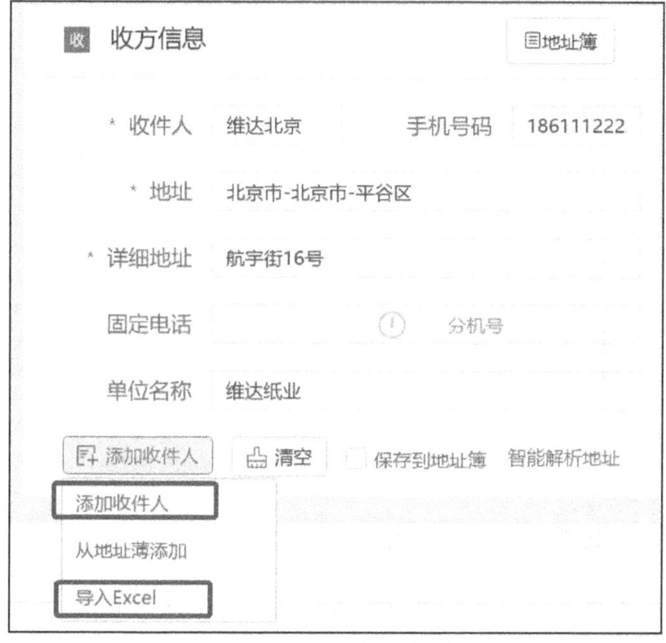


图 5-212 快递批量下单

## 5.6.3 查询快递

企业所有订单都可在订单列表查询、检索、查看订单详情，同时对未揽收的订单提供取消订单、删除订单、编辑订单功能。对于已经揽收的订单，可以查看物流轨迹，查看最新派送进展。订单列表如图 5-213 所示。

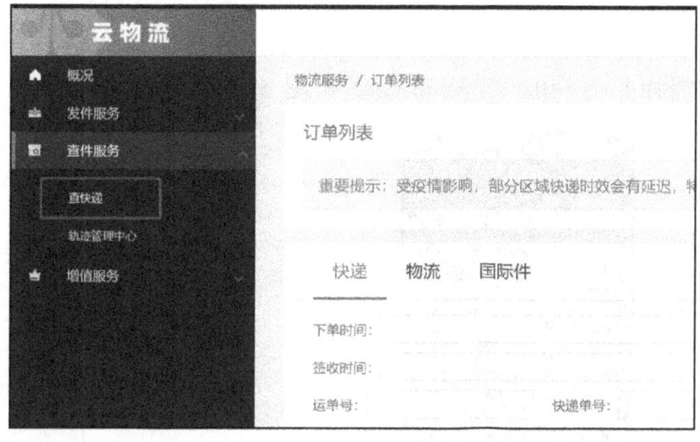


图 5-213 查订单

物流轨迹如图 5-214 所示。

图 5-214　物流轨迹

## 5.6.4　工作流审批和微信公众号审批

(1) 开通下单审批。下单时可指定审批人，审批人收到后审批通过，订单信息才会发给物流服务商，如图 5-215 所示。

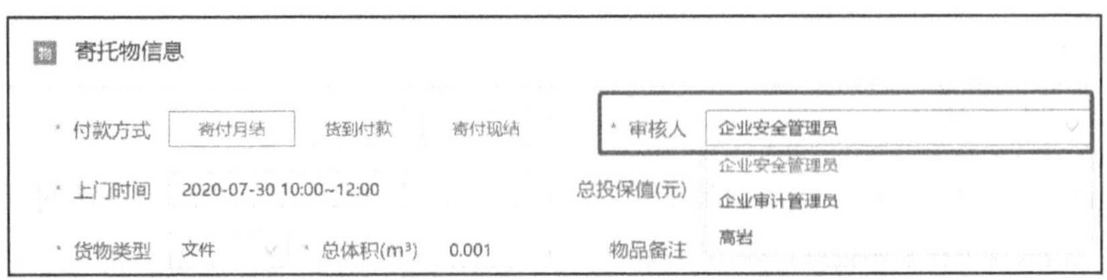


图 5-215　工作流审批和微信公众号审批

(2) 订单审批。进入“审批管理→我的审批→查看详情→进行审核”页面，单击“同意”或“驳回”按钮，完成审批，如图 5-216 所示。

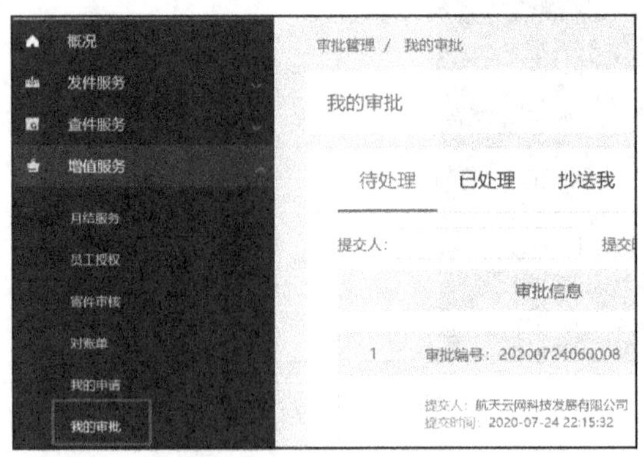


图 5-216　订单审批

开通物流服务的企业用户关注“云端业务工作室”公众号，员工下单和管理员审批完毕，会有消息推送到微信。

(3) 下单。员工填写快递寄递信息，提交给部门审批人员，如图 5-217 所示。

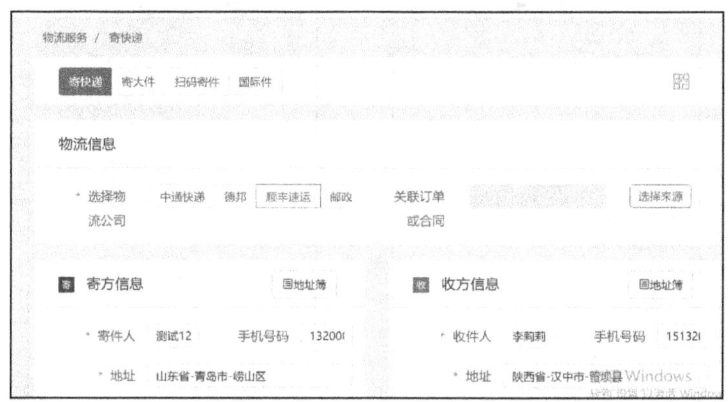


图 5-217　下单

(4) 待审批提醒。部门负责人在“云端业务工作室”公众号中收到“物流订单审批申请提醒”消息，如图 5-218 和图 5-219 所示。

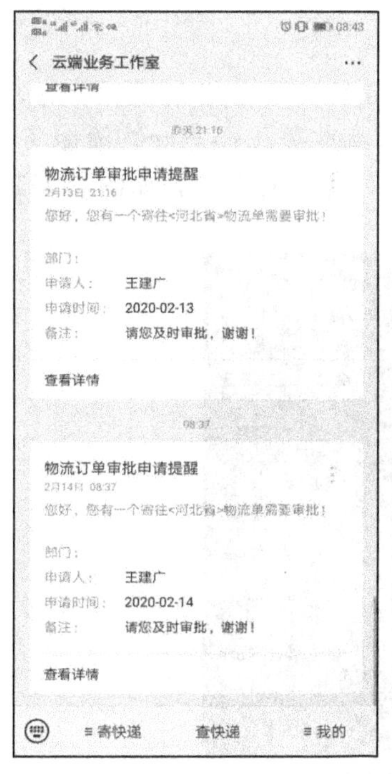

图 5-218　物流订单审批申请提醒　　　　图 5-219　物流订单审批效果

(5) 审批结果提醒。员工在“云端业务工作室”公众号中收到“审批结果通知”消息，如图 5-220 和图 5-221 所示。

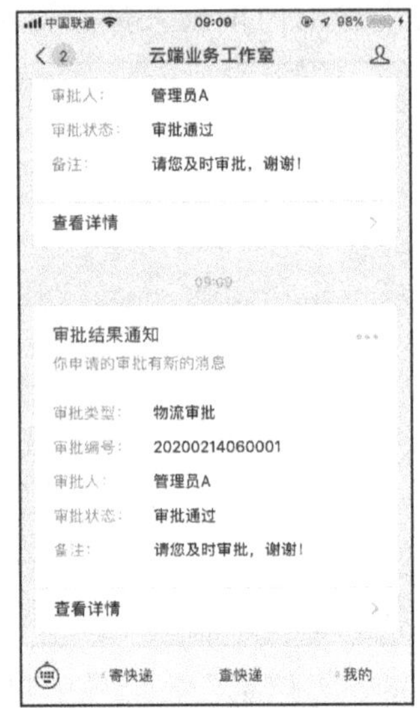


图 5-220　审批结果通知

图 5-221　审批结果详情

## 5.6.5　月结服务

开通月结服务后，企业管理员可在“云端业务工作室→物流服务→查订单”页面查看月度对账单，在线确认，在线开票，导出对账单，如图 5-222 和图 5-223 所示。

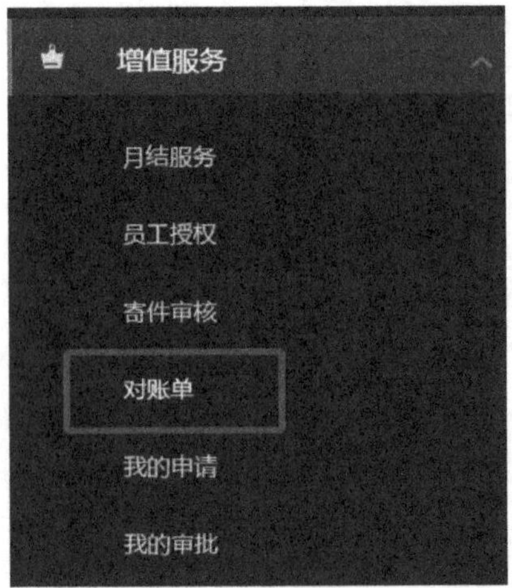


图 5-222　我的对账单 1

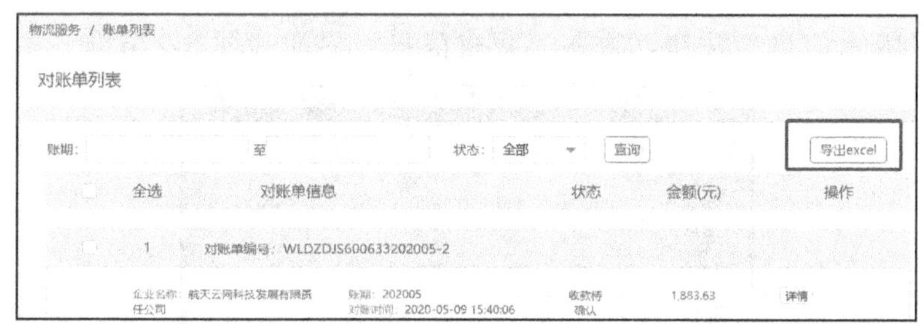


图 5-223 我的对账单 2

### 5.6.6 地址簿

地址簿管理提供寄件人和收件人地址信息的添加、修改、设置默认、检索、智能地址填写功能，支持从地址簿选择地址信息功能，如图 5-224 所示。

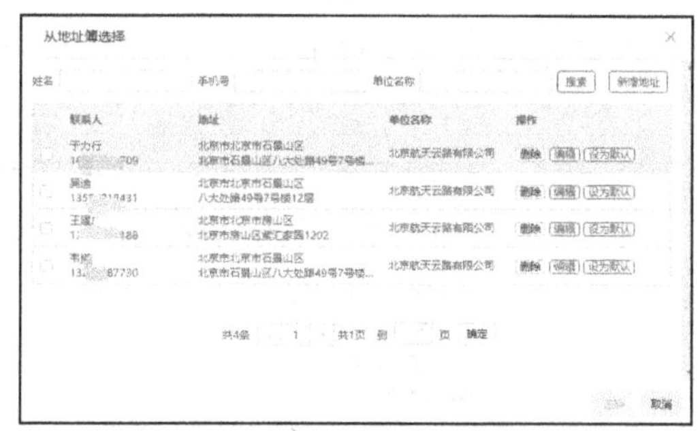


图 5-224 选择地址信息

## 5.7 线上开票使用方法

当企业需要使用大额资金开票时，可以登录“大额资金系统”单击“开票”按钮，需要使用 INDICS 平台开票的需先登录 INDICS 平台，单击“开票”功能。不影响原有单机开票模式，应用模式如下，使用一种开票方式时，其他开票方式必须退出，不能同时登录。在装有开票软件的机器上，登录后，单击“帮助→关于”按钮(图 5-225)。

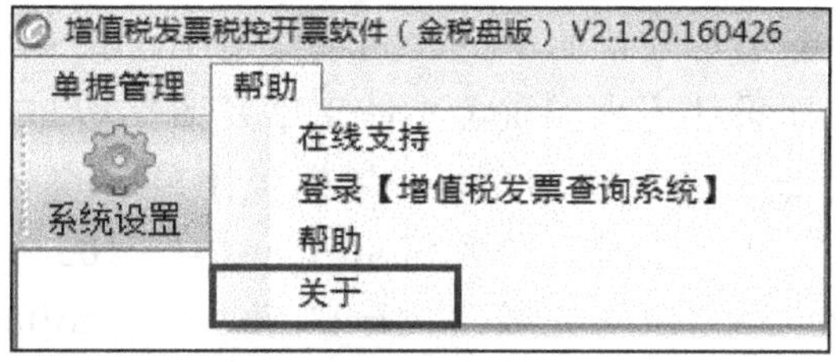


图 5-225 帮助→关于

单击“版本信息”按钮，进入“版权信息”界面（图 5-226）。

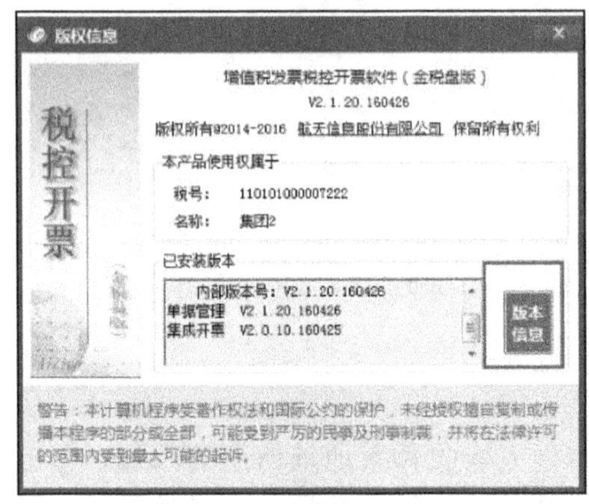


图 5-226　版权信息

打开“系统注册”，查看是否有“集成开票：安装成功”字样。如果有则无须重新注册(图 5-227)。

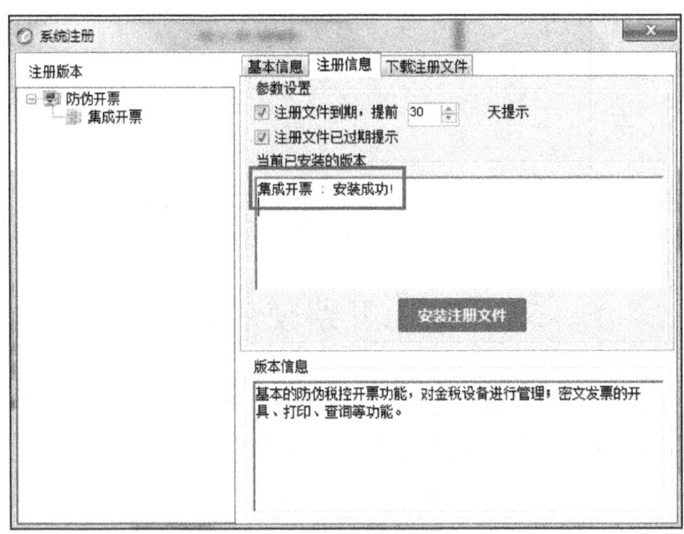


图 5-227　注册成功

已使用大额资金能正常开票的单位，如果使用 INDICS 平台开票出现问题，请与航天云网联系；如果使用大额资金不能正常开票，请与大额资金组联系。

没有使用大额资金系统开票的单位，请提供附件《02 需要注册的单位填写信息.xls》给航天信息进行注册。获取信息方式参考《03 税务机关代码、税号及开票机号码获取说明》。填写完成后发送邮箱 wangdaoliang@aisino.com，邮件正文：

*您好，*

*我是××二级单位-××三级单位的，根据集团公司大额资金推广要求，使用大额资金开票的单位组件接口注册费用由集团统一提供，我单位为集团内单位，注册信息见附表，请协助注册，致谢。*

*联系人××*

*联系电话××*

注册后会返回各单位一个文件，该文件编码的前6位JP60JS为固定的，后面为本单位的税号+三位金税盘号，请核对一下税号是否正确。注意，使用哪台开票机获取的注册信息，其注册文件必须在对应的开票机上的进行注册。注册前先安装组件接口，具体安装注册方法见《组件接口安装及注册方法》。

# 5.8　合同电子签章使用方法

## 5.8.1　签章申请

1. 下载信诺签驱动

下载地址：http://www.xinnuoqian.com/plugin/XinnuoqianSetup.exe。安装信诺签驱动，单击XinnuoqianSetup.exe。浏览器建议使用360安全浏览器，整个签章过程会很顺畅。

2. 申请操作

申请电子签章并通过后，可用于在线签订合同。电子签章申请流程如下：登录INDICS平台首页，进入“云端业务工作室→供应链→采购合同”页面，如图5-228所示。

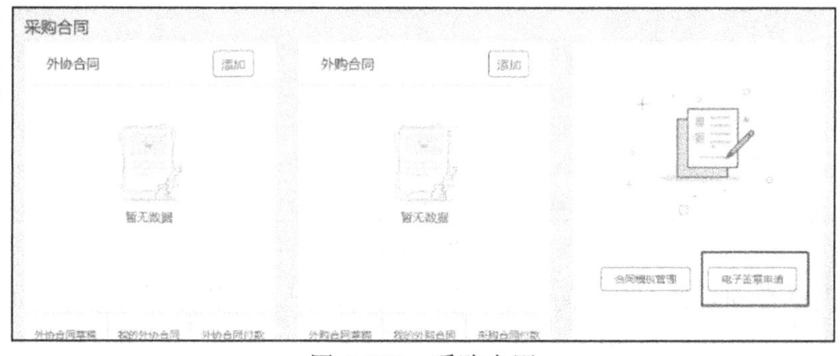


图5-228　采购合同

单击“电子签章申请”按钮，进入申请页面，单击“申请开通”按钮，如图 5-229 所示。

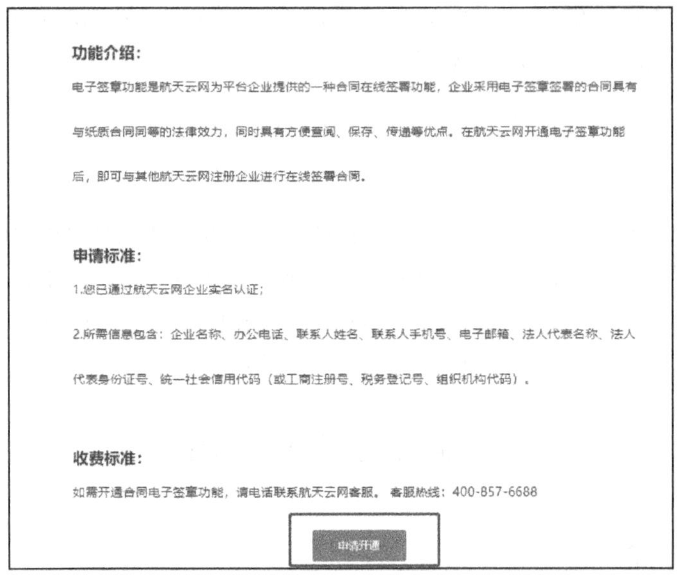


图 5-229　申请开通

## 5.8.2　签章操作

在“外购合同列表”页面单击“使用签章”按钮，这时要将信诺签章 Key 插上，再单击“签章”按钮，进入“签章业务”页面，如图 5-230 所示。

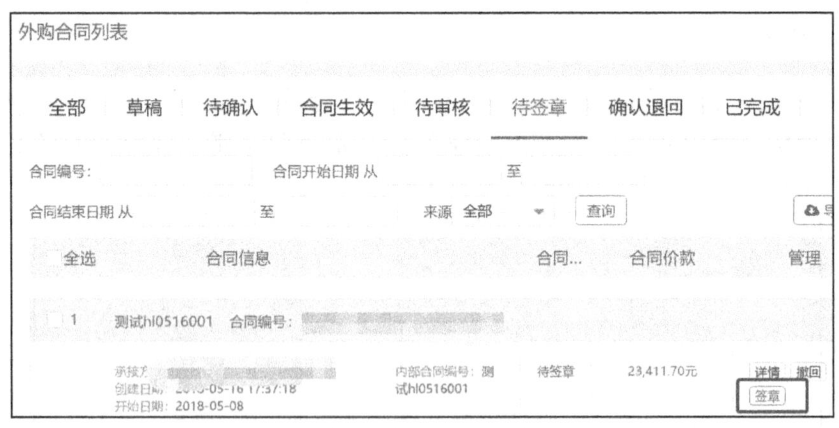


图 5-230　签章业务

甲方预览合同条款，没有问题后，单击红章，合同中出现电子签章，如图 5-231 所示。

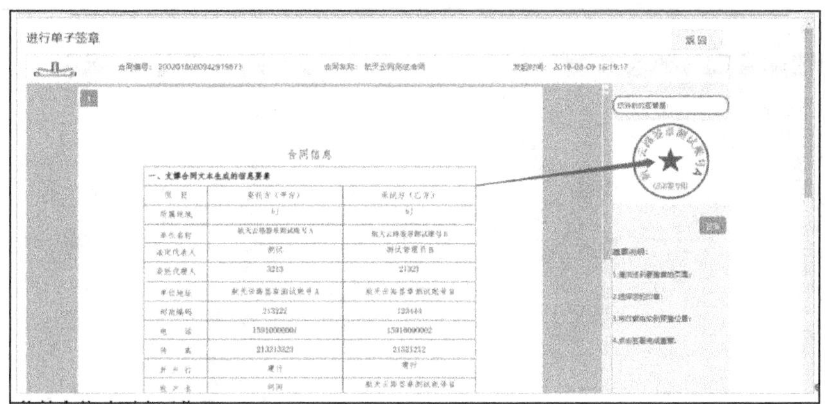


图 5-231　盖章

将签章拖动到合适位置，如图 5-232 所示。

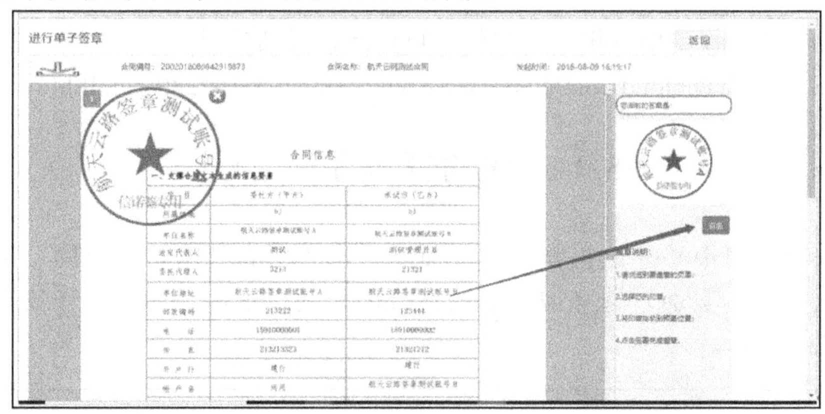


图 5-232　拖动盖章

甲方单击“签名”按钮，输入 Key 的口令密码，如图 5-233 所示，单击“确定”按钮，签章成功，如图 5-234 所示。

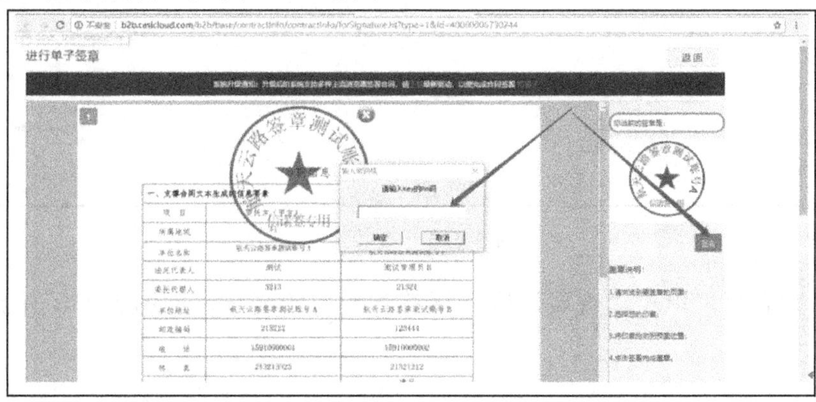


图 5-233　输入密码

**图 5-234**　签章完成

乙方签章过程与甲方相同，此处不再赘述，详情参见：http://www.casicloud.com/customerservicecenters/2/109280/detail.html.

## 5.9　履约评价使用方法

进入“营销中心→销售合同”页面，单击“所有外购销售合同”按钮，进入“合同列表”页面，选择需要履约评价的合同，单击合同栏“详情”按钮，如图 5-235 所示。

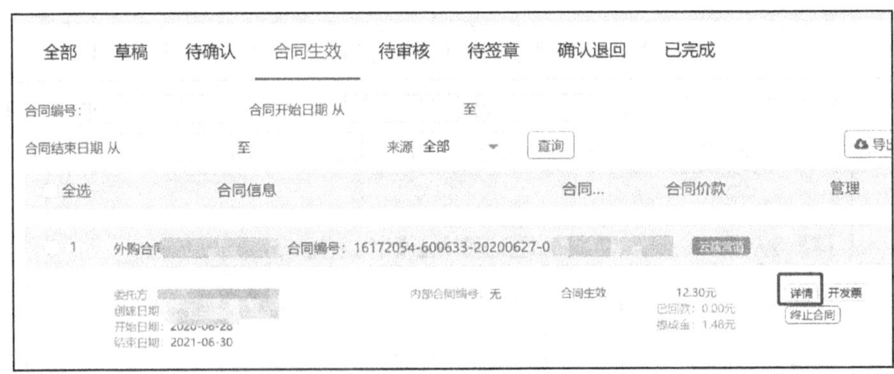


图 5-235　查看进度

打开列表页，单击“查看进度”标签查看履约情况，如图 5-236 所示。

图 5-236　查看履约情况

单击“添加”按钮，添加合同并单击“选择里程碑节点”按钮，如图 5-237 和图 5-238 所示。

款　结算信息　查看进度

添加

合同进度信息　状态　已交付商品或服务(元)　管理

图 5-237　添加合同

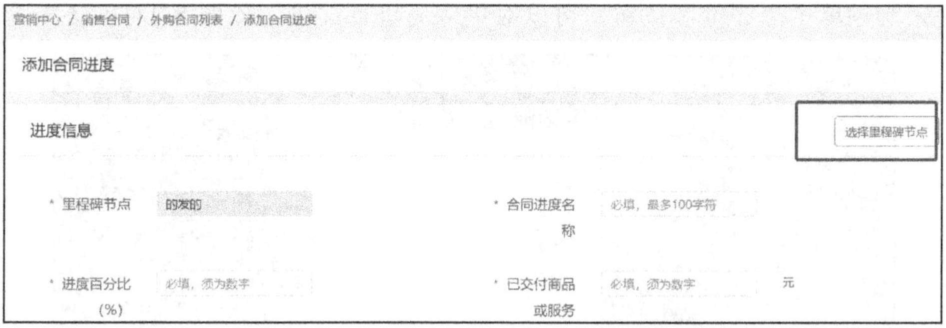

营销中心 / 销售合同 / 外购合同列表 / 添加合同进度

添加合同进度

进度信息　选择里程碑节点

* 里程碑节点　的发的　* 合同进度名称　必填，最多100字符

* 进度百分比(%)　必填，须为数字　* 已交付商品或服务　必填，须为数字　元

图 5-238　选择里程碑节点

## 5.10　质量评价使用方法

进入“供应链→采购订单”页面，单击“所有外购订单”按钮，选择“待评价”，如图 5-239 和图 5-240 所示。

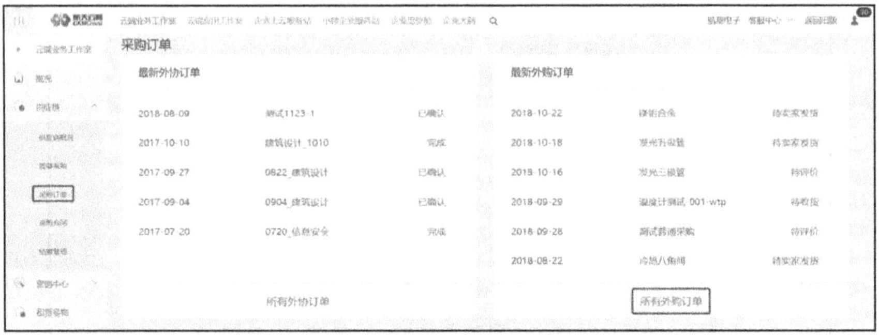

图 5-239　所有外购订单

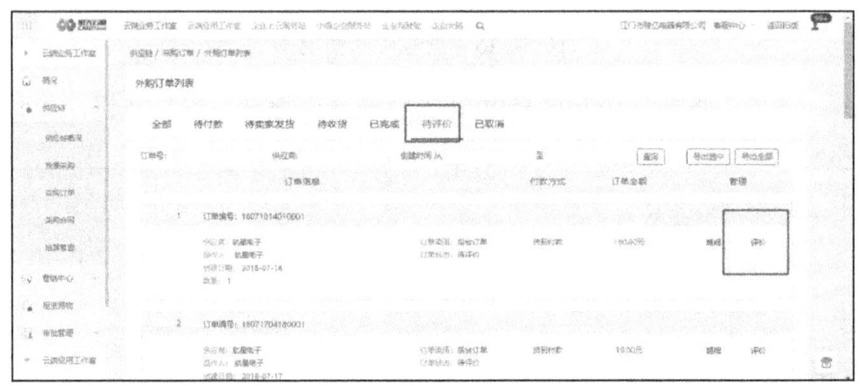

图 5-240　订单评价

采购方单击“评价”按钮，可以对供应商进行评价，如图 5-241 所示。

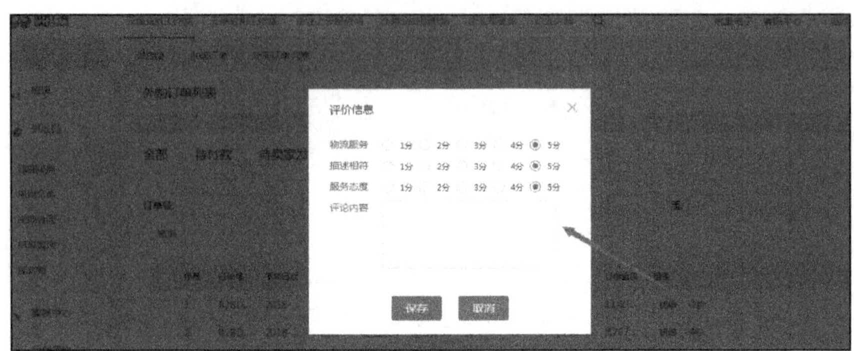

图 5-241　采购方评价信息

供应方进入“营销中心→销售订单”页面，依次单击“所有外购销售订单”→“待评价”→“评价”按钮，可以对采购方进行评价，如图 5-242 所示。

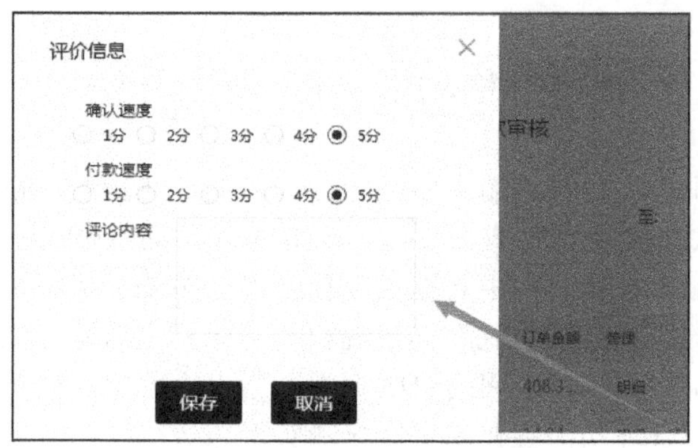


图 5-242 供应方评价信息

# 5.11 智能客服使用方法

智能客服如图 5-243 所示，包含以下应用场景。

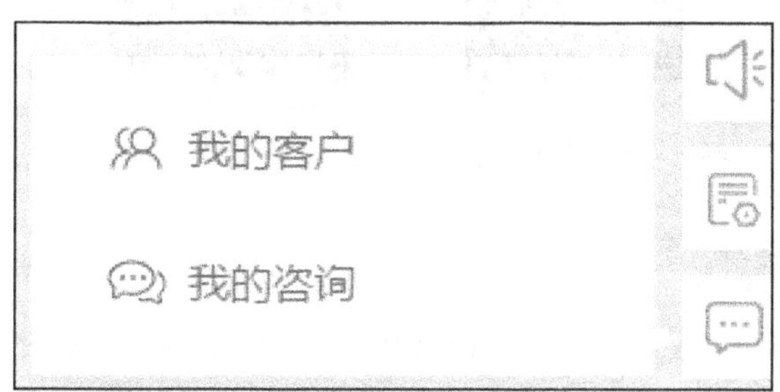


图 5-243 智能客服界面

1. 人工客服

人工客服每天面临着来自全国各地的问题咨询，且大量重复烦琐的问题占用人工客服工作时间，导致客服工作效率不高。

2. 呼叫中心

当用户认为文字表述不能很好表达需求时，可通过电话拨打客服电话，通过呼叫中心解决问题。

3. 数据统计分析

详尽的数据统计报表可以实时了解业务中需要关心的问题，以及对客服的工作量进行统计和分析，建立完善的考核机制。

# 5.12 移动端 APP 使用方法

云端业务工作室移动客户端主要是针对营销人员外勤多、跟进时效性强等特点，利用移动互联网技术开发基于 Android、iOS 的移动 APP 以及针对 Web 端 H5 页面的移动端适配。在移动端主要提供两种应用。在 H5 页面访问时，用户体验是与 PC 端相同的，通过响应式布局呈现相关功能。之后是原生应用，通过 iOS 与 Android 的 SDK 来研发。区别于 H5 页面，原生应用中存储着用户状态等隐私数据，消息通知与管理功能会在原生客户端实现。

## 5.12.1 下载二维码

云端业务工作室 APP 下载二维码如图 5-244 所示。

图 5-244　云端业务工作室 APP 下载二维码

## 5.12.2 应用商店渠道

运营人员定期将新版本发布到 Android 与 iOS 市场。支持的应用商店如表 5-1 所示。

**表 5-1　应用商店类型**

| 操作系统 | 应用商店类型 |
|---|---|
| iOS | Apple APP Store |
| Android | 华为应用市场、小米手机应用商店、魅族应用商店、OPPO 应用商店、vivo 应用商店等 |
| | 腾讯应用宝、360 手机助手、百度手机助手、豌豆荚、应用宝等第三方移动应用商店 |
| 其他 | 航天云网应用分发平台 |

## 5.12.3 云端营销 APP 使用方法

### 1. 注册

用户打开 APP，输入手机号→密码→验证码并同意云网协议，如图 5-245 所示。注册成功后单击“加入企业”或者“随便逛逛”按钮，如图 5-246 所示。

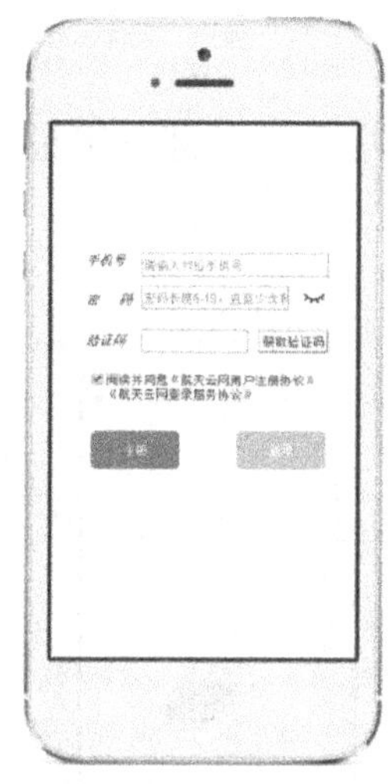

图 5-245　注册

图 5-246　注册成功

2. 登录

在 APP 完成注册后，输入手机号和密码进行登录，如图 5-247 所示。

如果忘记密码可以找回密码，输入手机号→验证码→新密码，如图 5-248 所示。

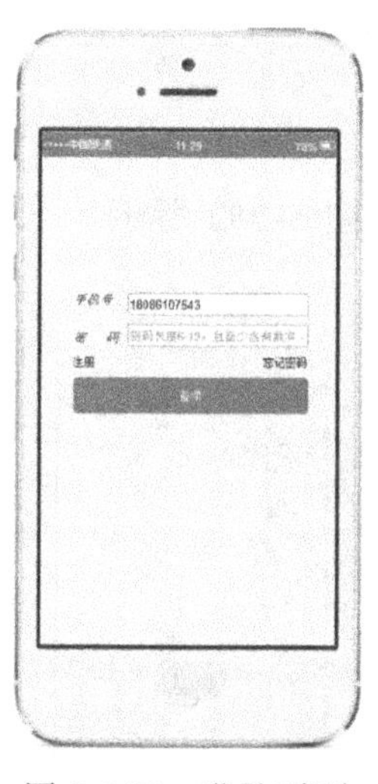

图 5-247　登录页面

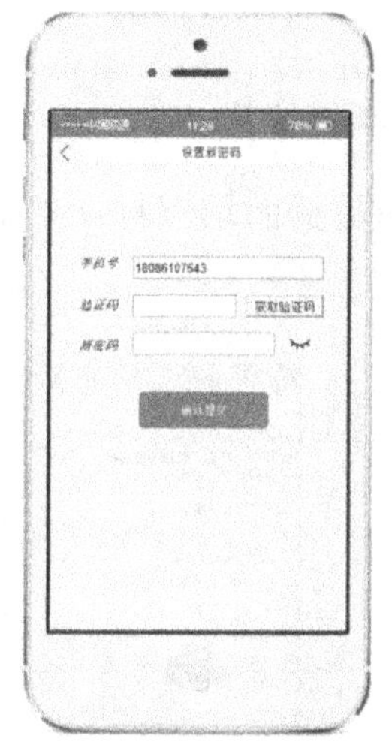

图 5-248　设置新密码

3. 查看店铺商品

查看店铺商品需要登录后才能看到，登录成功页面如图 5-249 所示。

4. 成为外部营销员

进入 APP 后需注册成为外部营销员，填写成为外部营销员的必填项(标红)并提交审核，如图 5-250 所示。

图 5-249　登录成功-首页

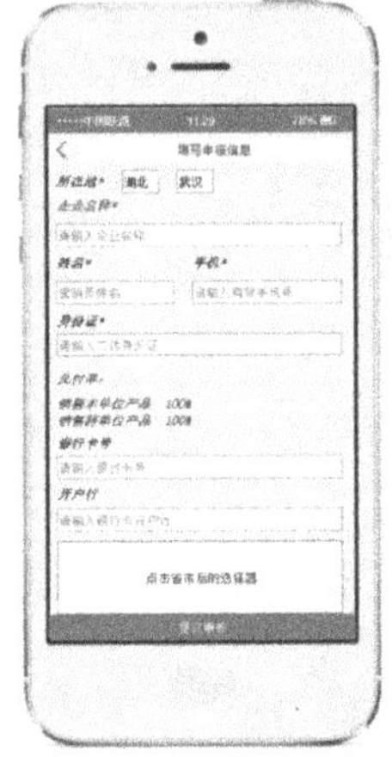


图 5-250　注册营销员

申请成功后，等待审核员审核，务必所有信息填写正确并保持手机畅通，如图 5-251 所示。

5. 成为内部营销员

在内部营销员页面填写标红的必填项，如图 5-252 所示。

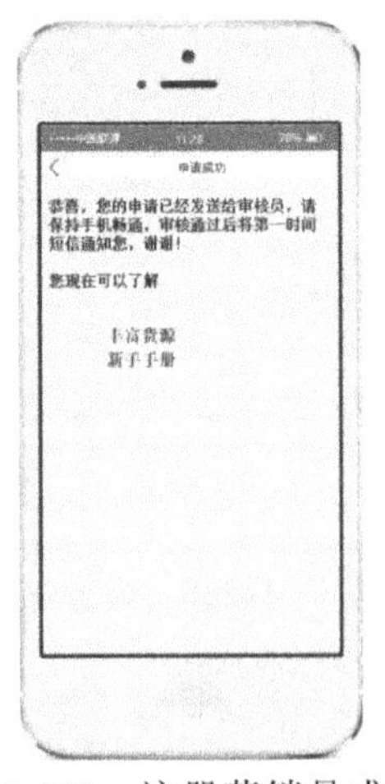


图 5-251　注册营销员成功

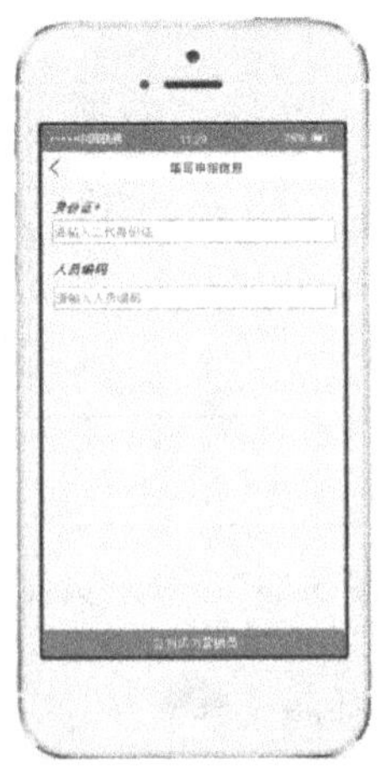

图 5-252　申请内部营销员

6. 货源首页选择自己的所在地

在货源首页左上角可以进行地区选择，如图 5-253 所示。

7. 切换所在团队

单击“切换团队”按钮，可切换所在团队，如图 5-254 所示。

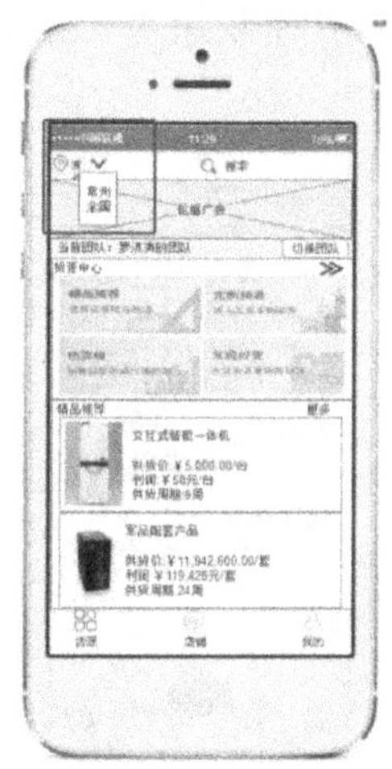

图 5-253 选择自己的所在地

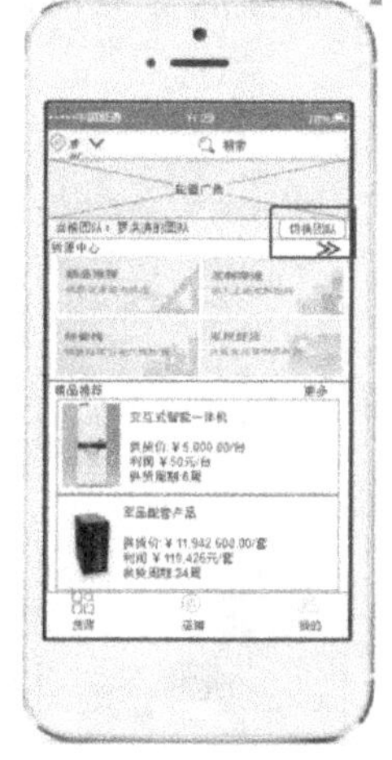

图 5-254 切换团队

单击“个人营销”或者“团队营销”按钮，可以选择营销方式，如图 5-255 所示。

8. 切换货源中心各版块内容

在“货源中心”首页最上面可以切换各版块内容，如图 5-256 所示。

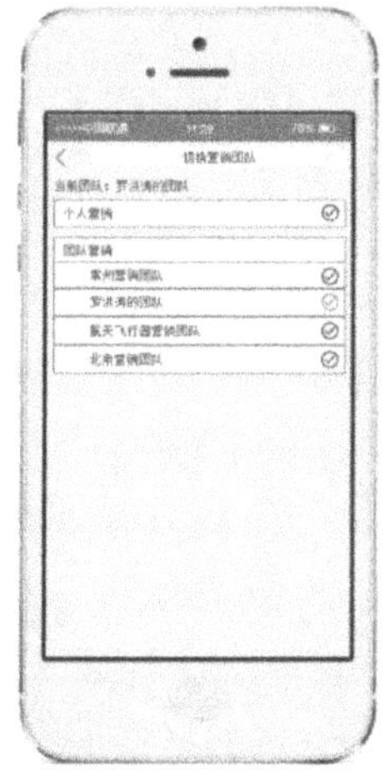

图 5-255 选择个人营销方式

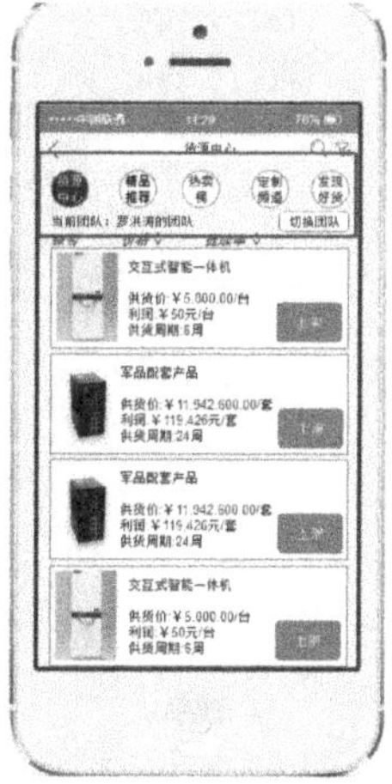

图 5-256 切换各版块内容

9. 按货源分类筛选

在“货源中心”页面右上角单击“筛选”按钮，按所需物品进行筛选，如图 5-257 所示。

10. 查看物品属性、产品详情、评价详情

选择所需商品，在商品顶部可以切换商品详情等并加入货架和查看联系方式，如图 5-258 所示。

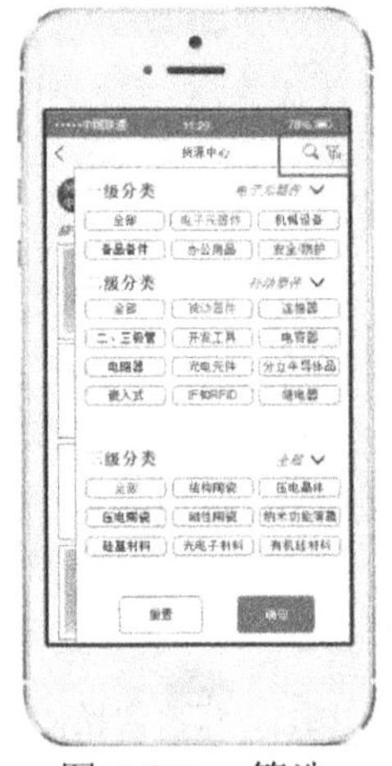

图 5-257　筛选

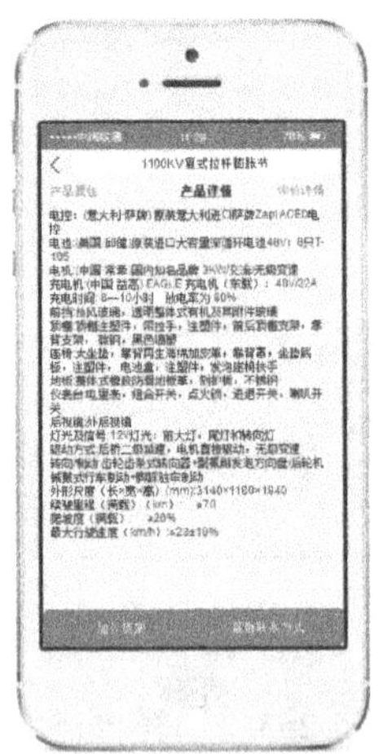

图 5-258　产品详情

11. 选择商品加入货架

在商品详情页单击“加入货架”按钮，然后选择“默认货架”或“新增货架”，如图 5-259 所示。

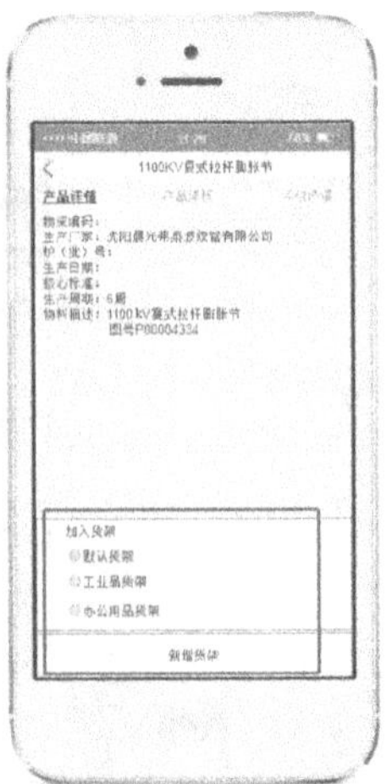

图 5-259　加入货架

## 12. 管理货架

点击“店铺→货架管理”按钮，可以进行货架删除、编辑等管理，如图5-260所示。

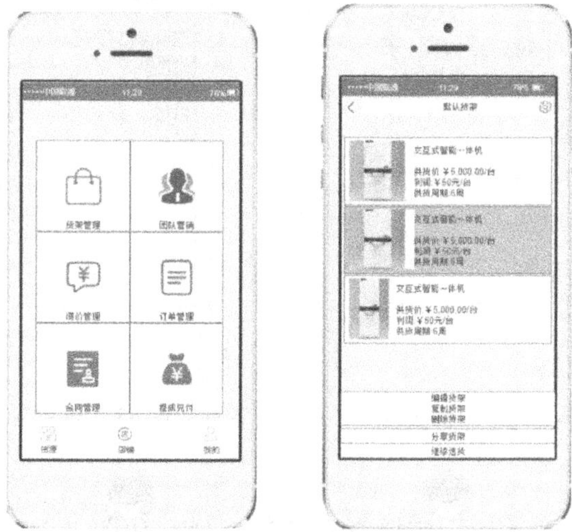

图5-260 管理货架

### 1) 分享商品

在商品页面点击“分享”按钮可以分享到各大平台，如图5-261所示。

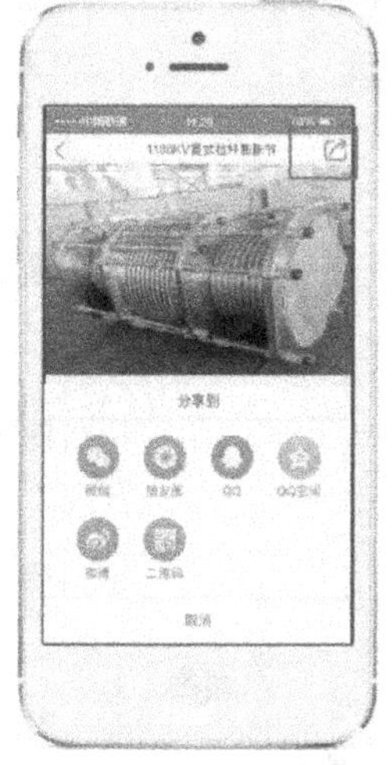

图5-261 分享商品

### 2) 询价

在询价页面点击“询价”按钮可以查看基本信息，如图5-262所示。

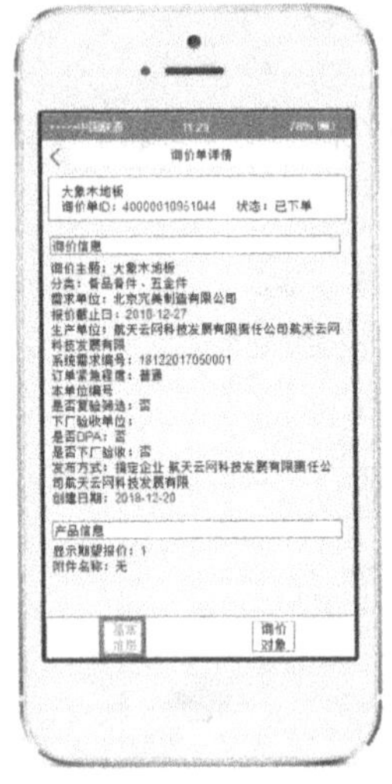

图 5-262　询价页面

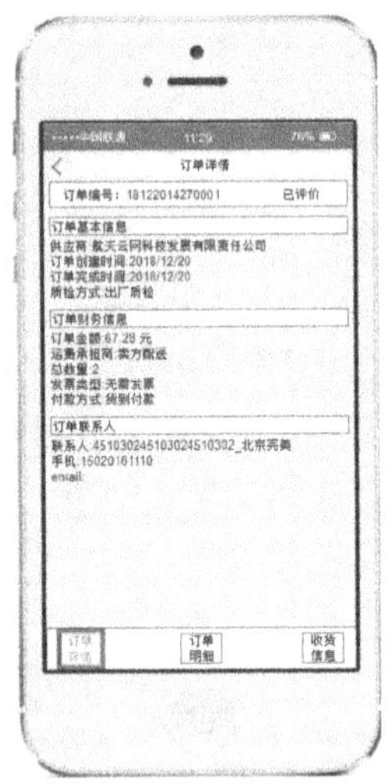


图 5-263　查看订单

3) 查看订单

在订单首页点击“货品”按钮查看订单详情，如图 5-263 所示。

4) 查看收货信息

在订单详情页可以查看收货信息，如图 5-264 所示。

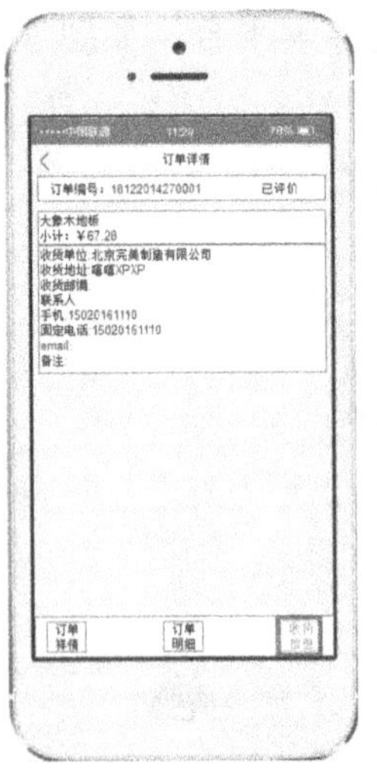


图 5-264　查看收货信息

图 5-265　查看合同

5) 查看合同

在合同首页查看各订单，如图 5-265 所示。

6) 查看合同详细信息

打开合同页面查看详细信息、双方信息和合同条款，如图 5-266 所示。

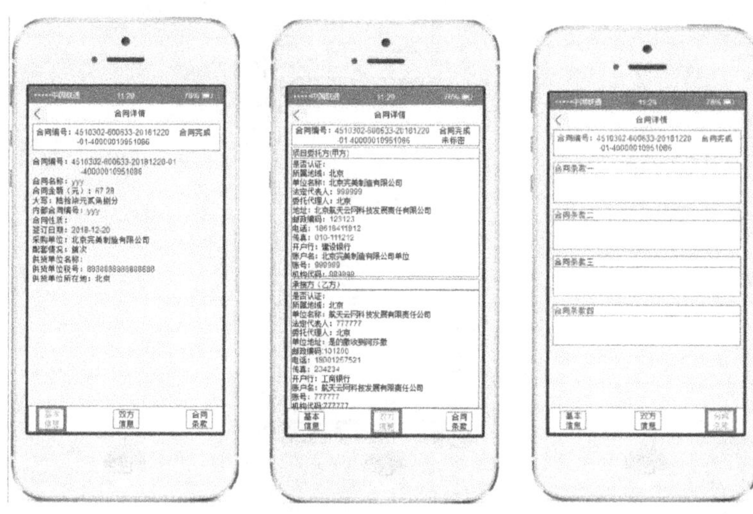

图 5-266 合同详细信息

13. 提成兑付

1) 个人兑付

在“个人兑付”页面点击“确认兑付”按钮，完成提成兑付如图 5-267 所示。

2) 团队兑付

在“团队兑付”页面点击“确认兑付”按钮，完成提成兑付如图 5-268 所示。

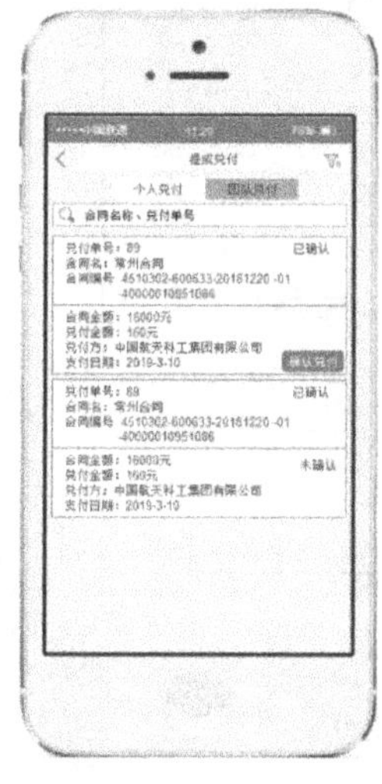

图 5-267 个人兑付

图 5-268 团队兑付

3) 设置团队派发

在“团队派发”页面可以由队长设置队员派发金额，如图 5-269 所示。

图 5-269 团队派发

## 14. 新建团队

在“我的团队”页面点击“新建团队”按钮，输入团队名称，完成新建团队，如图 5-270 所示。

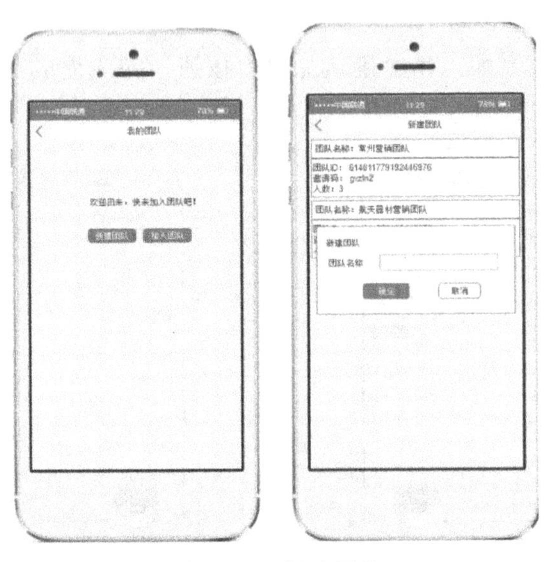

图 5-270 新建团队

15. 加入团队

在“团队”页面点击“加入团队”按钮，输入团队 ID 和邀请码，即可加入团队，如图 5-271 所示。

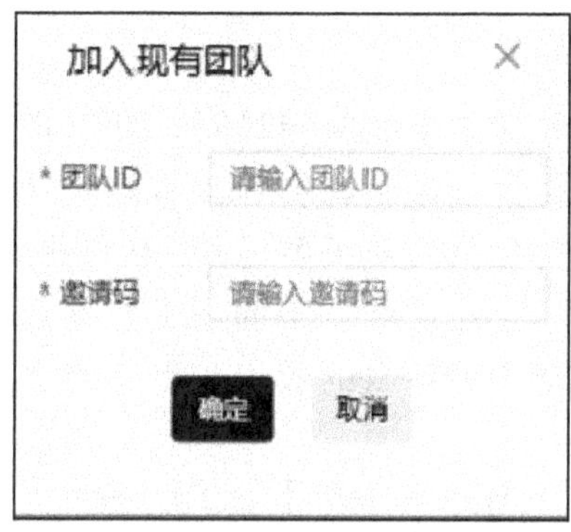


图 5-271　加入团队

16. 队长设置团队分成

队长可以在“团队详情”页面设置团队分成，如图 5-272 所示。

17. 修改用户名

在“个人用户”页面可以修改用户名，如图 5-273 所示。

图 5-272　设置团队分成

图 5-273　修改用户名

# 第6章 应用实例

本章全面介绍云端业务工作室的应用场景，并以贵州航天电器股份有限公司(简称：航天电器)、湖南航天天麓新材料检测有限公司(简称：天麓公司)、北京航天智慧科技发展有限公司(简称:航天智慧)三家企业的实际应用作为应用案例，分别从案例企业背景介绍、企业在业务中的需求和痛点，应用解决方案的制定与实施，以及使用业务工作室之后带来的效果等多个方面进行详细论述。

## 6.1 应用场景

### 6.1.1 定位到细分场景

在市场环境下，企业采购与销售的模式差别很大，政策、行业、客群都会影响一家企业的采购策略与营销策略。在初期的产品规划中，云端业务工作室支持的业务模式包括交易撮合、供应链采购、招投标采购、集中采购、众包分销(云端营销)、代理销售、自产自销七种购销业务模式，如图 6-1 所示。

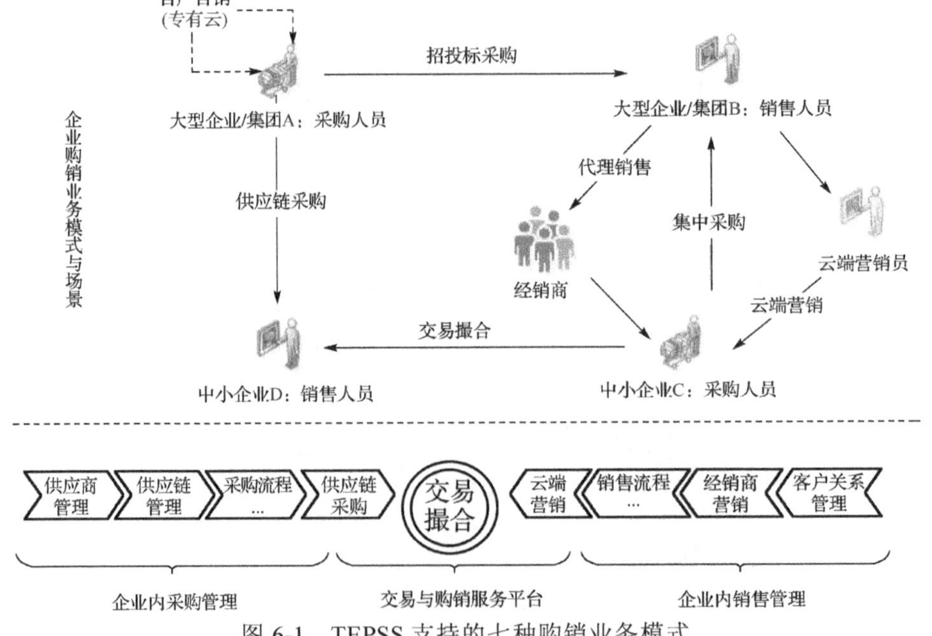


图 6-1 TEPSS 支持的七种购销业务模式

云端业务工作室支持的交易标的物主要分为实体产品与非实体服务两种，即航天科工集团版本中涉及实体产品交易的业务命名为外购业务，涉及非实体服务交易的业务命名为外协业务。交易标的物比较见表6-1。

**表6-1 交易标的物比较**

| | 航天科工集团版本名称 | 商用版名称 |
|---|---|---|
| 实体产品交易 | 外购业务 | 产品购销业务 |
| 非实体服务交易 | 外协业务 | 服务购销业务 |

这个产品架构是根据航天科工集团内公司的采销业务总结归纳的，这种架构过于庞大，要让一个产品完全满足所有场景是很困难的。

就拿招投标业务来说，集团内很多企业由于国家政策或者行业原因，必须要在招投标平台上进行项目招标(采购)和投标(销售)，在这个场景下就绕不开国内形形色色的各类招投标平台。招投标业务是非常复杂的，光关键角色至少包括招标人、代理机构、投标人、专家、监标人和评标管理员六种，涉及的电子签章包含CFCA、北京CA、西部CA等，国内又缺少统一标准。业内也有颇具影响力的军工背景的企业做招投标代理机构的聚合平台，将国家规定的开展在线招投标业务的三百多个功能做成产品，服务于代理机构，那是不是云网只要跟这样的平台合作就可以参与相关业务呢？

事实上并不是，招投标的主要场景都发生在招投标平台上，INDICS平台所把控的是一头一尾，头部把握的需求可以转换成招标书，尾部把握的电子合同可以让交易转一圈之后再回到INDICS平台，然而用户并不习惯也不需要这种强加的流程或场景，云端业务工作室主要是服务买卖双方，而招投标可以被认为是代理机构对买卖双方的一种交易撮合环节。因此，这个场景并不是当下云端业务工作室最直接参与的细分场景。

其他模式要么有其他兄弟单位已经在做，如集中采购和自产自销(专有云)，云端业务工作室也做了相应的整合。云端业务工作室需要渗透更具市场共性的细分场景，在经过试点工作和竞品调研的基础上，目前考虑细化的场景主要有“一采一销”两个。

### 6.1.2 企业自己的线上销售展厅

传统制造企业的主流营销方式就是参加各种行业展览会，印发产品宣传彩页，比如每年举办的中国机床展，不但有大企业参加，也会有很多配套的中小企业参加。大企业卖高端的六轴机械臂和CNC，配套企业就展示特种刀具、刀架和数控面板等，由于很多生产企业的产品不是直接面向消费者的，所以他们需要与行业内建立连接，获得更多来自下游的订单，全国性的垂直行业展销会花销不小，比如江苏常州的机床厂可能需要把实体设备从常州运到北上广这些大城市才能参展，对应的物流成本不是小厂轻易拿得出手的，而带来的订单量也未必达到预期，但这不是说完全线下的展示会被线上展厅取代，未来的销售展会一定是线上与线下互动的。

企业业务门户能够充分展现企业的产品与服务，提供行业特性的产品服务属性模板，可自定义产品服务对外报价规则，同时能对接企业内系统，自动发布或更新产品服务库存。

云端业务工作室支持客户在线下单交易，支持微信、支付宝、银联等主流 B2C、B2B 在线支持方式，支持电子合同、电子签章等电子化交易凭证，通过区块链技术实现交易过程可追溯可信任。云端业务工作室支持客户在线互动，售前咨询、售中跟进与售后服务全程覆盖，并提供站内消息、页面 IM、短信、邮件、客服电话、微信小程序等多种互动方式，为企业提供招商门户与渠道终端管理功能，企业可自行发布代理政策，在线进行销售渠道和终端管理。

### 6.1.3　在线供应链协同平台

企业能够很方便地在业务门户中开展与供应链合作伙伴的协同，通过询价比价、自动寻源、全网比价、在线招标快速找到潜在供应商。通过供应商认证、定向采购、可视化数据报表、供应商在线报价与应标、供应商实时互动等功能轻松实现企业自己的供应链过程管理。

## 6.2　实例介绍

### 6.2.1　贵州航天电器应用案例

云端业务工作室与贵州航天电器股份有限公司已有的业务信息系统 SAP、SRM 完成系统集成对接，实现了供应链采购与销售业务的业务流程、业务数据等方面的互联互通，降低了人工沟通成本，有效提高了工作效率。

1. 企业介绍

航天电器为中国航天科工集团上市公司。全国五一劳动奖章获得者、国家认定企业技术中心、国家精密微特电机工程技术研究中心、中国电子元件百强企业、国家创新型企业、国家技术创新示范企业、全国企事业知识产权示范创建单位、国家级智能制造新模式应用示范企业，中国驰名商标。

航天电器始终坚守“致力高科技领域，追求卓越、共享成就”的使命，在高端连接器、继电器、微特电机、光电线缆组件、二次电源、控制组件和遥测系统等领域从事研制生产和技术服务，是国内集科研、生产于一体的电子元器件骨干企业之一，现已在贵阳、上海、遵义、苏州、泰州、镇江等地成立控股子公司，形成了集团化、跨地域、专业优势互补的产业化布局。

航天电器的产品广泛应用于航空、航天、船舶、兵器、核能、电子、通信、医疗、轨道交通、能源装备、网络设备、家用电器以及新能源汽车等多个领域。近年来，航天电器先后承担了载人航天、探月、北斗、大飞机和高分辨率对地观测系统等国家重大工程和重大专项配套产品研制生产任务。

2. 企业需求

航天电器股份有限公司是一家上市公司，公司内部有一套完整的企业信息化系统，通过这套系统管理整个企业内部的销售、采购、生产、加工、数据库、模型库、OA、仓储等。这套系统由于是部署在企业内部局域网当中，只能在企业内部使用，不能与外部网络互通，所以与客户和供应商的对接还是使用原始的电话、传真等沟通方式，然后再通过人工将信息录入到系统中，效率比较低。数据的准确性、时效性不能很好地满足企业经营管理的需要，无法对业务管控和经营决策提供有效支撑。

3. 解决方案

通过云端业务工作室定制化功能模块的开发方式，与航天电器本地企业信息化系统的数据互通，通过打通此环节，将企业内部的信息化系统与 INDICS 平台连接，将企业在 INDICS 平台上进行的营销活动的结果数据传送给企业内部的信息化系统；还将企业的采购信息传送到 INDICS 平台，企业的供应商通过云端业务工作室完成供应协同管理工作，包括协同采购管理、财务对账管理、财务结算管理、协同仓库管理、协同发货管理等。

1)销售流程对接

航天电器通过在云端业务工作室发布产品销售需求，在线上完成与客户之间的需求对接，生成销售订单，并将销售订单信息传送给航天电器内部 SAP 系统。在 SAP 系统中进行排产工作，并建立采购计划。产品生产完成以后，使用物流功能进行货物的配送，并将物流信息与销售订单进行关联，客户可以随时监控物流情况。销售流程如图 6-2 所示。

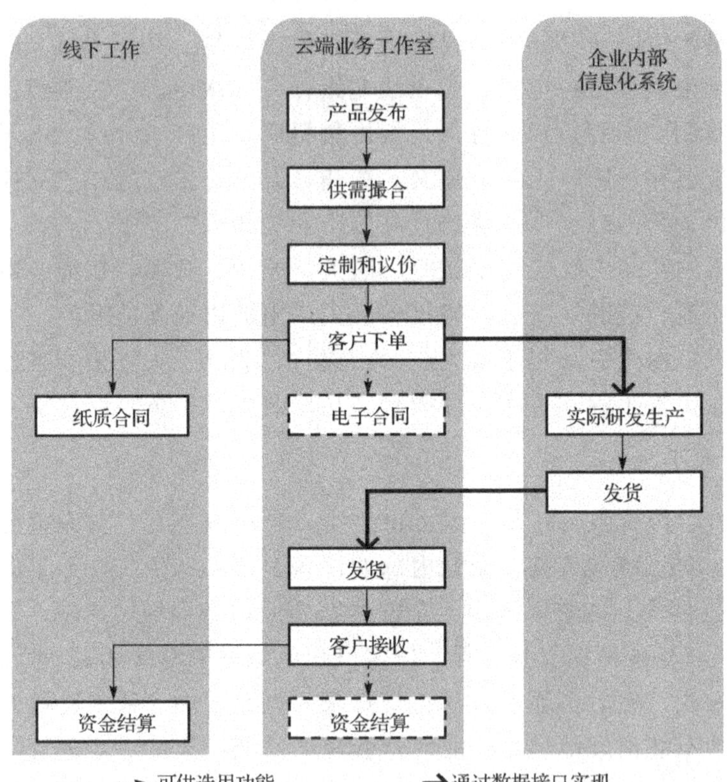


图 6-2　销售流程

2) 采购流程对接

航天电器的内部系统将采购需求推送给云端业务工作室，在云端业务工作室中将采购需求定向发布给指定的供应商。供应商可以通过登录云端业务工作室，在供应链管理中完成交货日期的填写、发货的申请等操作，这些信息回传给航天电器内部 SRM 系统，航天电器操作人员再完成后续检验、入库等环节，保证生产按计划进行。采购流程如图 6-3 所示。

4. 应用效果

通过云端业务工作室在航天电器的落地实施工作，达到了如下效果。

(1) 解决企业上云问题，实现内部信息化系统与物联网互通，打通营销和采购的所有环节，完成全部流程线上互联，减少了人工干预的环节，提高了工作效率。

(2) 企业营销过程中在云端业务工作室中与客户生成的订单可以推送给企业内部的信息系统，客户可以通过云端业务工作室随时随地掌握订单情况。

(3) 打通企业采购过程中与供应商协同采购环节，使供应商通过互联网协同企业完成供应链中供应商的管理工作，降低人工沟通成本，提高工作效率。

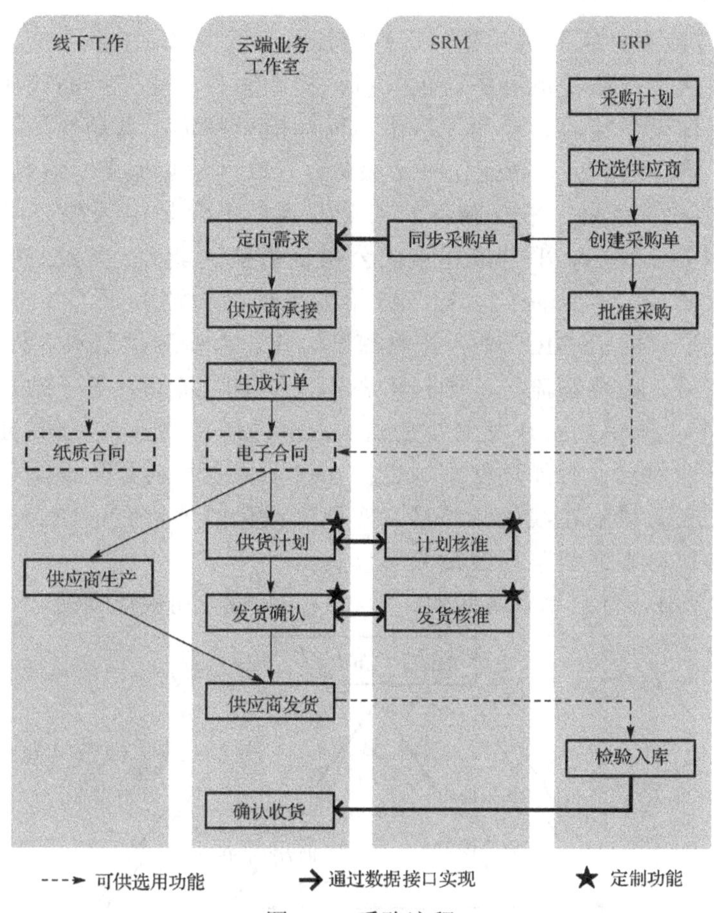


图 6-3 采购流程

## 6.2.2 湖南天麓检测应用案例

天麓公司第三方检测服务业务与云端业务工作室针对检测行业特性完善部分功能，从而加强对检测客户和检测机构的服务质量，特别是对检测客户的服务质量，实现现有第三方检测服务业务在云端业务工作室的顺畅流转。

1. 企业介绍

湖南航天天麓新材料检测有限责任公司是由湖南航天有限责任公司和宁乡高新区共同出资设立的第三方公共检测技术服务平台。公司成立于 2016 年 10 月，注册资本 5000 万元，位于长沙市宁乡高新区金洲北路 1 号湖南省大学科技产业园。秉持“线上与线下相结合，服务与制造相结合，创新与创业相结合”的理念，公司打造了第三方检测技术服务、“互联网+检测”平台服务和检测产品开发三个业务版块，致力于为检测用户提供一站式检测解决方案。

(1) 第三方检测技术服务包括：新材料技术开发服务、咨询、交流服务，贵金属检测服务，珠宝玉石检测服务，电气机械检测服务，化工产品检测服务，电子产品检测，特种设备检验、检测，进出口商品检验鉴定，食品检测服务，环境与生态监测，水质检测服务，智能化技术服务，互联网信息服务、信息技术咨询等。

(2) "互联网+检测"平台服务的"全汇测"平台是由天麓公司打造的新业态智能检测服务云平台。平台依托集团公司优势检测能力，通过"互联网+检测"模式汇集各大高校、科研院所、第三方检测机构的检测资源，并与拥有 300 多万家工业企业资源的 INDICS 平台检测深度合作，为检测供需双方提供能力/需求发布、检测交易、检测物流、检测技术咨询、检测设备开发等一站式检测服务。

(3) 智能在线检测产品开发主要完成了太空材料仓项目、轻质高强航天材料基因工程数据平台项目、智能环保车项目；在研项目有材料原位检测项目、大尺寸紧固件、销轴表面缺陷在线检测项目；实现产业化的项目有铝镁合金铸造工艺在线检测、磁性材料表面缺陷在线检测等项目。

天麓公司所开展的三个业务版块相辅相成，保障公司快速发展，如图 6-4 所示。

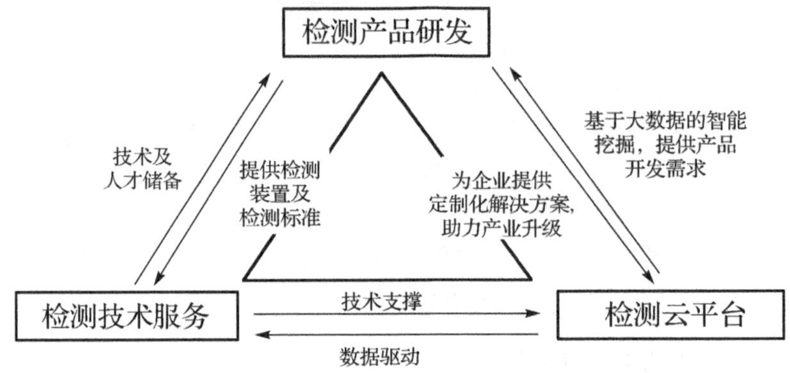


图 6-4　天麓公司所开展的三个业务版块

2. 企业需求

1) 强化运营

实现云端业务工作室和全汇测平台的联合运营，云端业务工作室需提供现有的网站运营服务，全汇测平台进行检测业务运营和检测机构的推广，以检测行业为示范，建立专项业务的运营体系，实现云端业务工作室的检测行业运营能力。同时为云端业务工作室在其他行业的专项运营提供样例和经验。

2) 共享市场

通过云端业务工作室和全汇测平台的界面融合和数据共享，云端业务工作室将拥有天麓公司和全汇测的检测行业市场能力和资源，并以天麓公司的检测实验室为物理载体，获得对检测行业市场的经验和工作环境；云端工作室将获得全汇测平台的已有检测客户、检测机构、检测需求、检测交易数据资源，建成符合检测行业特性的行业市场渠道的共享机制。

3）牵引产业

通过云端业务工作室对集团公司内部检测资源和全汇测平台对社会行业检测资源的联合，通过融合的云端业务工作室将覆盖集团公司内部和天麓公司、全汇测的检测领域，实现检测产业集群效应，并融合天麓公司智能在线检测产品开发能力，打造“线上与线下、服务与制造相结合”的检测行业新业态，探索检测服务与智能检测装备相结合的检测产业发展路径，为推动制造强军、质量强国建设提供有力支撑。

### 3. 解决方案

1）应用方面

天麓公司通过应用云端业务工作室实现在线交易、检测能力在线发布，并应用电子签章、在线合同、招投标、物流服务等云端业务工作室服务。

2）产品支撑方面

优化检测相关类目，实现检测业务版块的初步规划；优化需求与服务发布功能，更好地满足和体现检测服务相关的信息。账户信息同步，完善现有的账号共享方式。

全汇测平台交互界面的功能、字段和展示效果，是针对检测行业需求进行定制打造的。在交互界面融合中，需要将下面各全汇测平台的检测行业全流程界面通过技术方式，在云端业务工作室直接展示，后端实现表单字段的数据直接同步到 INDICS 平台和全汇测平台，免去云端工作室重新建设工作，也为云端业务工作室适应各个行业特殊性提供首个全流程样例。

用户可以在检测机构“实验室信息维护”界面进行注册，如图 6-5 所示。

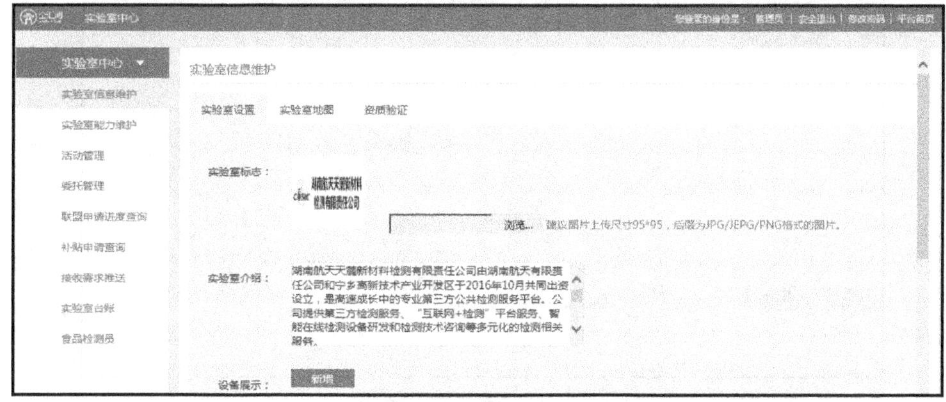


图 6-5　注册界面

检测机构可以进入“实验室中心→实验室能力维护”界面发布能力，如图 6-6 所示。

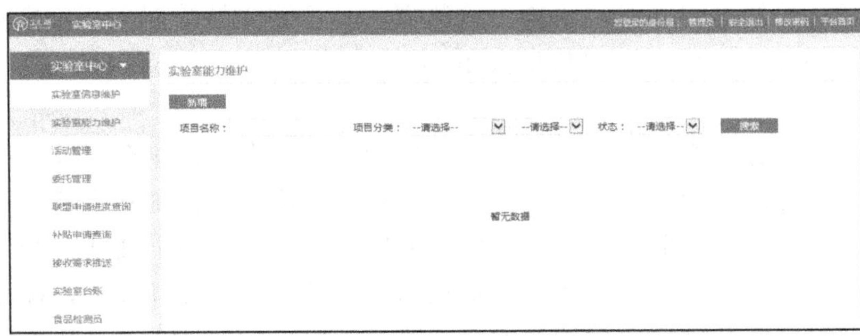


图 6-6　发布能力界面

检测客户可以进入“需求大厅→需求发布”界面发布需求，如图 6-7 所示。

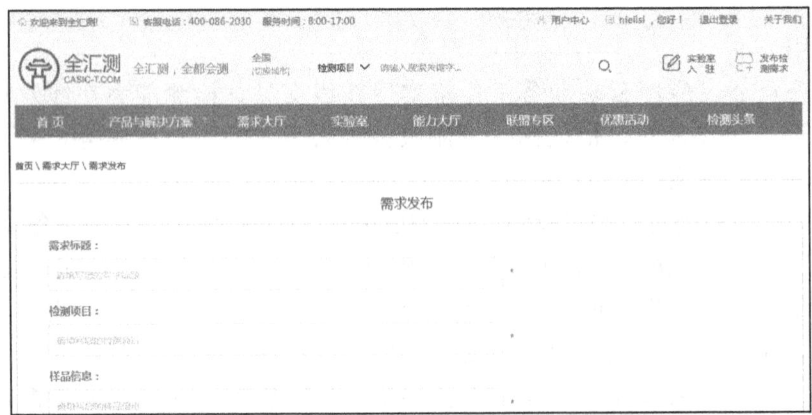


图 6-7　发布需求界面

检测客户可以进入“发票管理”界面查看委托单详情，如图 6-8 所示。

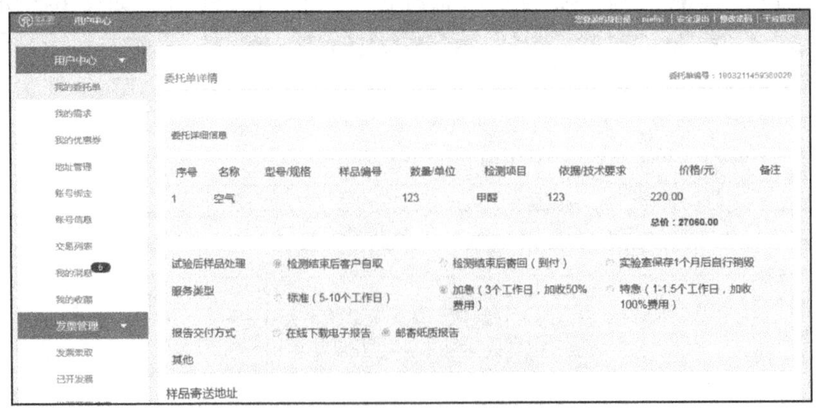


图 6-8　查看委托单详情界面

4. 应用效果

依托 INDICS 平台在资源和平台方面的雄厚实力，根据集团公司不进行重复性建设的原则，借助天麓公司对检测行业的深耕和了解，利用全汇测平台建设的经验和积累的行业资源，云端业务工作室与全汇测平台进行融合，从而为云端业务工作室适应检测行业特性提供全流程试点案例。

全汇测平台是根据检测行业量身定制的平台，已经有非常切合检测行业的咨询、下单、寄样、支付、检测、报告在内的全流程在线交易服务。根据与云端业务工作室比较梳理发现，两者咨询、检测业务相似，下单、寄样、支付、报告业务流程相同，可以实现融合。将云端工作室的合同签章和电子发票等功能集成到全汇测上，再将全汇测交互界面在云端业务工作室进行融合，使全汇测成为云端业务工作室的专用检测平台。

### 6.2.3 航天智慧应用案例

1. 企业介绍

北京航天智慧科技发展有限公司是由航天信息原智慧粮农事业部和智慧监管与服务事业部合并而成，实现以粮食监管、粮库管理、药品监管、市场监管等为核心驱动，带动全国智慧监管行业的发展布局。

公司目前设立 9 个部门，分别是综合管理部、运营商务部、财务管理部、智慧粮农拓展部、智慧监管拓展部、售前方案部、研发实施部、创新业务部、系统集成部，并且拥有北京、重庆两大研发中心。

公司是国家安全可靠计算机信息系统集成重点企业、信息系统集成与服务大型一级企业、计算机系统集成一级资质、信息系统运行维护分项一级资质、涉密甲级资质、国家商用密码产品生产定点单位、商用密码产品销售许可、安全技术防范一级资质、专项工程设计甲级资质等。

2. 企业需求

航天智慧采购业务方面，若采购其他供应商的产品，大多采用线下方式或使用供应商自有的相关系统进行下单。若需签订合同，则合同需要在 A8 系统中进行审批。此外，付款操作也需要经过 A8 系统进行审批。系统集成前，公司在业务营销、采购需求发布/流转/审核等方面应用了云端业务工作室的基本功能和流程。

3. 解决方案

航天智慧在专有云发布采购需求，该需求流转至 INDICS 平台后，可由各家供应商（必须是 INDICS 平台用户）进行报价。航天智慧在云端业务工作室进行供应商优选，并生成优选单。报价过程中，航天智慧可同步与供应商进行详细磋商。航天智慧采购人员与供应商磋商一致后，在云端业务工作室将该供应商的报价单生成为订单和合同。订单通过手动点选方式，同步至 A8 系统；合同以在线合同为基础，将纸质合同（双方拟定合同文本，经评审后签订纸质合同）作为附件上传。订单全部结算完成后，由 A8 系统发出结束状态，云端业务工作室相关流程结束，如图 6-9 所示。

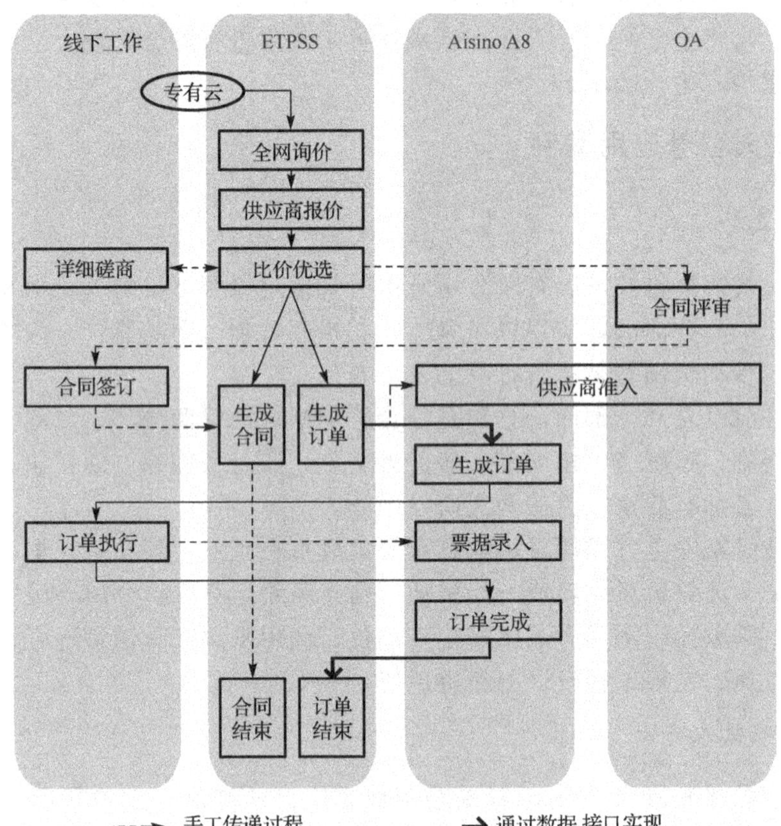


图 6-9　云端业务工作室与 A8 系统集成后的采购流程

4. 应用效果

云端业务工作室在航天智慧公司得到应用后，消除了信息孤岛，将线下审批环节移植到线上进行，并实现相关数据的自动提取，减少了重复工作，提升了采购资源、询价等环节的工作效率，实现全流程应用从“可用”向“好用”的转变，实现了信息系统互联互通、资源共享，形成了业务闭环。A8系统与云端业务工作室的对接，打破了供应商信息和地域限制，将供需双方更紧密地结合在一起，形成了良好的互动关系，实现了系统融合，资源互通。

航天信息采购人员通过INDICS平台发布需求信息，在云端业务工作室筛选优质供应商，增强采购业务流程的规范性，实现航天信息采购业务在云端业务工作室的规范化运作，实现“阳光采购”，进一步规范了采购流程，降低了采购成本，增加了企业效益。

# 附录 1　名 词 解 释

(1) 三类制造：智能制造、协同制造和云制造。

(2) 智能制造：将控制技术和机器逻辑引入制造过程，制造的体力劳动及人的智力劳动均得到一定程度的解放，实现生产线级乃至车间级的流水线自动化生产。

(3) 协同制造：将计算机网络技术、软件技术引入制造企业运行管理的内核之中，形成企业级乃至包括配套商、供应链和物流在内的协同制造体系。

(4) 云制造：运用大数据技术、人工智能技术以及互联网平台技术对制造业进行革命性改造所形成的一种全新制造形态。

(5) 工业互联网：能够支持工业企业智能制造、协同制造、云制造过程实现，支持企业智慧化运行，支持企业与用户从产品定制到售后服务的全程互动，支持企业间“信息互通、资源共享、能力协同、开放合作、互利共赢”的业务活动，支持“企业有组织、资源无边界，企业有产品、制造无限制，企业有规模、能力无约束，企业有销售、市场无障碍”生态形成的系统。

(6) 云制造产业集群生态：让制造业进一步专业化、分布化、社会化、智能化、协同化，简而言之，即实现制造业的云化改造。在实现制造业的云化改造过程中，完整独立的中小微企业将被迫或主动逐步压缩业务范围、减少管理职能、消减自成一体的生产性支撑机构，以工业互联网公共服务平台为依托，利用云制造产业集群生态提供的各种共享资源，形成深深植根于云制造产业集群生态、自身也是云制造产业集群生态一部分的新型企业。同时，积极加入云制造产业集群生态的大型、特大型制造企业，必将大幅削减那些并非自身强项、不具生态竞争力的业务和机构，以适应生态环境对于企业生存与发展的无形约束。

(7) 航天云网：采用 INDICS+CMSS 搭配，构建和涵养以工业互联网为基础的云制造产业集群生态，兼容智能制造、协同制造和云制造三种现代制造形态，运用大数据和人工智能技术以及第三方商业与金融资源，服务于制造业技术创新、商业模式创新和管理创新。其内在商业驱动力为 3M (省钱 (to save money)、赚钱 (to get money)、生钱 (to make money))；其内在商业逻辑是促进技术创新、商业模式创新与企业管理创新关联互动，推动企业转型产业升级。

(8) CMSS：云制造支持系统 (cloud manufacturing support system)，主要包括工业品营销与采购全流程服务支持系统、制造能力与生产性服务外协与协外全流程服务支持系统、企业间协同制造全流程支持系统、项目级和企业级智能制造全流程支持系统四个方面，采用“一脑一舱两室”(企业大脑、企业驾驶舱、云端业务工作室、云端应用工作室)的业务界面提供用户服务。企业大脑为科学决策层提供支撑和服务；企业驾驶舱为企业经营层管理提供服务；云端业务工作室为产供销提供集群化业务及周边业务提供支撑；云端应用工作室为定制、设计、研发、试验及售后技术服务提供支撑。

(9) INDICS：航天云网工业互联网空间(industrial internet cloud space)平台是以区块链、边缘计算、大数据智能、新一代人工智能技术等为核心的工业互联网开放空间，面向全球开发者、设备制造商和集成商以及合作伙伴提供全生命周期工业应用的开发、部署和运行环境。

(10) AOP(aerospace open platform)：航天开放平台，是一套应用开发与运行支撑平台，为开发者提供一站式开发、部署运行环境；是一套以工业数据为驱动，以云计算、大数据、物联网、人工智能为核心技术，面向工业应用的开放平台；是 INDICS 平台的重要组成。

(11) API (application programming interface)：支撑应用开发、应用部署及设备接入的程序接口。

(12) 工业 IoT(industrial internet of things)：工业物联网，是指将具有感知、监控能力的各类采集或控制传感器，以及泛在技术、移动通信、智能分析等融入工业生产过程各环节，从而大幅地提高制造效率，改善产品质量，降低产品成本和资源消耗。

(13) CRP(cloud resource plan)：云资源计划协同管理系统，是一套对企业间生产动态资源协同共享，并通过对资源的科学匹配、智能推荐开展企业内、跨企业有限产能高级排产的管理系统。通过有限产能高级排产实现对企业去库存、降成本和专业单元设备的有效利用，达到企业均衡生产的目的。

(14) CPDM(cloud product data management)：跨企业协同设计的云端产品数据管理系统，主要包括多维项目管理、协同设计管理、产品数据管理、协同研讨与审签管理、技术状态管理、基础数据与工程资源管理、消息管理和云端设计及三维可视化等功能，支持跨部门、跨企业和跨地域的云端协同设计。

(15) CMES(cloud manufacture execution system)：云制造执行系统，是利用云计算技术开发的针对企业生产制造过程管理和资源优化的集成运行系统，为企业提供生产计划、生产过程管控、质量管控、设备管理等日常管理业务解决方案，同时也为企业提供基于工业互联网的智能生产云服务，满足企业线上智能制造需求。通过线上与线下结合，为企业提供线上及工业现场整套智能制造解决方案。

(16) COSIM(collaborative simulation)：面向多学科领域，支持高层体系结构，基于 XML/Web 中间件技术和仿真组件引擎技术，由多个子部件组成，具有通用性、开放性和可扩展性的建模、调试、运行、评估一体化的建模仿真环境。

(17) 虚拟工厂：在云平台上构建与实际工厂中物理环境、生产能力和生产过程完全对应的虚拟制造系统，集成企业接入的各类制造信息，支持企业生产能力展示、产线规划仿真、车间生产监控管理等功能。

(18) IPv6 (internet protocol version 6)：扩展互联网 IP 地址数量，满足更多设备需求，增加了安全性，但是不能改变已有的连接速度。IPv6 是互联网工程任务组 (internet engineering task force，IETF) 设计的用于替代现行版本 IP 协议 (IPv4) 的下一代 IP 协议。IPv4 最大的问题是网络地址资源有限，严重制约了互联网的应用和发展。IPv6 的使用不仅解决了网络地址资源数量有限的问题，而且也解决了多种接入设备连入互联网的障碍。

(19) 人工智能：研究开发用于模拟、延伸和扩展人的智能的理论、方法、技术及应用系统的一门新的技术科学。

(20) 区块链：一种公共记账的机制，通过建立一组互联网上的公共账本，由网络中的所有用户共同在账本上记账与核账，以保证信息的真实性和不可篡改性。区块链具有去中心化、去信任化、可扩展、匿名化、安全可靠等特点。

(21) 边缘计算：在靠近物或数据源头的网络边缘侧，融合网络、计算、存储、应用核心能力的开放平台，就近提供边缘智能服务，满足行业数字化在敏捷连接、实时业务、数据优化、应用智能、安全与隐私保护等方面的关键需求。

(22) 协作用户：通过发布需求、响应报价、进行优选、完成交易、质量认证等方式使用 INDICS 平台的用户。

(23) 工业互联网指数：智能制造指数、协同制造指数和云制造指数。其中，智能制造指数反映制造企业智能化改造的进程与程度；协同制造指数由行业协同指数和跨域协同指数构成，反映制造企业在智能制造基础上依托互联网技术和并行工程的协同制造程度；云制造指数反映制造企业在协同制造基础上开展云制造业务的程度与广度。

# 附录 2　产品及专业术语

(1) 企业大脑：企业决策支持系统，俗称企业大脑，英文为 enterprise decision support system，缩写为 EDSS。

(2) 企业驾驶舱：企业运行支持系统，俗称企业驾驶舱，英文为 enterprise operational support systems，缩写为 EOSS。

(3) 云端业务工作室：企业交易流程支持系统，俗称云端业务工作室，英文为 enterprise transaction process support system，缩写为 ETPSS。

(4) 云端应用工作室：企业制造过程支持系统，俗称云端应用工作室，英文为 enterprise manufacturing process support system，缩写为 EMPSS。

(5) 企业上云服务站：网络接入服务系统，俗称企业上云服务站，英文为 enterprise network access service system，缩写为 ENASS。

(6) 中小企业服务站：企业管理外包服务系统，俗称中小企业服务站，英文为 enterprise management outsourcing service system，缩写为 EMOSS。

(7) 数据淘金软件：价值挖掘服务系统，俗称数据淘金软件，英文为 data value mining service system，缩写为 DVMSS。

(8) 现金流量：现代理财学中的一个重要概念，是指企业在一定会计期间按照现金收付实现制，通过一定经济活动(包括经营活动、投资活动、筹资活动和非经常性项目)而产生的现金流入、现金流出及其总量情况的总称，即企业一定时期的现金和现金等价物流入和流出的数量。

(9) 收入利润率：企业实现的总利润对同期的销售收入的比率。收入利润率指标既可考核企业利润计划的完成情况，又可比较各企业之间和不同时期的经营管理水平，提高经济效益。收入利润率=利润总额/销售收入。

(10) 资产负债率：又称举债经营比率，用于衡量企业利用债权人提供资金进行经营活动的能力，以及反映债权人发放贷款安全程度的指标，通过将企业的负债总额与资产总额相比较得出，反映企业全部资产的负债比率。资产负债率=负债总额/资产总额×100%。

(11) 全员劳动生产率：根据产品的价值量指标计算的平均每一个从业人员在单位时间内的产品生产量。全员劳动生产率是考核企业经济活动的重要指标，是企业生产技术水平、经营管理水平、职工技术熟练程度和劳动积极性的综合表现。全员劳动生产率=工业增加值/全部从业人员平均人数。

(12)工资产出比：工资率是指单位时间内的劳动价格。工资率=单位劳动的产出，即 $w=Y/L$，因为劳动的投入一般只用时间来度量，所以也就是单位时间的报酬。工资产出比=人均劳动生产力/人均薪资×100%。

(13)净资产收益率：又称股东权益报酬率或净值报酬率或权益报酬率或权益利润率或净资产利润率，是净利润与平均股东权益的百分比，是公司税后利润除以净资产得到的百分比率。该指标反映股东权益的收益水平，用以衡量公司运用自有资本的效率。指标值越高，说明投资带来的收益越高。该指标体现了自有资本获得净收益的能力。净资产收益率=税后利润/所有者权益。

(14)周转率：周转率=销售成本/平均存货余额；货周转率(次数)=营业收入/存货平均余额(该式主要用于获利能力分析)。

# 参 考 文 献


蒋长兵, 白丽君, 2009. 供应链理论、技术与建模[M]. 北京:中国物资出版社.

孔晓霞, 沈文晶, 田群芳, 2018. 电子商务环境下企业网络营销策略分析[J]. 中国高新区, (2): 78-81.

李伯虎, 张霖, 任磊, 等, 2011. 再论云制造[J]. 计算机集成制造系统, 17(3): 449-457.

李伯虎, 张霖, 王时龙, 等, 2010. 云制造: 面向服务的网络化制造新模式[J]. 计算机集成制造系统, 16(1) : 1-7, 16.

刘棣斐, 李南, 牛芳, 等, 2018. 工业互联网平台发展与评价[J]. 信息通信技术与政策, 292(10): 8-12.

刘丽文, 2003. 供应链管理思想及其理论和方法的发展过程[J]. 管理科学学报, (2): 84-91.

区和坚, 敬石开. 云制造: 不一样的创造新时代[N/OL]. http://finance.china.com.cn/roll/20140523/2421363.shtml.

王国文, 赵海然, 佟文立, 2006. 供应链管理核心与基础[M]. 北京: 企业管理出版社.

王渝, 梁浩, 2001. 供应链建模技术的研究[J]. 工业工程与管理, (2): 30-33.

余海冰, 2018. 基于计算机网络营销在电子商务中的应用探析[J]. 中国商论, (3): 20 -21.

袁勇, 王飞跃, 2016. 区块链技术发展现状与展望[J]. 自动化学报, 42(4): 481-494.

张冠凤, 2016. 基于阿里巴巴集团探讨电子商务生态系统的协调机制[J]. 电子商务, (5): 91.

周玲, 2002. 供应链管理技术及其研究现状[J]. 兵工自动化, 21(1): 4-8.